정책의 시간

한국경제의 대전환과
다음 정부의 과제

정책의 시간

원승연, 박민수, 류덕현, 우석진,
홍석철, 강창희, 허석균, 이상영,
김정호, 지만수, 주병기 지음

생각의힘

서문

《정책의 시간》 출간의 계기는 문재인 정부의 경제정책에 대한 반성이다. 많은 지지를 받고 출범했지만, 경제정책의 결과는 실망스러운 점이 많다. 금융감독원 부원장으로서 더 가까이 경제정책의 집행 과정을 볼 수 있던 나로서는 안타깝기만 한 순간이 너무 많았다. 한 국가를 이끌어가야 할 경제 철학이 뚜렷하고 일관되지 않으면 정책이 표류할 수밖에 없음을 절실하게 느꼈다. 때로는 어설픈 진보적 정책이 경직적으로 집행되기도 했고, 때로는 국민들이 공정하다고 생각하지 않는 정책으로 정부의 정체성을 의심하게 만드는 경우도 있었다.

그 후유증은 너무나 크다. 문재인 정부의 정책 실패를 계기로 정부의 역할 자체를 부정하고 노골적으로 자유방임을 외치면서, 경제적 평등과 공정사회를 위한 정부개입 자체를 비판하는 정치인이 우후죽순 나타나고 있다. 자유방임주의는 시대 착오의 소산이다. 애덤 스미스가 '보이지 않는 손'을 말했던 배경에는 시민의 경제적 성장을 차단하는 봉건제를 타파해야 할 필요성이 있었다. 1980년대 이래의 신자유주의로 인해 경제적 불평등이 심화되고 사회적 불안정성이 심각해진 미국에서도 이제는 극단적 자유방임주의는 설 자리를 찾지 못하는 상황이다.

그럼에도 불구하고 경제적 평등과 공정사회를 위한 정부 역할과 정책 필요성을 부인하는 주장에는 이러한 정책 지향에 대한 불편함을 표출하는 기득권의 입장이 담겨 있다. 현재 한국사회의 경제적 불평등 구조에서 기득권을 확보한 계층은 자신들에게 유리한 제도와 시스템을 변화시키려는 움직임에 강력하게 저항하고 있다. 이것이 정부 개입의 배제와 대폭적인 규제 완화로 포장되어 되풀이 주장되고 있는 것이다.

시장경제는 자유민주주의를 지탱하는 주요한 지주이고 경제적 효율성을 높이는 역사상 가장 효과적인 제도이다. 하지만 이것이 경제적 평등과 공정성을 바로 보장하지 않을 뿐만 아니라, 과도한 불평등이 사회 전체의 지속성을 위협해왔던 것이 역사적 경험이기도 하다. 게다가 최근 일부 대형 플랫폼 기업의 행태에서 보듯이 시장은 경쟁보다 독과점을 지향하기 때문에, 시장 자체의 공정성을 확립하고 경쟁적 시장체계를 유지하기 위한 정부 개입은 더욱 중요해지고 있다.

저자 모두는 자본주의와 시장의 실패를 보정하기 위한 정부개입이 필요함에 동의한다. 특히 현재 한국에서는 경제적 불평등을 완화하고 공정한 경쟁을 회복하기 위한 경제정책과 제도 개혁이 중요하다는 데 공감하고 있다. 그렇기에 문재인 정부의 정책 실패를 이유로 진보적 경제정책 자체를 전면 부정하는 일부 악의적인 주장을 극히 경계한다. 우리는 한국사회의 불평등·불공정 구조를 해소하고 장기적으로 경제성장의 잠재력을 높일 수 있는 정책을 지속하는 것이 현시점에서 진보적 경제정책의 방향이라고 주장한다. 이러한 경제정책은 국민의 역동적 경제활동과 시장의 효율적 역할을 존중하면서 추진될 수 있으며, 장기적으로는 각 계층의 경제적 이익과 조화로운 사회 형성에 기여할 수 있다고 생각한다.

우리는 이를 위해 '경제정책의 개혁'이 선행되어야 함을 지적한다. 한국사회가 그만큼 변화하고 있기 때문이다. 나는 1980년대 중반을 전후하여 확립된 한국의 기존 경제체제가 지금 급격한 구조적 전환을 경험하고 있다고 생각한다. IT 기술혁명으로 촉발된 산업구조와 고용시장의 변화는 국민들의 삶에 이미 큰 영향을 미치고 있다. 특히 이 과정에서 나타난 경제적 불평등의 확대와 불공정한 경제구조의 심화는 한국의 지속적인 발전의 장애요소로 작동하고 있다. 이러한 상황에서 우선 경제정책에서부터 남아있는 과거의 관념과 유산을 털어버려야 한다. 새로운 시대에 맞도록 경제정책의 관점과 인식을 대전환하고, 이를 기초로 새로운 경제정책의 수단과 방법을 찾을 것을 다음과 같이 제안한다.

첫째, 경제정책은 민간과 시장의 정책에 대한 반응까지 고려하여 정교하게 수립되어야 한다. 민간부문이 이처럼 양적·질적으로 성장한 경제에서 과거와 같은 일방적인 정부주도 경제정책은 유효하지 않다. 정책에 대한 민간의 대응에 따라서는 정책 효과가 오히려 부작용이나 역효과를 낳을 수 있다. 더구나 일방적인 정책은 국민을 존중하는 것도 아니다. 실제로 많은 사람들이 문재인 정부의 경제정책에 반감을 가지게 된 이유는 옳든 그르든 지금까지 나름대로 관행과 규칙을 통해 이루어졌던 경제활동을 너무 쉽게 무너뜨리고 바꾸려 한다고 보기 때문이다.

우리는 부동산 정책의 실패나 '제로페이'와 같은 정책 사례에서 정부가 국민의 삶이 체현된 시장의 행태를 고려하지 않고 직접 시장에 개입하여 문제를 해결하려고 하는 자세가 얼마나 시대착오적이고 무효한지를 확인한다. 우리는 민간과 시장의 경제적 반응까지를 감안한 정책 방안을 제시함으로써, 진보적인 경제정책 목표가 시장과 더 조화롭게 결합될 수 있다고 생각한다.

둘째, 미래까지 책임지는 경제정책이 수립·집행되어야 한다. 5년 단임 정부의 한계 때문인지 책임 있는 경제정책이 입안·집행되지 않고 있다. 정치인들이 집권을 위해 실현이 의심스러운 장밋빛 공약을 남발하고, 집권한 이후에는 이러저러한 이유로 정치적 부담이 큰 공약은 흐지부지 추진을 멈추거나 기형적으로 밀어붙이는 과정이 어느 정부에나 예외 없이 등장했고 이번 정부도 마찬가지였다. 가령 공약에 맞추어 의료비 등 복지 지출이 계속 확대되는 상황에서도 그 재원 확보를 위한 조세개혁을 이야기하는 정치인은 찾기 힘들다. 필요성과 경제성이 충분히 입증되지 않은 인프라 지출 관행도 변하지 않고 있다. 직업교육 등 미래를 위한 정책 전환이 관료적 칸막이로 인하여 진전되지 않고 있다. 우리는 장기적 재원 확보를 포함해 주요 정책 사안별로 책임감 있고 지속가능한 경제정책 방안을 제시하고자 한다.

셋째, 세상의 변화에 대응하는 새로운 경제정책이 필요하다. 가령 지금까지 고령화에 대응한 정책은 어떻게 하면 인구를 다시 증가시킬 것인가에만 초점을 두었다. 이제 우리는 인구 감소에도 불구하고 국민 개개인의 소득과 행복의 질을 높일 수 있는 정책을 찾아야 한다. 미·중 분쟁에 대응한 통상정책은 미국과 중국 사이의 선택 문제가 아니라, 동아시아 제조업 선진국이라는 한국의 정체성에 입각하여 새롭게 수립되어야 한다. 기후변화에 대응하는 근본적인 경제정책의 전환이 필요함은 두말할 나위도 없다.

돌이켜보면 노무현 정부와 마찬가지로 문재인 정부의 진보적인 정책이 기대대로 실현되지 못하고 실패로 평가되는 이유의 하나는 우리의 정치-정당-정책 구조에 있다. 무엇보다 정당의 이념적 지향점에 맞춘 정책을 생산하고 추진하는, 정치와 정책 간의 체계적 결합 시스템이 취약하다. 정당에는 정책의 생산에서 집행까지, 그 과정을 끌고 갈 전문 인력이 부족하다. 이는 집권 이후 이른바 '사람이 없다'는 푸념으로 표현되고, 이를 핑계로 매번 관료에 다시 의존하는 현상이 되풀이된다.

특히 정치인들은 자신들이 큰 방향을 제시하고 그 세부사항과 집행을 숙련된 관료들에게 위임하면 정책이 잘 실현될 것으로 착각하는 경우가 많다. 하지만 우리나라의 관료는 과거 보수적 정부의 정책기조와 정부주도적인 정부-시장 관계 속에서 훈련되고 조직화된 집단이다. 더구나 지금은 국내외에서 경제구조의 대전환이 나타나고 있는 시기여서, 과거의 관념과 관행에 익숙한 관료 집단이 조직적으로 학습된 방식을 버리고 새로운 시대에 대응할 경제정책을 수립하는 데는 한계가 있다. 지금까지 경제발전에 기여했던 우리나라의 성실한 관료 집단을 폄훼하려는 이야기가 아니다. 관료제가 원래부터 가지고 있는 시대적 한계와 위험을 지적하는 것이다.

때문에 우리에게 필요한 새로운 정책, 개혁적인 정책, 진보적인 정책을 관료에게 의존해서 수립하고 집행하려고 해서는 안 된다. 전문성이 부족한 정치인들이 관료를 제대로 통제하여 자신들이 지향하는 정책 목표를 달성하기를 기대해서도 안 된다. 일본의 정부 관료들이 지난 잃어버린 30년 동안 한 치의 양보도 없이 과거의 정책 관행을 답습한 행태가 '변화하지 않는 일본'을 만든 주요한 원인이었음을 타산지석으로 삼아야 한다.

그 대안은 정책의 경직성을 타개하여 전환의 시대에 유연하게 대응할 수 있는 외부 전문가 그룹이다. 이제 우리도 미국처럼 정당이 자신의 이념과 목표에 동의하는 전문가 그룹을 체계적으로 결합시켜, 정당의 정체성과 연속성을 확보하면서 국민들의 새로운 정책 요구에 대응할 수 있어야 한다.

물론 전문가 그룹의 하나인 경제학자 역시 참여를 위해서는 스스로의 노력이 필요하다. 현실에 참여하고자 하는 경제학자들은 정책에 대한 비판이나 보완으로만 자기의 역할을 한정하지 말고, 개혁적 경제정책을 생산하고 집행하는 데 더 적극적으로 참여할 자세를 가질 필요가 있다. 먼저 구체적인 정책을 생산할 수 있는 능력을 배양하는 것은 물론, 이를 설득력 있게 제안하고 정치적으로 현실화시킬 수 있는 훈련과 경험을 축적해야 한다. '현실참여'의 의지만 가지고 덤벼들어서는 안 된다는 것이다.

또한, 전문가의 현실참여는 개인적인 결단이나 노력으로서가 아니라 집단적 노력을 통해 진행되어야 한다. 경제정책은 그것이 새롭고 개혁적일수록 상상하기 힘들 정도로 다양한 집단과 이해관계에 영향을 주고, 그 때문에 예상하지 못한 시장의 경제적 반응과 사회의 정치적 행동을 유발한다. 학자 한 명의 개인 역량으로 그 많은 변수를 고려하면서 새로운 정책을 수립하고 실행하는 데에는 한계가 있다. 개인적이고 비조직적인 접근 행태로는 시장과 관료라는 현실의 벽을 넘기 어려운 것이다.

《정책의 시간》집필에 참여한 일부 경제학자들은 이러한 한계를 극복하기 위한 노력을 2010년대 초부터 시작하였다. 2013년 출간한 《실사구시 한국경제》는 집단지성에 입각한 연구의 산물로서, 이념의 편견에서 벗어나 한국경제의 당면한 문제를 실체적으로 분석한 시도였다. 나는《정책의 시간》은 이를 더욱 발전시킨 시도라고 자평한다. 우리는 단순히 현실경제의 이슈를 분석하는 연구에 그치지 않고, 사회 개선을 위한 구체적인 경제정책 방향을 제시하였다. 동시에 이 작업은 개인의 생각을 단순히 모아놓은 것이 아니라, 집단적인 연구 과정을 거친 결과이다. 우리는 2020년 말부터 2021년 여름까지 정기적인 온라인 회의를 통해서 한국경제에 대한 진지한 고민을 서로 공유하고, 각 정책 방안에 대한 격의 없는 논쟁을 진행하여 정책방안을 다듬었다.

참여한 학자들도 2013년에 비해 다양해졌다. 당연히 더 젊고 새로운 학자로의 세대 변화도 이루어졌다. 가장 중요한 것은 이념적 경직성에 얽매이지 않고 한국사회의 변화와 전환 과제에 대응하여 보다 폭 넓게 그 대안을 제시할 수 있는 정책적 역량이 생겼다는 점이다. 지금처럼 발전한 사회에서, 편협한 이념적 출발점을 가진 주장은 세상을 개선하는 데 장애물이 될 뿐이다. 우리는 새로운 전환이 요구되는 현 한국사회에서 필요한 논의가 무엇인지에 집중하면서, 연구자 상호 간의 다양성을 존중하고 서로 응원하는 마음으로 공동 작업을 진행하였다. 나는 그로 인해 경제적 평등과 사회적 공정을 키워가기 위한 진보적인 정책 어젠다가 더 유연하고 풍성하게 제시될 수 있었다고 자부한다.

출간되기까지 주위의 많은 도움이 있었다. 비록 여러 여건 때문에 집필 작업에 함께하지는 않았지만, 오랜 토론 과정에 적극적으로 참여하고 편집과정에서는 날카로운 비평으로《정책의 시간》

의 질을 높이는 데 기여한 김석진 선임연구위원, 박창균 선임연구위원, 신현호 정책보좌관, 이명헌 교수, 주상영 금융통화위원, 최정규 교수께 이 자리를 빌려 감사 말씀을 드린다. 그리고 집필 과정 중간에 저자들의 생각을 정책심포지엄을 통해 발표할 수 있도록 해주신 서울사회경제연구소 변형윤 명예이사장, 강철규 이사장, 장세진 소장, 김용복 연구위원께도 감사 말씀을 전한다. 무엇보다도 전편 격인 《실사구시 한국경제》의 상업적 실패에도 불구하고, 《정책의 시간》 출간을 맡는 위험을 떠안은 생각의힘 김병준 대표에게는 더할 나위 없는 감사의 말을 전한다.

2021년 9월

저자를 대표하여 원승연 씀

차례

서문   5

1부 방향부터 바꾸자

1장   정책 패러다임의 전환:
      성장에서 평등과 공정으로   19
      원승연(명지대학교 경영학과 교수)

2장   시장의 일과 정부의 일   49
      박민수(성균관대학교 경제학과 교수)

2부 책임지고 결정하자

3장   지속가능 재정 선언   79
      류덕현(중앙대학교 경제학부 교수)

4장   멀어지는 복지국가를 위한 세제개편   103
      우석진(명지대학교 경제학과 교수)

5장   의료비 줄이면서 건강한 나라 만드는 법   127
      홍석철(서울대학교 경제학부 교수)

3부 청년에게 길을 보여주자

6장 머신러닝 시대의 휴먼러닝   159
강창희(중앙대학교 경제학부 교수)

7장 포용적 주식시장을 위한 금융과세   189
허석균(중앙대학교 경영학부 교수)

8장 부동산 문제, 어떻게 해결해야 하나   209
이상영(명지대학교 부동산학과 교수)

4부 바뀌는 세상을 준비하자

9장 저출생에 대한 오해와 진실   239
김정호(아주대학교 경제학과 교수)

10장 중국견제 시대와 한국의 대응   261
지만수(한국금융연구원 선임연구위원)

11장 기후위기와 지속가능한 자본주의   287
주병기(서울대학교 경제학부 교수)

1부

방향
부터

바꾸자

문재인 정부 경제정책 실패는 '성장률 집착' 때문이다. 경제정책의 중심을 불평등 축소와 불공정 타파로 옮겨야 한다.

경제적 불평등의 원인은 다층적이다. 노동의 몫을 늘리는 것만 아니라, 노동자 간 격차를 축소하고 자산 불평등을 완화하는 것이 핵심이다.

교육을 개혁하고 복지제도를 강화해야 부모의 배경과 상관없이 청년이 공평하게 미래의 삶을 개척할 수 있다.

평등하고 공정해야 국민이 일할 의지와 역량이 되살아난다. 그래야 장기적 경제성장도 가능하다.

1장　정책 패러다임의 전환: 성장에서 평등과 공정으로

원승연(명지대학교 경영학과 교수)

문재인 정부의 경제정책 실패와 '성장담론'

문재인 정부의 경제정책은 실패로 끝날 듯하다. 무엇보다 집값 폭등을 막지 못한 데 대해 국민의 실망이 크다. 집권 첫해 무리한 인상으로 불필요한 논란을 불러일으켰던 최저임금은 박근혜 정부 때의 연평균 7.4%보다도 낮은 7.2% 인상에 그쳤다. 가덕도 신공항에 대한 예비타당성 조사 면제는 이명박 정부의 4대강 사업과 추진 과정이 다르지 않다는 비판에 처해 있다.

무엇이 문제였을까? 진단이 정확해야 치유도 가능하다. "기회는 평등하고 과정은 공정하고 결과는 정의롭게" 하겠다는 약속이 잘못된 것은 아니다. 불평등과 불공정을 바로잡겠다는 것이 잘못된 방향일 수는 없다. 문제는 경제적 평등과 공정을 향한 개혁을 유능하게 추진하지 못한 데 있다.

우리는 문재인 정부가 소위 '성장담론'을 끝까지 버리지 못하는 태도에서 그 한계를 본다. 2000년대 들어 성장률이 하락한 상황에서 역대 정부는 모두 5년 임기 내에 성장률을 높이는 것을 핵심 목표로 제시했다. 성장담론은 단순히 경제가 성장해야 한다는 주장을 말하는 것이 아니다. 성장담론에는 세 가지 특징이 있다. 첫째, 경제정책을 통해 임기 내에 성장률을 높일 수 있다고 주장한다. 둘째, 다른 정책 목표보다 성장 목표를 우선시한다. 셋째, 특정한 방향으로 정책을 추진해야 성장이 이루어진다고 주장한다.

　성장담론은 정부가 자원배분을 주도했던 과거 개발독재 시대의 유산이다. 양적 성장이 한계에 도달한 지금은 실현할 수 없는 공약이지만, 민주화 이후에도 역대 정부는 성장정책을 계속 추진했다. 그러나 이런 정책이 무색하게 2000년대 이후 우리는 성장률의 지속적 하락을 목격하고 있다. 1960년대 이후 1990년대 중반까지 연평균 7%를 넘었던 성장률은 내리 하락해 2010년대에는 코로나19로 타격을 받은 2020년을 제외해도 연평균 2.9%를 기록하는 데 그쳤다. 1인당 GDP 증가율도 1990년대 연평균 6.1%에서 2010년대에는 2.4%(2020년은 제외)로 떨어졌다. 이쯤 되면 성장정책 자체를 다시 생각해볼 시점인 것이다.

　물론 다른 나라와 단순 비교하면 과연 성장률 하락이 심각한 문제인지 반문할 수도 있다. 너무 저조한 것으로 보이는 2010년대 성장률도 OECD 37개국 중 7번째로 높다. 절대로 나쁜 성적표는 아닌 셈이다. 그런데도 왜 우리는 성장에 집착하는가? 국민이 성장

　원승연(명지대학교 경영학과 교수)

을 열망하는 것은 그만큼 많은 사람의 삶이 팍팍하기 때문이다. 성장의 혜택을 제대로 받지 못해 오히려 삶의 질이 퇴보한 사람이 적지 않고 청년 세대는 과거 부모와 선배 세대가 가졌던 기회를 누리기 어려워졌다. 계층 간, 세대 간 불평등 확대는 경제실적에 대한 실망으로 이어지고 있다. 하지만 단시일 내에 경제적 불평등을 줄이는 것은 너무나 어려운 일이다.

그 결과 성장정책이 국민의 경제적 어려움을 해결할 능력의 부족을 가리는 포장으로 제시된다. 분배 상태가 다소 악화되더라도 이른바 성장의 '낙수 효과'가 있다면 조금이나마 더 높은 소득을 얻을 수 있으므로 성장이 다수 국민의 삶을 개선할 좋은 방안이라고 생각할 수 있기 때문이다. 하지만 성장정책의 성공으로 국민의 삶의 질이 개선되는 시대는 이미 지나갔다. 이제는 성장의 허상에서 벗어나야 한다.

양적 성장의 시대는 지나갔다

현재 2~3% 수준인 성장률을 4~5%대로 상승시킬 묘약은 없을까? 하지만 한국처럼 성숙한 경제에 들어선 나라가 매년 4~5% 수준의 빠른 성장을 지속한 사례는 역사적으로 없었다.

한 나라의 성장추세는 재화와 서비스를 얼마나 더 많이 공급할 수 있는가, 즉 경제 전체의 공급 능력이 얼마나 빠르게 늘어나는가에 달려 있다. 경제학 용어로 말하면 장기적 성장률을 대표하는 지표인 '잠재성장률'은 노동, 자본, 총요소생산성이라는 세 가지 요인에 의해 결정된다. 한국은행의 최근 연구에 따르면, 1990년대 연평균 6.2%였던 한국의 잠재성장률은 2016~2020년에는 2.7%로 하락한 것으로 추정된다.[1] 그중에서 노동 및 자본 증가율은 각각 0.4%와 1.4%, 총요소생산성 증가율은 0.9%였다. 이들 세 요인의 증가율을 더 높일 방법은 없을까?

먼저 노동투입량은 증가하기는커녕 감소할 가능성이 높다. 무엇보다 인구가 감소하기 때문이다. 통계청은 2020년 말 인구가 2019년보다 3만여 명 줄었다는 잠정치를 발표했다. 말로만 듣던 인구 감소 시대가 시작된 것이다. 노동시간이 OECD 회원국 중 멕시코 다음으로 높은 사회에서 노동시간 확대를 통해 노동투입량을 늘리는 것도 기대할 수 없다. 여성 및 노령인구의 경제활동 참여 확대로 인구 감소를 상쇄하는 것도 한계가 있다. 앞으로 노동투입량이 경제를 위축시키는 요인으로 작용하지만 않아도 다행이다.

자본투입을 증가시키는 것도 쉽지 않다. 과거에는 기업투자를 통해 생산능력을 확대하고 노동생산성도 향상시킬 수 있었다. 그러나 이미 자본을 많이 축적한 경제에서 과거와 같은 빠른 투자 증가를 기대할 수는 없다. 지금도 한국의 자본투입 증가율은 OECD 회원국 중에서 상위권이다. 더구나 우리 경제의 중심이 된 IT는 과거의 중화학만큼 많은 설비투자를 필요로 하지 않는다. 국제경제

1   권지호 외, 〈우리나라의 잠재성장률 추정〉, 《조사통계월보》 2019년 8월 호, 한국은행, 2019.

질서 역시 녹록하지 않다. 일부에서는 기업환경을 개선해 대기업이 국내에 생산기지를 확충하게 해야 한다고 주장한다. 그러나 이는 세계화의 흐름과 맞지 않는 주장이다. 기업의 해외 현지화 필요성이 증가하고 있어 정부가 노력해도 대기업의 국내 투자를 늘리는 데에는 한계가 있을 수밖에 없다. 결국 자본증가율도 현재 수준인 1.0~1.5%가 최선인 상황이다.

요컨대 노동과 자본투입을 늘려 경제를 성장시키는 '양적 성장'의 시대는 지나갔다. 그래서 경제학자들은 성장률을 높이는 방안으로 총요소생산성에 주목한다. 총요소생산성(이하 '생산성'으로 지칭)은 경제 전체의 생산과정에서 노동과 자본이라는 두 투입요소가 얼마나 효율적으로 사용되는지를 종합적으로 평가하는 척도이다. 여러 경제학자가 제시한 생산성 증가 방안은 다음 네 가지로 정리된다.

첫째, 기술혁신이 생산성을 높인다. 기술혁신은 같은 양의 노동과 자본으로 더 많은 생산을 가능하게 하는 가장 직접적인 생산성 증가 방법이다. 경제 전체의 생산성이 올라가려면 기술혁신이 사회 전체적으로 전파, 확산되는 혁신 생태계가 갖춰져야 한다.

둘째, 인적자본 향상이다. 인적자본은 개인이 보유한 역량, 지식 및 숙련도를 포괄하는 노동의 질적 수준을 지칭하는 것으로서, 실제 생산과정에서 생산성을 높이는 주된 요인 중 하나이다.

셋째, 불평등 완화나 사회통합의 진전도 생산성을 높이는 데 기여할 수 있다. 심각한 불평등 구조의 존재 자체가 경제순환이 제대로 이루어지지 않아 사회 전체적으로 비효율성이 생겨나고 있음을 보여주는 증거이다. 지나친 불평등을 시정해 낙후된 계층과 부문의 생산 의욕과 역량을 제고하면 경제 전체의 생산성을 높일 수 있다.

넷째, 경쟁체계의 강화가 생산성 증가에 기여한다. 경쟁체계는 혁신의 수용성이라는 점에서 매우 중요하다. 아무리 혁신적인 기술을 개발한 기업이라도 인위적인 진입장벽 때문에 시장에 진입하지 못한다면 생산성 증가에 기여할 수 없기 때문이다.

지금도 성장률 제고를 기대하는가

물론 우리는 성장잠재력을 높여야 한다. 그래서 장기적으로 성장률이 지금보다 더 하락하지 않도록 최선의 노력을 다해야 한다. 다만, 생산성을 높이는 '질적 성장'의 길은 과거 '양적 성장' 시대와 달리 시간이 오래 걸리는 선택지임을 명심할 필요가 있다.

기술혁신을 생각해보자. 개별 기업의 혁신과 경제 전체의 혁신은 다른 차원이다. 어떤 혁신기업이 창출한 기술이 경제 전체의 혁신으로 연결되려면 그 기술이 다른 기업과 산업으로 널리 전파되어야 하는데, 이것이 쉽지 않다. 혁신을 유인하는 주요 수단인 특허권 보호가 때때로 다른 기업의 해당 기술 활용을 어렵게 하는 장벽으로 작용할 수 있는 까닭이다. 또한 기업이 이미 투자한 막대한 시설을 버리고 새로운 기술을 즉각 도입하기는 어렵기에 혁신 전파에는 오랜 기간이 소요된다. 특히 한국에서는 대기업과 중소기업 간 이중구조가 혁신의 전파를 어렵게 만드는 요인이다. OECD 의 2020년 〈한국경제보고서〉에 따르면, 2018년 현재 한국 중소기 업의 1인당 부가가치는 대기업의 24.3%에 불과할 정도로 중소기 업 생산성이 현저히 낮다.[2] 혁신의 물결이 중소기업으로까지 쉽게 전파되지 않는 것이다. 제조업 기준 70%의 종사자가 일하는 중소 기업의 혁신 없이는 제조업 전체의 생산성 제고에 한계가 있을 수 밖에 없다.

인적자본 향상은 혁신의 전파보다 더 어렵고 시간이 걸리는 일 이다. 젊은 인재를 육성하는 일이 단 몇 년 안에 가능할 수 있을까? 최근 많은 나라가 디지털 경제 확산에 대응해 교육과 직업 훈련을 강화하고 있지만, 막상 교육을 담당할 사람이 부족하다는 문제에 부딪치고 있다. 인적자본 육성에 얼마나 많은 시간이 소요되는지 잘 보여주는 사례다.

역사적 경험으로 볼 때, 아무리 노력해도 생산성 증가율을 일 정 수준 이상으로 높여 성장률을 다시 높이기는 어렵다. KDI의 2007년 연구에 따르면, 고도성장을 성취한 1960년대에서 1990년 대 중반까지의 개발시대에도 한국의 생산성 증가율은 연평균 1.5%에 그쳤다.[3] 세계 10대 경제대국 반열에 오른 지금, 개발시대 이상으로 생산성 증가를 기대하는 것은 무리이다. 2000년대 이후

---

2   OECD, 〈한국경제보고서〉, 2020.

3   한진희 외, 〈고령화 사회의 장기 거시경제변수 전망: 2006~2080〉, 한국개발연구원, 2007.

4차 산업혁명이 진행되는 와중에도 OECD 회원국 중에서 생산성 증가율이 연평균 1%를 넘은 나라는 한국 외에는 없었고, 한국도 최근에는 1% 미만으로 떨어졌다.

결국 노동 및 자본투입 증가율 전망치까지 고려할 때 성장률 제고는 기대하지 않는 것이 현명하다. 향후 한국의 성장률은 연평균 3%가 되면 정말로 훌륭한 결과일 것이다. 성장률 하락은 당연한 결과임을 인식하면서 경제를 바라보아야 하는 시대가 온 것이다.

경제정책의 사고를 바꾸자

성장률을 높이는 데 한계가 있음을 인정하더라도, 미래 성장잠재력을 조금이라도 높이는 정책이 있다면 정부는 응당 그런 방향으로 정책을 집행해야 할 것이다. 그러나 유감스럽게도 국가와 시대를 막론하고 성장잠재력을 확실히 높이는 묘책은 없는 듯하다. 노벨 경제학상 수상자인 아비지트 배너지Abhijit Banerjee와 에스테르 뒤플로Esther Duflo는 저서 《힘든 시대를 위한 좋은 경제학》에서 어떤 경제학 연구도 경제성장 요인을 설득력 있게 제시하지 못했다고 말한다.[4] 사후적으로 한 나라가 성장할 수 있었던 이런저런 이유를 찾아낼 수 있을지 모르지만 그 요인이 반드시 다른 나라에, 심지어 그 나라의 다른 시대에도 동일한 효과를 낼 것이라는 보장은 없다. 성장잠재력을 높이는 경제정책 방향에 대해 사전적 정답은 없다

---

4   아비지트 배너지, 에스테르 뒤플로, 《힘든 시대를 위한 좋은 경제학》, 생각의힘, 2020.

는 것이다. 즉, '혁신성장'이 좋은지, '소득주도성장'이 좋은지, 아니면 그 어떤 다른 성장방식이 좋은지 사전적으로 판단할 방법이 없고, 설령 판단하고 집행한다고 하더라도 정책 목표대로 성장잠재력이 더 높아지는 것도 아니다.

다른 한편, 성장잠재력을 높이는 과정이 모두에게 공평하게 혜택을 주는 과정일 수 없음도 인식해야 한다. 혁신은 경제 전체의 생산성을 높이는 데 가장 중요한 요인이다. 그런데 혁신의 과정은 흔히 '창조적 파괴'의 과정이라고도 칭해진다. 혁신으로 경쟁기업이 파산할 수도 있고, 관련 산업의 구조조정이 일어나면서 대량실업이 발생할 수도 있기 때문이다. 혁신 부문이 생산성 향상에 기여하겠지만, 그로 인해 발생하는 사회적 비용이 크면 혁신의 성장률 제고 효과는 미미할 수도 있다. 가령 퇴출된 인력이 계속 실업 상태에 있으면 노동투입이 감소할 수 있다. 이들이 창업해 자영업이 비정상적으로 확대되면, 오히려 경제 전체의 생산성을 저하시키는 요인으로 작용할 수도 있다.

결국 혁신이 모두에게 이익이 되는 것은 아니다. 어떤 부문에 종사하고 어떤 계층에 속하는지에 따라 누군가는 혜택을 누리지만 다른 누군가는 피해를 볼 수 있다. 정부가 재분배 정책을 실시해도 혁신으로 이득을 얻은 집단의 소득이 그로 인해 손해를 본 집단에게 충분히 이전될 가능성은 높지 않다. 퇴출된 실업자가 다시 직업훈련을 받아 새로운 산업에 취업하면 되는 것 아닌가 생각할 수도 있다. 하지만 이미 중년에 접어든 사람이 신기술을 습득하기는 쉽지 않은 일이거니와 기업이 이들을 좋은 조건으로 고용하는 것 역시 기대하기 어렵다.

따라서 성장잠재력을 높이는 장기적인 정책 수립도 두 가지 난관을 갖고 있는 셈이다. 하나는 정책 효과의 불확실성이고, 다른 하나는 국민 간 분배 몫의 변화와 그로 인한 이해충돌이다. 아무리 좋은 의도로 정책을 입안하더라도 동의를 받기 쉽지 않고, 설사 집행한다 하더라도 실패할 가능성이나 정부 임기 5년 내에 가시적인 성과가 없어 중도에 포기할 가능성을 배제할 수 없는 것이다.

성장잠재력을 높이는 정책 자체의 한계를 인식한다면, 이제 경제정책의 사고 체계를 대전환해야 한다. 왜 확실하지 않은 성장효과만 기대하며 경제정책을 수립하려 하는가? 경제는 현실이다. 정책은 국민이 현실적으로 당면하고 있는 경제적 문제가 무엇인지를 고민하는 데서 출발해야 한다. 물론 그것이 장기적으로 성장잠재력을 낮추는 정책이 되어서는 안 되겠지만, 국민 전체의 집단적 이성을 믿고 시장과 민간 스스로 개선할 수 없는 경제적 문제를 해결하는 데 정책의 방향과 내용을 집중해야 한다.

10 대 90의 불평등 사회

그러면 지금 우리에게 어떤 경제정책이 필요한가? 최근 중요한 문제로 제기된 경제 이슈를 생각해보자. 많은 사람이 청년층 취업난과 자영업자 경영난, 부동산 가격 폭등 같은 사례를 떠올릴 것이다. 이들은 공히 성장률이 조금 오른다고 해결될 수 있는 사안이 아닌, 구조적 불평등과 불공정의 문제다.

최근 여러 경제학자의 연구는 한국의 성장 과정에서 경제적 불평등이 심화되었음을 보여준다. 가령 홍민기의 2015년 연구를 보면 최상위 1% 계층의 소득이 전체 소득에서 차지하는 비중이 1960년 5.4%에서 2013년 13.4%로 상승한 것으로 나타난다.[5] 그런데 나는 한국에서는 토마 피케티Thomas Piketty가 《21세기 자본》에서 말한 1% 대 99%의 불평등보다 10% 대 90%의 불평등이 더 심각한 문제라고 생각한다. 홍민기에 따르면, 한국에서 상위 10%의 소득 비중은 1960년에는 16.7%에 불과했지만 2013년에는 거의 절반에 가까운 47.3%로 올라갔다. 같은 자료를 이용해 10% 상위층을 1% 최상위층과 1~10%의 차상위층으로 구분해보면 그 의미가 더 잘 드러난다. 1% 최상위층 소득이 전체 소득에서 차지하는 비중은 53년 동안 2.5배 상승한 데 비해, 1~10% 차상위층의 소득 비중은 12.4%에서 32.0%로 3.0배 상승했다. 1% 최상위층으로의 소득 집중이 두드러졌던 미국과 달리, 한국에서는 이들 차상위층이 성장 혜택을 더 많이 받은 것이다. 이와 같은 불평등 확대 추세는 1997년 외환위기 이후 다음 두 가지 이유로 속도가 빨라졌다.

첫째, 2010년까지는 근로소득 불평등이 확대되었다. 비정규직 양산과 고용 불안정성 확대, 대기업과 IT, 금융 등 일부 업종과 중

---

5 홍민기, 〈최상위 소득 비중의 장기 추세(1958~2013년)〉, 《경제발전연구》, 제21권 4호, 2015; 김낙년, 〈한국의 소득집중도: update, 1933~2016〉, 《한국경제포럼》, 제11권 1호, 2018.

소기업 및 여타 제조업 간 임금 격차 확대, 기업 경영진의 빠른 연봉 상승이 불평등을 확대한 원인이었다.

둘째, 최근에는 자산 불평등이 심해졌다. 2010년대 들어 사업소득과 금융소득을 합한 비근로소득의 불평등이 확대되었는데, 이것은 자산 소유가 상위층에 점점 더 집중된 탓이다. 김낙년은 2017년 기준으로 최상위 10% 계층이 전체 순자산의 62.9%를 소유한 것으로 추정했는데, 이는 미국보다 낮지만 프랑스와 영국보다는 높은 수준이다.[6] 2017년 이후 부동산 가격 폭등과 주가상승을 고려하면, 자산 불평등은 이보다 훨씬 심하게 악화되었을 것이다. 많은 사람들이 열심히 일했음에도 스스로 '루저'로 느끼며 세상에 분노하는 이유이다.

왜 상위 10%에 부가 집중되고 있는가? 최근 미국에서도 상위 10%에 집중된 불평등 구조의 문제점이 지적되고 있다. 이 10%에는 빌 게이츠 같은 '슈퍼리치' 기업인은 물론이고 의사, 변호사, 은행가 등 전문직과 관료 및 정치인을 망라하는 고학력 엘리트가 포함되어 있다. 문제는 이들 상위층이 경제력과 각종 특권을 독차지하고 있을 뿐만 아니라, 정치 및 경제제도를 자신들의 이해관계에 맞춰 변경함으로써 불평등을 구조적으로 심화시키고 있다는 점이다. 이것이 바로 10% 대 90% 불평등 구조의 핵심적인 원인이다.

한국도 미국 못지않게 10% 대 90% 불평등 문제가 심각한 사회

---

6   김낙년, 〈우리나라 개인 자산 분포의 추정〉, 《경제사학》, 제43권 3호, 2019.

이다. 한국의 경제성장은 정부 주도로 이루어졌고, 그 과정에서 흔히 '정경유착'이라고 부르는 기업, 관료 및 정치권 사이의 밀접한 밀착관계가 형성되었다. 이른바 '콩고물'이 관료를 비롯한 전문직 종사자들에게 많이 제공된 부패의 역사를 갖고 있다. 더구나 '학벌 사회'라고 규정될 만큼 명문고, 명문대학 중심 네트워크가 기득권을 행사하는 사회이다. 정치 및 경제제도를 변경할 여론을 형성하거나 집행하는 것도 이들 상위층이다. 의식적이든 아니든, 바로 이들이 자신들에게 유리한 제도를 만들어낸 것이다.

악순환되는 불평등과 불공정

개인의 자유가 보장된 사회에서 경제적 불평등을 완전히 제거할 수는 없다. 어느 정도의 불평등은 건전한 경쟁과 혁신의 불가피한 결과일지도 모른다. 하지만 역사적 경험은 불평등이 지나치면 사회를 불안하게 하고 심지어 그 사회를 몰락시키는 요인이 될 수 있음을 보여준다.[7]

지금 한국의 불평등 정도는 어떠한가? 나는 이미 과도한 수준에 도달했다고 판단한다. 소득과 부의 불평등이 스스로 확대되는 악순환의 변곡점에 도달했다는 것이다. 불평등이 심해지면 사회제도까지 왜곡할 수 있다. 민주국가에서도 압도적인 재산을 가진 상류층은 자기들 머릿수보다 훨씬 큰 정치적 영향력을 발휘할 수 있

---

7   발터 샤이델, 《불평등의 역사》, 에코리브르, 2017.

다. 그들은 자신들의 부와 지위를 더욱 확대하고자 정치 및 경제제도까지 변형하려 하며, 불평등이 심한 사회일수록 그런 시도가 성공할 가능성도 높아진다. 과도한 불평등이 사회의 불공정을 심화시키고 그렇게 왜곡된 불공정한 제도가 불평등을 한층 더 악화시키는 악순환이 나타난다. 그렇기에 《국가는 왜 실패하는가》의 저자인 경제학자 대런 애쓰모글루Daron Acemoglu와 제임스 A. 로빈슨James A. Robinson은 이런 악순환을 유발하는 정치 및 경제제도를 '착취적' 제도라고 부르고, 이것이 한 국가가 쇠락하는 주된 원인이 된다고 지적했다.[8]

최근 우리 사회에 불거진 불공정 문제도 바로 이러한 불평등 고착화의 결과이다. 젊은 층은 부정한 대학 입시나 취업 비리에 분노하며 공정을 요구하고 있다. 줄어드는 좋은 일자리로 경쟁이 치열해지는 상황에서 과정의 공정성만이라도 지켜달라는 것이 이들의 일차적인 요구이다. 하지만 불공정의 밑바탕에는 불평등의 확대가 있다.

가령 교육을 생각해보자. 한국에서 교육은 과거에는 신분 상승의 기회를 제공했으나 이제는 불평등의 세습 수단으로 전락할 위기에 놓여 있다. 불평등이 확대되면 교육 기회의 차별성도 확대되기 때문이다. 치열한 대학 입시 경쟁을 통과하려면 비용이 많이 드

---

8   Acemoglu, Daron and James A. Robinson, "Rents and Economic Development: The Perspective of Why Nations Fail", *Public Choice* 181, (2019).

는 사교육에 의존할 수밖에 없고, 따라서 소득수준이 높은 부모라야 자식에게 좋은 교육을 시킬 수 있는 게 현실이다. 이런 여건에서 하위층 출신 학생은 어떻게든 서울 소재 대학까지는 갈 수 있을지 모르지만, 소위 'SKY'급 명문대학에 들어가기는 매우 어렵다. 게다가 상위층 부모가 '학종(학생부종합전형)'이나 '특기자 전형' 같은 제도를 이용해 자녀를 더 좋은 대학으로 보낸다는 사실이 심심찮게 드러나고 있다. 대학 간 격차가 그 이후 삶에 생각보다 더 큰 영향을 미친다는 점도 중요하다. 교육전문가 이범은《문재인 이후의 교육》에서 좋은 대학을 가는 것이 단순히 '학벌' 효과 이외에도 학생 역량을 실질적으로 높이는 효과가 크다는 점을 지적했다. 부모의 지원 덕분에 인턴 등 각종 '스펙'을 쌓은 청년은 좋은 직장을 가질 확률도 높아진다. 이들은 부모의 지원과 상속으로 주거 문제도 해결하면서 사회생활도 앞서간다.

물론 지금도 "개천에서 용"이 나지 말란 법은 없지만, 상위층이 지위와 부를 이용해 그들의 자식을 용으로 만들 기회가 너무 많아졌다. 상위층의 자식이 과거보다 훨씬 더 많은 용이 되어 사회의 부를 과점하는 시대가 된 것이다. 이것은 공정이 아니다. 우리 사회가 출발점도 트랙도 다른 '기울어진 운동장'이 된 것이 현실이라면, 상위층 자식의 성공을 능력주의 사회의 정당한 결과라고 할 수는 없다. 이러한 맥락에서 정치철학자 마이클 샌델Michael Sandel은《공정하다는 착각》에서 미국 사회가 모든 국민에게 공정한 기회를 부

여하지 않고 있다고 신랄하게 비판한 것이다.[9]

　최근 청년층의 공정성에 대한 요구를 접하면서 세대 간 불평등 문제가 두드러지고 있다. 그리고 이 과정에서 '586세대'의 기득권을 비판하는 여론이 확산되고 있다. 그러나 보다 정확히 말해 한국의 불평등과 불공정은 '상위 10%에 해당하는 586세대'와 '나머지 하위층 586세대가 부모인 청년층'의 문제이다. '상위 10% 계층의 청년'은 세대 간 불평등 문제를 부모의 도움을 받아 피할 수도 있다. 반면 '하위 90% 계층의 청년'은 부모의 지원을 받기 어려워 처음부터 가파른 절벽을 올라가야 한다. 교육과 취업 기회의 불평등, 과도한 주거 및 육아비용 부담 때문에 이들이 스스로의 노력만으로 삶을 개선하기는 어렵다. 눈앞에 놓인 생계 문제만이 아니라 앞으로 찾을 희망이 보이지 않는다는 점에서 청년층에 대한 불평등·불공정 문제의 심각성이 있다.

　결국 청년문제는 불평등 구조가 확대된 사회에서 살고 있는 국민 대다수에게 밀접한 문제라 할 수 있다. 그동안 우리 사회를 지탱해온 중추였던 중산층이 더는 성장 계단을 오르지 못하고 있기에, 이제 그 자식인 청년층이 암울한 미래에 절망하는 것이다. 다수의 젊은이에게 미래를 위한 기회를 충분히 제공하지 못해 이들이 좌절하고 있다면 한국의 미래는 낙관적일 수 없다.

　따라서 지금 해결해야 할 과제는 무엇보다도 경제적으로 평등

9　마이클 샌델, 《공정하다는 착각》, 와이즈베리, 2020.

하고 공정한 사회를 만들어 미래 세대에게 희망을 제공하는 일이다. 그러나 공고화된 불평등·불공정 구조는 일부 지도층의 눈에 보이는 비리 행위를 단죄한다고 사라지진 않는다. 그것은 개발시대부터 문제가 누적된 제도와 시스템을 개혁해야 하는 일이다. 하지만 민주적 선거로 선출된 정부는 이를 추진하기 쉽지 않다는 딜레마를 안고 있다. 개혁을 추진하다 보면 그로 인해 발생하는 피해자들의 표를 잃을 수 있기 때문이다. 더구나 개혁은 오랜 조정 과정을 거쳐야 비로소 성과를 볼 수 있고, 그 과정에서 일시적으로 성장이 지체될 수도 있다. 항상 눈앞의 선거를 걱정하는 하루살이 인생을 사는 정치인들이 당장 잃을 표를 계산하지 않고 개혁 조치를 뚝심 있게 취할 것을 기대하기는 어렵다.

그래서 역설적으로 정치인들이 성장담론을 계속해서 내세우는 것이다. 그러나 성장에 집착한 정책은 현재를 위해 미래를 희생하게 될 가능성이 높다. 정부가 단기적인 성장률 하락을 우려해 정작 필요한 혁신과 구조조정을 피하기도 한다. 장기적으로 필요한 인재를 육성하기보다 당장 눈에 보이는 지원정책에 재원을 투입하는 식이다.

문재인 정부는 개혁 의지가 부족했다

유감스럽게도 문재인 정부도 성장담론의 함정에서 벗어나지 못했다. 나는 2016년 '촛불'의 의미는 정치적으로는 민주주의를 수호하고, 경제적으로는 그동안 누적되어온 불평등과 불공정을 타파

하라는 국민의 열망이었다고 생각한다. 그러나 지난 4년간 정부는 이런 개혁 과제에 진지하지 않았다. 문재인 정부는 노무현 정부 실패의 트라우마 때문인지 경제적 평등과 공정을 향한 개혁을 정면으로 다루고 싶어 하지 않았다. 괜한 시도에 지지율만 내려가고 국정동력을 상실할 수 있다는 걱정이 정권 초반부터 폭넓게 깔려 있어, 개혁은 손도 못 대고 설사 추진하더라도 여론이 시끄러우면 곧바로 접는 일이 다반사였다. 개혁 의지가 부족하니 정책은 겉으로만 요란할 수밖에 없었다. 이른바 '인국공(인천국제공항공사) 사태'나 초기의 과도한 최저임금 인상은 섣부른 정책의 일례이다.

문재인 정부의 최대 실패작인 부동산 정책은 적절한 공급대책 부족이나 엉클어진 조세정책 등 여러 문제가 있으나, 이미 많은 사람이 지적하고 있으니 여기서 구태여 거론하진 않는다. 다만 나는 부동산 정책 실패가 근본적으로는 불평등 개선의 의지 부족에서 비롯되었음을 말하고자 한다. 사실 경제가 성장하면 부동산 가격이 상승하는 것은 통제하기 어려운 일이다. 경제성장은 자본을 축적시키고, 그 축적이 금융 및 부동산 자산 수요로 연결되기 때문이다. 하지만 그 경우 주택가격 상승으로 하위계층이 주거 안정을 이루기가 점점 어려워지는 주거 불평등 문제가 심화된다.

결국 국민의 주거문제 해결을 시장과 민간 기능에만 맡길 수 없기 때문에 여러 선진국에서는 오래전부터 시장 기능을 보완하는 제도로 공적 주택담보대출 확대와 공공임대주택 확충과 같은 주거복지 정책을 실시해왔다. 하지만 문재인 정부는 주로 주택가격 상승 억제를 통해 주거 안정을 도모했다. 국민의 주거복지를 민간 부문에 맡기는 정책에서 여전히 벗어나지 못했다. 문제는 그마저도 철저하지 못해 타협적인 정책을 펴다가 결국 주거 불평등을 더 악화시키는 결과를 낳고 말았다는 것이다.

집권 초기 문재인 정부는 부동산 가격 상승을 억제하려 했지만, 그렇다고 가격이 떨어지는 것을 원하지도 않았다. 어떻게 보면 완만하게 상승하는 것이 좋다고 생각했는지도 모른다. 구태여 강남에 사는 사람들을 자극할 필요가 없다는 것이었다. 1주택 보유자에게는 주택가격이 완만히 상승하는 것이 나쁜 일이 아니라는 생각도 있었다. 이런 타협적 정책을 뒷받침한 것은 부동산 가격이 떨어지면 경제가 어려워진다는 주장이었다. 주택가격이 하락하면 은행이 대출을 축소하고, 이것이 주택가격을 더 떨어뜨려 금융 시스템이 붕괴할 수 있다는 가계부채발 위기 시나리오가 그것이었다. 이런 우려 때문에 철저한 부동산 수요 억제책을 집행하지 않았고, 그 틈을 이용해 투기가 성행할 수 있었다. 부동산 정책도 성장담론의 함정에 빠진 것이다.

그러나 부동산 가격 하락이 가계부채발 위기를 유발할 가능성은 낮았다. 통계청 가계금융복지조사 결과에 따르면, 2017년 기준 상위 20% 소득계층이 가계부채의 44%를 점했고,[10] LTV(담보가치 대비 대출비율) 등의 규제도 있어 주택가격 하락이 은행 부실화로

---

10   통계청, 2017년 가계금융복지조사 결과, 2017.

이어질 가능성은 낮았다. 하위 20% 계층에 대한 금융권의 부채 회수에 대비하기만 했으면 될 일이었다. 이미 높아진 주택가격이 다시 하락하면 다수의 국민이 보다 낮은 비용으로 주거 기회를 가질 수 있으므로 나쁜 일이 아니다.

하지만 정부는 성장률 하락과 상위층의 반발을 우려해 그나마도 어정쩡한 가격통제 정책을 구사했다. 주거 불평등 개선을 소홀히 하고 눈앞의 성장을 더 우선시한 것이다. 정부, 여당이 내년 대통령 선거를 앞두고 또다시 상위층과 타협하는 정책을 취하지 않기만을 바랄 뿐이다.

그 철저하지 못한 입장은 성장담론을 고집하는 데에서 분명히 나타난다. '소득주도성장'과 이를 대신한 '혁신성장' 모두 성장담론에서 벗어나지 못한 주장이다. 경제학자의 입장에서 보면 "한 사회에서 소득분배의 형평성이 중요하고, 소득분배 개선이 장기적으로 경제발전에도 기여한다"는 것은 전혀 이상한 말이 아니다. 불평등 완화 정책이 잠재성장률을 높이는 데 기여한다는 주장은 이미 타당성이 입증된 것이기 때문이다. 소득주도성장이라는 이름으로 나온 정책들은 불평등 시정이라는 점에서 방향성이 맞는 것이었다.

하지만 "최저임금 인상이 조만간 성장률을 상승시킨다"고 하면 이상한 말이 된다. 최저임금 인상이 설사 고용을 줄이지 않더라도 생산성 향상과 경제성장으로 연결되기까지는 오랜 시일이 걸릴 가능성이 크다. 그러므로 이 정책을 통해 임기 내에 불평등도 해소하고 성장률도 높일 수 있다고 주장하는 것은 무리한 이야기다. 그러니 일부 언론이 정책을 집행한 지 1년도 되지 않은 시점에서 정책을 검증하느니 마느니 근거 없는 난리를 피운 것 아니겠는가?

개발시대로 돌아간 문재인 정부

결국 문재인 정부는 '포용성장'이라는 말로 소득주도성장을 슬그머니 대체한다. 하지만 수식어만 달라졌을 뿐 '성장'이라는 말은 그대로 남았다. 왜 '성장'이라는 단어를 버리지 못하는가? 여기에는 문재인 정부가 가진 성장 콤플렉스도 한몫했다. 과거 군사독재 시절, 진보진영은 정권의 경제정책에 동의할 수 없었다. 하지만 그 시절 한국경제는 놀랄 만큼 성장했고, 이때 실현된 성장은 그 공과를 떠나 보수진영의 심리적 자산이 되었다. 진보진영이 정권을 잡은 이후 보수야당은 진보정권이 무능해서 경제실적이 나빠졌다고 공격했다. 공교롭게도 진보진영이 정권을 잡은 2000년대는 성장률이 본격적으로 하락한 시점이었고, 진보진영에 대한 낙인은 효과를 거두었다.

노무현 정부에서 이를 경험한 문재인 정부 인사들은 자신들이 기업에 적대적이지 않고 경제를 성장시킬 수 있는 능력이 있음을 보여주면 국민에게 인정받을 수 있다고 생각한 듯하다. 하지만 많은 국민이 진보를 표방하는 문재인 정부에 정권을 위임한 것은 뒤처진 자신들의 경제적 처지를 개선해주기를 바라기 때문이었다. 과거와 같은 성장만으로는 안 되니까 새로운 정책을 집행해달라는 것이었다. 그러므로 문재인 정부는 국민의 주문대로 불평등과 불공정 구조 개혁을 진지하고 성실하게 추진했으면 될 일이었다.

정부가 모든 경제문제를 어떻게 다 해결할 수 있겠는가? 역대 정부 모두에서 성장률은 하락해왔다. 솔직하게 정부가 분배와 성장을 다 잘할 수는 없음을 인정하고, 불평등과 불공정 구조 개혁에 역점을 두겠다고 국민에게 양해를 구하고 전력을 다했어야 했다. 문재인 정부는 모든 문제를 해결할 수 있다고 장담했지만, 정작 중요한 현안을 해결하는 데에는 한 발짝 떨어져 있었다. 당장의 정부·여당 지지율에 미치는 영향에 따라 임기응변식 정책이 이리저리 만들어졌으니, 국민의 혼란은 가중될 수밖에 없었다. 진실하지 않았다.

평등과 공정을 위한 경제정책

그렇다면 보다 평등하고 공정한 사회를 만들기 위한 경제정책은 어떠해야 하는가? 앞서 보았듯이 한국사회에서 불평등·불공정 구조는 다층적이고 복잡하게 얽혀 있어 단순한 몇 개의 정책으로 해결할 수는 없으며, 매우 구체적이고 정교한 정책 패키지가 요구되는 상황이다. 여기에서는 불평등과 불공정을 줄이기 위한 주요 정책 과제와 방향만 간략히 언급하고자 한다.

첫째, 경제적 불평등의 일차적 원인은 생산과정에서 분배 몫이 달라져 발생하는 '생산적 분배'의 악화이다. 피케티는 《21세기 자본》에서 자본소득 대비 노동소득 분배율 하락을 불평등의 주요 원인으로 보았다. 하지만 한국의 경우 생산적 분배의 불평등은 그리 간단하지 않다. 같은 노동자라고 하더라도 정규직과 비정규직, 대기업과 중소기업 간 임금 격차가 크고 소득이 낮은 영세 자영업자 계층도 많이 존재하기 때문이다. 그에 따라 노동과 자본 간의 분배 몫만을 고려한 정책이 자칫하면 소득 하위계층 간의 갈등으로 번지는 의외의 결과가 나타나기도 하는 것이다. 최저임금 인상이 자영업자의 어려움과 시간 노동자의 소득 감소로 나타난 것은 대표적 사례이다.

그러므로 생산적 분배 개선을 위해서는 노동 몫을 증가시킬 수 있는 정책과 함께 다음 두 가지가 추가로 고려되어야 한다. 먼저 비정규직에 대한 임금 차별은 반드시 제도적으로 해결해야 할 문제이다. '동일노동 동일임금' 원칙이 산업계에 정착되도록 장기적인 정책방안을 수립해야 한다. 또한 중소기업 노동자의 낮은 임금도 올려야 하나, 이는 경제 전체의 방향에 대한 사회적 선택이 요구되는 일이다.

중소기업 노동자의 임금이 낮은 원인 중 하나는 중소기업 중 일부가 저생산성 업종이기 때문이다. 그러므로 이들의 임금을 올리면 결과적으로 이들 기업이 퇴출되어 일자리가 줄어들 수도 있다. 단기적으로 일자리 수가 중요한지 아니면 임금 개선이 중요한지 선택이 요구되는 것이다. 나는 사회발전을 위해서는 근로조건이 개선되어야 하며, 이에 맞지 않는 기업은 일시적인 고통이 있더라도 퇴출되는 혁신이 필요하다고 본다. 다만, 퇴출된 업종에서 해고

된 노동자의 생계와 재취업을 위한 사회안전망을 강화해야 하고 실패한 기업가의 재기를 지원하는 제도도 강화되어야 함은 물론이다.

둘째, 정부에 의한 소득 재분배 정책의 방향과 정도에 대한 것이다. 대부분의 나라에서 최저 빈민층에 대한 구제 제도는 인간의 본성적인 이타주의에 의한 것이든 아니면 사회통합의 관점에서든 어느 정도 형성되어 있다. 하지만 이를 넘어서는 재분배 필요성에 대해서는 이견이 존재한다. 특히 분배 과정이 공정하고 소득 격차가 개인 간 능력 차이에서 비롯된 것이라면, 그로 인한 소득 불평등은 수용해야 하는 것 아니냐는 시각이 존재한다. 하지만 문제는 소득 상위층의 능력이 온전히 그 자신의 것이 아닐 수 있으며, 그 과정도 형식과 달리 실질적으로 공정하지 않을 수 있다는 것이다.

이 점에서 사회계약론에 입각해 불평등 문제에 접근한 존 롤스 John Rawls의 문제 인식을 주목하게 된다. 롤스는 기본적 자유권을 전제로 공정한 기회균등이 보장되어야 한다고 주장했다. 경제학자 신정완에 따르면 이는 사회적 조건과 차별로 인한 불평등을 제거하기 위한 것으로서, 능력 차이에 따라 발생하는 불평등을 완화하는 것보다 우선되어야 할 정의의 원칙이다.[11] 다시 말해서 부모의 능력과 재산에 따라 다르게 교육받고 사회 진출 기회도 차별되는 것이 더 심각한 문제이며, 이러한 기회 불평등이 능력 차이에 따른

---

11 신정완, 《복지국가의 철학》, 인간과 복지, 2014.

불평등보다 우선해서 해결해야 할 과제이다.

나는 공정한 기회균등 원칙이 젊은 층의 기회 불평등이 첨예하게 표출되고 있는 한국 사회에서 불평등 및 불공정 타파를 위한 정책 규범으로서 일단 확립되어야 한다고 생각한다. 그리고 이 원칙을 전제로 다음 세 가지 제도적 개혁을 제안한다.

첫째, 교육제도의 개혁이다. 부모의 재산, 학력과 무관하게 양질의 교육을 받을 기회가 제공되도록 교육제도를 개혁하는 것이 무엇보다 중요하다.

둘째, 젊은 층을 위한 복지를 강화해야 하며, 여기에 초점을 맞춘 경제·사회정책을 집행해야 한다. 독립한 젊은 층의 가장 큰 문제는 주거와 육아 비용으로서, 이들이 공평하게 미래의 삶을 개척하도록 하려면 초기의 과도한 부담을 줄여주는 것이 필요하다. 이는 정부의 소득 재분배 및 복지 정책을 노년층이나 빈곤층만이 아니라 젊은 층과 중산층까지 확대해 하위 90% 계층이 공정한 경쟁을 통해 소득과 후생을 높이도록 지원해야 함을 의미한다.

셋째, 자산 불평등을 축소하기 위한 정책을 강력히 집행해야 한다. 자산 불평등으로 인한 경제적 불평등은 사회 전체의 혁신과 발전을 위해서도 축소되어야 한다. 자산 불평등은 자원을 비생산적인 부문으로 배분하고 생산 의욕까지 저하시키기 때문이다. 주가가 상승해 주식의 시장가치 총량이 증가한다고 하더라도 그 금액이 기업 투자로 연결되는 것은 아니다. 또한 단순히 부동산 가격이 상승했다고 실제 거주하는 사람의 후생이나 기업의 생산이 증가하는 것도 아니다. 부동산 소유자가 챙기는 이득의 증가는 실제 일하는 사람의 소득을 감소시키는 일이기도 하다.

다시 성장을 생각한다

그러면 불평등 완화가 경제성장에 기여할 수 있는가? 일부에서는 불평등을 줄이려는 정책이 성장에 악영향을 줄 수 있다고 주장하기도 한다. 노동공급이 감소하거나 기업의 투자수요를 감소시켜 경제 전체 공급량이 감소할 것이라는 주장이다. 하지만 이론적 추론과 달리 복지 확대가 성장을 저해함을 보여주는 실증적 증거는 찾아보기 어렵다. 반대로 불평등을 줄이면 성장률이 올라간다는 주장도 적어도 단기적으로 입증되기는 어렵다. 앞서 본 바와 같이 불평등 개선이 인적 역량 강화나 사회통합을 통한 생산성 제고로 연결되려면 오랜 시간과 지난한 과정이 필요하기 때문이다. 성장과 분배 사이에는 항상 일의적인 관계가 있는 것은 아니어서, 특정 시기에 상호 선순환이 이루어질 수도 있고 반대로 상충 관계가 나타날 수도 있다. 그렇다면 성장률 제고와 불평등 완화 목표가 동시에 달성되지 않을 수 있음을 전제로 정책 방향을 결정하는 것이 옳다.

그럼에도 내가 2021년 현재 이 시점에서는 불평등 구조의 타파가 장기적으로 경제성장에 도움이 될 것이라고 생각하는 이유는 다음과 같은 판단에 따른 것이다. 첫째, 기회 불평등과 불공정이 한국사회의 성장 동력을 흔들고 있다는 점이다. 돌이켜보면 지금까지 한국경제가 놀라운 성장을 성취할 수 있었던 근본적 원인은 국민 개개인의 노력과 역량에 있었다. 이런 노력과 역량이 발휘된 배경으로 많은 경제학자가 해방 후 농지개혁과 전쟁을 겪은 탓에 경제발전 초기에 비교적 평등한 사회구조가 성립한 점을 지적한다. 기회의 형평성도 높은 편이어서 국민들이 보다 잘살기 위해 노력하는 경쟁체계가 형성되었고, 유례없는 교육열이 인적자원의 질을 개선해 성장의 원동력을 마련해주었다는 것이다. 하지만 지금처럼 청년층이 좌절하고 미래의 희망을 갖지 못하는 사회에서는 인적자원의 향상을 기대하기 어렵다. 청년층에게 보다 공평한 기회를 부여하고 이들이 공정하게 경쟁할 수 있는 사회를 만들어, 과거처럼 인적자원 향상과 생산성 제고가 경제 전체의 공급능력 확대로 이어지도록 해야 한다.

둘째, 자산 불평등과 지대추구 행위는 사회의 공정성에 대한 불신을 초래해 국민의 의욕을 저하시키고 사회를 정체시킨다. 자본이득을 비롯한 불로소득으로 쉽게 부를 쌓을 수 있는 환경에서 생산성을 높이려는 유인이 확산되기는 쉽지 않다. 또한, 지대추구 행위는 새로운 혁신의 장벽으로 작용할 가능성이 높다. 자산 불평등으로 인한 소득격차를 축소하고 지대추구 행위를 통제하는 것이 진정한 혁신 생태계를 발전시키고 실물투자 유인을 높이는 방안인 것이다.

하지만 예상과 달리 불평등 완화가 성장률을 높이는 데 그리 효과가 없으면 어떻게 할 것인가? 설령 그렇다 하더라도, 나는 그런

정책이 불평등을 줄이는 데 성공하는 것 자체로도 큰 의미가 있다고 생각한다. 분배구조의 개선은 국민을 집단으로 보는 것이 아니라 개개인의 삶의 질을 존중하는 정책 방향이기 때문이다. 즉, 경제성과를 집단으로 평가하는 경제성장 개념에서는 판단할 수 없는, 한 나라 경제의 발전Advance인 것이다.

사실 성장률은 개인을 배제한 수치이다. 성장률은 국민 전체의 평균 수치에 불과하므로, 실제 국민 개개인의 소득은 성장률 수치에 잘 반영되지 않는다. 극단적으로 말해서 한 사람의 소득이 전체의 99%를 차지하고 있어 그 사람의 소득이 크게 증가하고 나머지 99인의 소득이 감소하더라도, 성장담론에 따르면 성장률이 높은 경제는 좋은 경제이다. 하지만 자유민주주의의 핵심 철학은 각각의 개인 그 자체를 존중하는 것임을 상기해야 한다. 한 사람의 소득만 증가하는 사회를 좋은 사회로 보지 않는 것이다. 그러므로 공리주의는 한 사람의 소득이 크게 감소해 성장률이 떨어지더라도 나머지 99인의 소득이 증가해 전체 후생이 증가한다면, 그것을 보다 좋은 사회로 평가했다. 불평등과 불공정의 확산으로 다수의 삶이 개선되지 않고 있는 상황에서, 평등과 공정을 위한 경제정책이 일시적으로 성장률을 하락시킨다고 하더라도 다수 국민의 소득과 후생을 개선한다면 이를 마다할 이유는 없는 것이다.

여전히 개인보다 집단을 우선시하는 사고가 우리 사회 도처에서 발견된다. 성장담론의 배후에는 정작 중요한 국민의 행복을 도외시하고 목표와 수단을 뒤바꾸는 주객전도된 생각이 있다. 그리고 그 이면에는 개발시대의 집단주의적 사고가 잠재되어 있다. 과거에는 이것이 경제도약의 요인이었을지도 모른다. 그러나 이제 집단주의적 사고는 오히려 미래 발전의 장애가 된다. 개인을 존중하는 자유민주주의 사회에서는 맞지 않는 생각이기도 하다. 이제 우리는 개발시대의 낡은 관념과 작별해야 한다. 올바른 경제정책의 수립은 국민 개개인을 진정으로 존중하는 사고의 대전환에서부터 시작되어야 할 것이다.

정부는 소상공인과 자영업자와 서민을 보호하겠다고 함부로 시장에 간섭하지 마라. 대신 고용과 복지 확대라는 정공법을 택하라.

미래유망산업 육성정책은 시대착오다. 정부는 경제의 기초체력을 키우는 데 집중하라.

교육, 보육, 교통, 전력 등 필수 인프라는 섣부른 민자사업을 추진하지 말고 정부가 확실히 책임지고 공급해야 한다.

독점규제는 사전에 족쇄를 채우기보다, 경쟁을 저해하는 반칙을 저질렀을 때 강력히 처벌하는 방향이 낫다.

2장 시장의 일과 정부의 일

박민수(성균관대학교 경제학과 교수)

제로페이, 배달특급, 까치온

2018년 4월 박원순 당시 서울시장은 지방선거 3선에 도전하는 첫 공약으로 '서울페이' 도입을 제안한다. 기존 카드사의 결제망을 거치지 않는 신용거래로 소상공인의 카드 수수료 부담을 줄이겠다는 취지였다. 서울페이는 소상공인 지원정책의 일환으로 전국 사업으로 확대되었고 명칭도 지금의 '제로페이'로 바뀌어 2018년 연말 시범 서비스를 시작했다. 그러나 소상공인들의 폭발적인 환영을 받을 것이라는 예상과 달리 2년이 지난 2020년 말까지도 제로페이를 이용한 일평균 결제액은 약 30억 원에 그쳤다. 하루 약 2조 5,000억 원에 달하는 카드 일일 사용액의 0.1%밖에 안 되는 '이용률 제로' 페이인 셈이다.

2020년 4월 이재명 경기도지사는 "자영업자들의 고통이 극심한 이때 배달의민족 등 배달앱 업체들이 독점적 지위를 이용해 일방적 이용료 인상으로 과도한 이윤을 추구하며 자영업자들을 나락으로 내몰고 있다"고 말하며 '공공배달앱'을 개발하겠다고 선언한다. 국내 배달앱 1위 업체인 배달의민족이 광고 하나당 일정한 금액을 받던 수수료 방식을 주문금액에 비례해 받는 것으로 바꾸려 하자 음식점 업주들이 강력히 반발하는 상황에서 나온 대책이었다.

경기도는 이미 '배달의명수'라는 공공배달앱을 출시해 운영 중이었던 군산시와 업무협약을 맺고 그해 연말 '배달특급'이라는 공공배달앱을 출시했다. 그러나 6개월이 지난 2021년 6월까지 배달특급의 누적거래액은 237억 원에 그쳤다. 아직 서비스 초기이고 경기도 일부 지역에서만 이용 가능한 단계이기는 하다. 그렇다 하더라도 인구 비중으로 추산한 경기도 내 연간 음식배달 거래액을 약 5조 원이라고 볼 때, 배달특급의 점유율은 1%가 되지 않는다. 과연 배달특급은 자영업자들을 나락으로부터 구해낼 수 있을까?

2020년 1월 더불어민주당은 4.15 총선 제1호 공약으로 통신비 절감을 위한 '공공 와이파이 확대'를 내건다. 공공 와이파이 확대는 2017년 문재인 후보의 대선 공약이었고 2010년 지방선거, 2012년 대선에서도 여야 가릴 것 없이 등장했던 단골 공약이었다. 서울시는 전기통신사업법 위반 논란을 일으키면서까지 '까치온'이라는 브랜드로 공공 와이파이 사업을 진행했다. 이용자가 저렴한 이동통신 요금제에 가입하면 부족한 데이터는 공공 와이파이를 통해 보충해서 쓸 수 있게 하겠다는 아이디어다. 그러나 2021년 4월 기준, 국내 무선 트래픽에서 와이파이가 차지하는 비중은 공공과 민간을 모두 합쳐도 1.8%밖에 되지 않는다.

세 가지 사례의 공통점은 민간이 만들어 놓은 시장에 정부가 들어가 시작한 서비스라는 것과 이용률이 극히 부진하다는 것이다. 자영업자와 서민들이 값싸게 이용할 수 있도록 요금을 크게 낮추거나 아예 무료로 제공하는데도 이용이 부진한 이유는 무엇일까? 문제는 이 사업들이 애초부터 이용자들의 마음을 살 만한 매력을 가지고 있지 않았다는 것이다.

사업 초기 제로페이는 불편하고 느린 결제과정 때문에 오히려 판매자 쪽에서 이용을 기피했다. 추후 결제의 편의성은 개선되었다지만, 여전히 소비자가 보기에 굳이 신용카드 대신 제로페이를 이용할 이유가 없는 상태다. 소득공제 30% 혜택도 신용카드가 제공하는 포인트, 사은품, 각종 할인에 비하면 그리 매력적이지 않다. 공공배달앱도 마찬가지다. 이미 민간배달앱에서 간편한 결제, 방대한 리뷰, 빠른 배달과 할인 혜택을 누리고 있는 소비자들이 굳이 공공배달앱을 사용할 이유가 없다. 그러니 음식점들도 번거롭게 가맹해 관리할 필요가 없어진다. 이동통신 시장에서는 LTE와 5G 가입자가 늘어나면서 무료 데이터의 양이나 속도 면에서 와이파이를 이용할 필요가 별로 없어졌고 오히려 와이파이 전환이 거추장스러워졌다.

다소 비효율적이더라도 독과점의 횡포에 시달리는 자영업자와 서민들이 낮은 수수료와 이용요금의 혜택을 받을 수 있다면 그것만으로 의미가 있는 사업이 아니냐고 반문할 수 있을 것이다. 그러나 혜택은 아무 대가 없이 주어지지 않는다.

각 지방자치단체는 지역사랑상품권을 10% 할인 판매하고 이를 제로페이 및 공공배달앱과 연동해 사용할 수 있게 한다. 2020년 한 해 여기에 1조 원에 달하는 지자체와 중앙정부 예산이 투입되었고 2021년에는 중앙정부 예산만 1조 원이 배정되었다. 이렇게 할인된 지역사랑상품권과 온누리상품권 결제액은 2020년 제로페이 전체 결제액의 85%를 차지했고[1] 배달특급 이용액의 67%를 차지했다.[2] 공공 와이파이 확대 구축과 운영에도 2021년에만 721억 원의 예산이 배정되었고 통신사가 부담하는 비용까지 포함하면 1천 억이 넘을 것이라고 알려졌다. 단 1.8%의 이용자를 위해.

정부의 어정쩡한 시장개입은 마치 심판이 선수로 탈바꿈해 다른 선수들과 시합하는 것과 같다. 소위 "답내뛴"('답답해서 내가 뛴다'의 줄임말)의 심정으로 들어오지만 실력이 모자라 만년 꼴찌만 하니 용서가 안 된다. 공공자금을 이용해 선거에서 표를 얻겠다는 얄팍한 꼼수가 아니라, 자영업자의 어려움과 서민의 생활고를 조금이나마 해결하려는 선의가 있다면 차라리 그 돈으로 생활이 어

---

1 "'관치페이'서 '학원페이'로⋯ '상품권 유통 플랫폼'된 제로페이" (《중앙일보》, 2021.3.25.)

2 "'배달특급' 누적거래액 90억 원 돌파⋯ 지역화폐 사용률 67%" (《이데일리》, 2021.3.4.)

박민수(성균관대학교 경제학과 교수)

려운 사람들을 직접 구제하는 것이 백배 낫다.

소상공인과 자영업자 보호, 고용과 복지 확대가 답이다

소상공인과 자영업자의 어려움은 굳이 통계를 들이대지 않더라도 잘 알려져 있지만 그래도 다시 한번 살피자. 자영업자의 절반(하위 50%)은 상용임금노동자 중 하위 50%에 비해 소득이 낮고 그중에서도 고용원 없이 혼자 가게를 꾸려나가는 가구의 소득은 근로자 가구의 80%밖에 안 된다.[3] 일하는 시간이 길다는 점까지 감안하면 절반 이상의 자영업자는 노동시간 대비 소득이 임금노동자보다 훨씬 적다. 소상공인은 한 해 평균 3,300만 원을 버는데 빚은 1억 7,000만 원이나 지고 있다.[4] 빚이 많아도 꾸준히 장사를 잘하면 갚을 수 있겠지만 사업을 오래 유지해나가기란 쉽지 않다. 2018년 통계청 자료 기준으로 새로 창업한 기업 10개 중 4개는 1년을 넘기지 못하고, 나머지 6개 중에서도 3개는 5년 이상을 못 버티고 폐업한다. 전체 창업기업의 상황이 이러하니 영세 자영업자의 경우는 더 심각할 것이다.

정부와 국회에서는 그간 소상공인과 자영업자를 보호하고 자생력을 높이기 위해 많은 정책을 내놓았다. 1997년 IMF 외환위기로 생긴 대량의 실업자가 비자발적인 자영업자가 되면서부터 자영업

---

3   통계개발원, 〈한국의 사회동향 2018〉.

4   중소벤처기업부, 통계청, 〈2019년 소상공인 실태조사〉, 2020.12.28.

자에 대한 정책적 관심이 높아졌기 때문이다. 대형마트가 기업형 슈퍼마켓SSM으로 영향력을 높여가자 전통시장과 골목상권을 보호하라는 목소리도 커졌다. 과거 정부정책 중 가장 강력하고 그만큼 논란이 많았던 몇 가지 정책은 '비즈니스 프렌들리Business Friendly'를 기조로 내세웠던 이명박 정부에서 나왔다.

2010년 9월 정부는 〈대·중소기업 동반성장 추진대책〉을 발표하고 그해 12월 동반성장위원회(동반위)를 출범시켰다. 동반위가 가장 큰 성과로 꼽고 있는 정책 중 하나가 '중소기업 적합업종 선정'이다. 중소기업 적합업종은 대기업 진출로 중소기업 경영여건이 악화된 업종에 대해 대기업의 진입과 기존 사업 확장 자제나 축소를 권고하는 제도이다. 동반위는 2011년 4월 두부, 면류, 김치, 원두커피, 차량용 블랙박스 등을 대기업이 진출하기에 적합하지 않은 82개 품목으로 뽑았다. 중소기업 적합업종 지정시한 만료가 다가오자 2018년 6월 '소상공인 생계형 적합업종 지정에 따른 특별법'이 제정되었고 그해 12월부터 '생계형 적합업종제도'가 시행되었다. 중소기업벤처부가 주관하고 법적 이행강제력을 갖춘 더 강력한 규제로 진화한 것이다.

대형마트와 기업형 슈퍼마켓의 영업제한을 골자로 하는 유통산업발전법 개정도 이명박 정부 시기인 2012년 1월에 이루어졌다. 대형마트 규제는 정부가 아니라 국회가 주도했는데, 여야를 막론하고 19대 국회에서 65건, 20대 국회에서 41건의 유통산업발전법 개정안을 발의했다. 각 지방자치단체의 조례에 따라 2012년 4월

최초로 영업제한이 적용되었고 2013년 유통산업발전법 추가 개정으로 반드시 매월 2회 휴업일을 지정하고 영업시간 제한도 확대하는 내용으로 규제가 더 강화되었다.

중소기업 적합업종 제도와 대형마트 영업규제는 도입 당시부터 많은 비판을 받았다. 어려움을 겪는 소상공인을 보호하자는데 뭐가 문제인가? 정책 목표가 대기업-중소기업 간 불평등을 해소하는 것이니 시장효율성의 잣대로 비판하는 것은 부당하다고 반박할 수도 있다. 문제는 이 정책들이 소비자를 희생하면서 소상공인을 보호하고자 했지만, 정작 그들의 자생력을 키우는 데는 실패했다는 것이다.

한국개발연구원KDI 이진국 박사의 포장두부시장에 대한 2015년 연구는 중소기업 적합업종 지정 이후 실제 산업에서 어떤 일이 일어났는지 잘 보여준다. 예전에 가정용 두부는 비치된 자리에서 잘라 신문지나 비닐봉지에 싸서 팔았다. 운반하다 깨지는 일이 다반사였고 위생적으로도 문제가 있었으며 보관이 어려워 쉽게 상했다. 풀무원은 1990년 오늘날과 같이 네모난 플라스틱 용기에 담은 포장두부 제품을 개발했다. 두부시장에 대단한 혁신이 일어난 것이다. 이후 CJ, 대상과 같은 기업들까지 들어오면서 대기업 간 경쟁이 일어나고 시장규모도 커졌다. 2011년 동반위는 두부 품목을 중소기업 적합업종으로 지정하고 포장두부시장에서 대기업이 현 수준 이상으로 사업을 확장하는 것을 자제하게 했다. 두부 품목이 중소기업 적합업종으로 지정되면서 실제로 대기업 매출액은 감소했다.[5] 그런데 이 과정에서 소비자들이 즐겨 구매하던 대기업 제품 수가 24%나 감소했고, 대기업이 직접 생산하지 않고 OEM(주문자 위탁생산)으로 생산한 제품이 늘어났다. 대기업 제품 가격은 떨어졌지만 중소기업 제품 가격은 오히려 올라갔다.

매출액 기준으로 규제를 하니 대기업은 품질이 좋은 대신 비싼 제품을 많이 팔 유인이 줄어들었다. 국산콩으로 만든 두부는 수입콩으로 만든 두부보다 가격이 높지만 마진은 별로 남지 않는다. 매출액을 늘리지 못하게 된 대기업은 단가가 낮고 마진이 큰 수입콩 제품 생산을 늘리고 국산콩 제품 생산을 줄였다. 그 결과 대기업이 만든 국산콩 제품을 선호하던 소비자들의 후생이 줄었고 국내 콩 재배 농가의 수익도 줄었다. 소비자들과 국내 농가의 희생을 대가로 중소기업은 이득을 보았을까? 대기업이 수입콩 제품 생산을 늘리면서 수입콩 제품을 주력으로 하던 중소기업들의 수익은 오히려 줄어들었다. 대기업 제품을 대체해 국산콩 제품 판매량이 증가한 것까지 감안하더라도 중소기업의 전체 두부 판매량은 적합업종 지정 후 3년 동안에도 증가하지 않았다.

대형마트 영업제한의 효과에 대해서도 꽤 많은 연구가 이루어졌다. 소형소매점과 전통시장 매출이 증가했는지에 대한 연구들은 엇갈린 결론을 내놓았다. 정책 효과가 뚜렷이 입증되지 못한 것이

---

5   2011년 대비 2014년 대기업 매출액이 약 9.2% 감소(이진국, 〈중소기업 적합업종 지정제도의 경제적 효과에 관한 연구: 두부산업을 중심으로〉, 한국개발연구원, p.27, 2015).

다. 영세상인 매출이 증가했다고 결론 내린 연구들에서도 공통적으로 그 증가분이 대형마트 매출 감소분을 능가할 만큼 크지는 않았던 것으로 나타났다. 즉, 일부 소비자들은 대형마트가 쉬는 날 동네슈퍼를 대신 이용하지 않고 그냥 구매를 포기했다는 것이다. 이는 소매 유통시장 전체 규모가 줄어들었다는 이야기이기도 하다.

소상공인과 자영업자 보호정책은 대부분 시장경쟁에 맡겨두면 망할 수 있는 기업, 경쟁력이 없는 기업들을 보호하는 정책이다. 그런데 경쟁력 없는 기업이 퇴출되는 것을 막으면 여러 가지 문제가 생긴다. 우선 더 좋은 제품을 더 싼 가격에 제공할 수 있는 기업, 즉 더 혁신적인 기업이 시장에 진입할 기회가 사라진다. 생산성에 관한 많은 연구들은 지금까지 나타난 생산성 증대는 기존 업체의 혁신이 아니라 생산성이 더 높은 기업의 진입에 의한 것이었음을 증명했다. 더 혁신적인 기업이 시장에 들어오면 덜 혁신적인 기업이 퇴출되는 것은 당연하다. 혁신기업이 시장에 들어오지 못하고 경쟁력 없는 기업이 남으면 결국 손해를 입는 것은 소비자다. 소비자들은 더 품질 좋은 국산콩 두부를 사먹을 기회를 잃고, 대형마트가 문을 열지 않는 주말에 기저귀가 떨어지면 동네슈퍼에서 비싼 기저귀를 사야 한다.

물론 소상공인과 영세 자영업자의 어려움을 도외시할 수는 없다. 상시근로자 5인 또는 10인 미만 사업체를 의미하는 소상공인이 전체 사업체에서 차지하는 비중은 85%에 달하고 종사자 수 기준으로도 37%나 된다. 자영업자가 전체 취업자에서 차지하는 비중은 25%로 OECD 평균보다 훨씬 높다. 자영업자 중 연 매출이 4,800만 원 미만인 영세사업자 또는 간이사업자는 28%이다.[6] 해외 선진국에 비해 훨씬 높은 소상공인 및 자영업자의 비중도 문제지만 앞선 통계에서 보았듯이 그들의 소득수준이 매우 낮다는 것이 더 큰 문제이다. 국가는 사회적 약자를 보호할 의무가 있고, 대한민국 헌법은 정부가 "균형 있는 국민경제의 성장 및 안정과 적정한 소득의 분배를 유지"하기 위해 규제를 할 수 있다고 규정하고 있다. 대기업의 시장지배력 확대를 제한하고 영세기업을 보호하지 않으면 이런 헌법적 가치를 어떻게 달성할 수 있는가?

사실 묘수가 있는 것은 아니다. 다분히 원론적이지만 이미 시행하고 있는 정책들을 더 충실하게 하는 방법밖에 없다. 요약해서 말하면 비자발적으로 자영업에 밀려들어오는 사람들을 줄이되, 일단 들어오면 경쟁력을 키울 수 있도록 돕고, 경쟁에서 밀려 퇴출되는 사람들은 정부가 최소한 먹고사는 것을 책임지는 것이다. 사람들의 자영업 선택을 분석한 실증연구들은 실업률이 높을 때 자영업 창업이 많아진다는 사실을 공통적으로 확인했다. 즉 임금노동자로 취업할 기회를 얻지 못해 어쩔 수 없이 자영업을 선택한 사람들이 많다는 것이다. 이렇게 비자발적으로 자영업을 선택한 사람들은 자발적으로 선택한 사람들에 비해 실패할 확률이 더 크다는 것도 밝혀져 있다. 따라서 경쟁력 없는 자영업자들을 보호하기에

---

6   더미래연구소, 〈2020 대한민국 자영업 보고서〉.

앞서 취업 기회를 늘려야 한다. 또 은퇴자가 창업을 하지 않더라도 사회보장과 개인저축으로 충분한 노후대책을 세울 수 있도록 해야 한다.

자발적이든 비자발적이든 창업을 했으면 이들이 경쟁력을 갖추도록 도와주고 기존 사업자들과 공정하게 경쟁할 수 있는 환경을 만들어주는 것도 필요하다. 개별 소상공인 및 자영업자가 투자하기 힘든 상권 개발(공영주차장 설치, 전통시장 현대화 등), 창업 전 교육 및 컨설팅, 혁신적 소상공인에 대한 금융지원 등 현재 추진하고 있는 정책들을 확대하고 추가로 개발해야 한다. 기존 사업자의 불공정 행위로 생존이 어려워지는 경우를 막기 위해 정부의 감시와 처벌도 강화해야 한다. 한계에 다다른 자영업자는 버티기보다 스스로 폐업을 선택할 수 있도록 유도하고 사회안전망으로 받아주어야 한다. 경쟁력 없는 사업자가 재창업과 폐업을 반복하지 않도록 폐업 후 최대한 취업으로 유도하고 재창업 시 실패 확률을 줄이기 위해 재교육과 컨설팅을 제공하는 것도 필요하다. 물론 코로나19 상황과 같이 자신의 경쟁력과 무관하게 겪는 어려움은 정부가 나서 극복하도록 도와야 한다.

사실 지금까지 여러 정부를 거치면서 다양한 소상공인·자영업자 지원정책들이 개발되고 시행되어 왔다. 앞서 언급한 몇 가지 방안도 2018년과 2019년에 걸쳐 정부에서 내놓은 소상공인·자영업자 지원대책에 모두 포함되어 있다. 그런데도 대기업과 중소기업 간 격차와 소상공인·자영업자의 영세성이 완화되었다는 보고는 찾기 어렵다. 오히려 국내외 여러 경제학자들은 정보통신과 디지털 기술의 발전이 대기업과 중소기업 및 자영업자 간 양극화를 지금보다 더 확대시킬 수 있다고 보고 있다. 그러나 소비자 이익을 희생하면서 대기업이 두부와 김치를 만들어 팔지 못하게 하고, 대형마트가 주말과 새벽에 영업을 못 하게 하는 것으로 양극화 추세를 바꿀 수 있을까? 벼랑 끝에 매달린 사람을 조금 더 버틸 수 있도록 도와주기보다는 그 아래에 지금보다 훨씬 두꺼운 에어매트를 준비해야 하지 않을까?

성장동력 육성 시대는 끝났다

유망한 산업을 집중 육성해 미래 먹거리로 키운다는 이른바 성장동력 산업정책은 역대 정부의 핵심 성장정책으로 연이어 추진되어 왔다. '차세대성장동력산업', '신성장동력산업', '미래성장동력산업', '혁신성장동력산업' 등 이름만으로는 어느 정부의 것인지 분간하기도 어렵다.

성장동력 산업정책은 성장률 또는 고용률로 구체화되는 새 정부의 비전 혹은 목표를 보조한다. 예컨대 정부는 "임기 내 몇 퍼센트의 경제성장" 또는 "몇 개의 일자리 창출"을 목표로 공언하고, 이를 달성할 수단으로 기존 산업 대신 경제성장을 주도할 유망산업 육성계획을 제시하는 것이다. 선별된 산업과 세부 품목에 대해서는 자본조달, 기술개발, 인력 양성, 인프라 구축을 지원하고 관련 규제를 완화하며 세금을 감면해준다. 여기에는 당연히 막대한 정

박민수(성균관대학교 경제학과 교수)

부 예산이 투입된다. 예컨대 2021년 예산안을 보면 한국판 뉴딜, 소재·부품·장비(소부장), BIG3(시스템반도체·미래차·바이오헬스)에 27조 원에 달하는 연구개발투자 가운데 70% 이상이 배정되었고 DNA(데이터·네트워크·인공지능)와 BIG3 육성을 위해 7조 원의 예산이 별도로 편성되었다.

성장동력 산업정책은 특정 산업을 성장시키기 위해 정부가 개입해 직접 지원·육성하거나 보호하는 좁은 의미의 정책을 말한다. 그간 학계에서는 선별적 산업정책에 대한 찬반 논쟁이 있었는데, 각각 이론적 근거가 있고 역사적 사례들과 실증연구 결과도 어느 한쪽을 일방적으로 지지하지는 않는다. 산업정책을 지지하는 측은 자본과 인력이 부족한 저개발국에서는 정부가 주도적인 역할을 할 수밖에 없고, 때로는 자신의 이윤 극대화만을 추구하는 개별 기업보다 정부의 관점이 국가 전체에는 더 이로울 수 있다고 본다. 한 기업이 신기술 개발에 성공해서 혁신기업으로 성장하면 그 기업뿐만 아니라 경제 전체에 파급효과를 일으킬 수 있기 때문에 이를 기업에만 맡겨두는 것보다는 정부가 개입해 지원하는 것이 더 효과적일 수 있다고도 주장한다. 일본, 대만, 한국 그리고 최근의 중국으로 이어진 동아시아 국가들의 고속성장은 대표적 성공사례로 거론된다.

그러나 훨씬 더 많은 경제학자들은 정부의 선택적 산업정책을 부정적으로 바라본다. 이들의 근본적인 질문은 민간보다 시장과 산업에 대해 더 잘 알 리 없는 정부가 어떻게 미래 유망산업을 선정할 수 있느냐는 것이다. 성장동력산업을 선정하는 기준이 존재하기는 하는가? 첨단기술 또는 원천기술을 기반으로 하는 산업이어야 하는가? 정책의 궁극적 목표는 노벨상 수상자 배출이 아니라 경제성장이니까 성장 가능성이 큰 산업을 지원해야 하는가? 그런데 관료들이 성장성이 크다는 것을 알 정도의 산업이나 기업들에 대해서는 민간에서 알아서 투자할 텐데, 굳이 정부가 지원할 필요가 있는가? 1980년대 초반까지의 남미 국가들을 비롯해 수많은 개도국 사례에서 보듯이 오히려 산업 선별에 정치인이나 관료의 이권이 개입되거나 이해집단 또는 부처의 밥그릇 싸움이 반영될 가능성이 큰 것 아닌가?

경제개발 5개년 계획으로 상징되는 국가 주도의 산업정책을 통해 고도성장을 이루어온 한국에서는 정체기에 들어선 주력산업을 대체하고 성장률의 하락을 막기 위해 새로운 성장동력산업을 육성하겠다는 정부의 정책이 꽤 자연스럽게 받아들여지는 듯하다. 오히려 이런 계획이 없는 성장공약은 진짜 성장정책이 아니라고 보는 사람들이 많다.

문재인 정권 초기 소득주도성장을 허황된 관념이라고 비판하던 언론들은 정부가 8대 핵심 선도산업을 선정하고 제조업 르네상스 전략을 발표하자 이제야 제대로 된 성장정책의 첫 삽을 뗐다고 평하기도 했다. 그러나 20년에 걸친 성장동력산업정책의 결과는 어떤가? 성장률은 하락 추세에서 벗어나지 못하고 있고 지난 20년간 10대 수출품목의 변화는 거의 없다. 반도체는 부동의 1위이고 여전히 자동차 및 자동차부품, 석유제품, 선박, 철강, 무선통신기기가 자리를 지키고 있다. 2003년 차세대성장동력산업으로 선정된 디스플레이가 유일하게 10대 수출품목에 새롭게 진입했지만 한국의 디스플레이 기술경쟁력은 이미 2003년 선도국가 수준에 90% 이상 도달한 상태였다.

아직도 우리에게 선별적 산업정책이 필요한가? 한국은 GDP 기준 세계 10위인 OECD 국가이며 유엔무역개발회의UNCTAD에서도 선진국 그룹으로 격상되었다. 선진국에서 특정 산업을 육성해 성공적으로 키운 사례는 찾아보기 힘들다. 미국과 유럽의 보호무역과 산업지원 사례는 대부분 그들의 산업발전 초기 이야기이다. 혹자는 선진국들 사이에서도 기술패권 경쟁과 산업정책이 부활하고 있음을 지적하며 독일의 하이테크전략Hightech Strategie, 영국의 미래산업전략Industrial Strategy, 미국의 제조업강화전략Manufacturing USA의 예를 든다. 그러나 이들 전략을 들여다보면 환경, 보건, 보안, 격차 해소 등 사회적 난제의 해결이나 경제 전체의 경쟁력 향상을 목표로 하여 연구개발, 인력 양성, 인프라 구축, 제도 개선을 지원한다는 계획을 담고 있을 뿐 특정 산업을 선별해 성장동력으로 육성한다는 내용은 명시되어 있지 않다.

과거에 통했던 성장전략이 왜 이제는 작동하지 않는가? 지난 50년간 한국의 경제성장은 선진국을 모방해 따라가는 추격catch-up의 과정이었다. 교과서가 있었고 선생님이 가르쳐준 대로만 열심히 공부하면 성적을 올릴 수 있었다는 이야기이다. 그러나 이제는 남들이 가보지 않은 길을 개척해야 한다. 정부가 어떤 기준에서 미래자동차는 유망하고 미래선박은 유망하지 않다고 판단할 수 있겠는가.

우리나라 성장동력 산업정책의 또 다른 문제점 하나는 지원대상 중 상당수가 대기업이 주도하는 산업이라는 점이다. 한편에서는 기업 간 양극화를 해소하기 위해 대기업에 인위적인 사전규제를 가하면서, 다른 한편으로 대기업들에 세제 혜택을 주고 환경·노동 규제를 완화하는 것은 다분히 모순적이다. 정부가 선정한 산업들이 정말로 유망하다면 연일 역대 최대 현금보유액 기록을 갱신하고 있는 대기업들이 투자하도록 정책지원을 할 필요는 없다.

다른 나라 기업들이 정부 지원을 등에 업고 경쟁에 나서고 있으니 우리 정부도 뭔가를 해야 하는 것 아니냐는 주장도 있다. 예를 들어 2021년 초 미국 의회에서 반도체생산촉진법CHIPS for America Act이 통과되자 국내 업계와 언론에서는 정부가 그에 상응하는 지원책을 내놓아야 한다고 목소리를 높였고, 이는 소위 반도체특별법을 만들겠다는 정부·여당의 공언으로 이어졌다. 그런데 미국 조 바이든Joe Biden 대통령은 반도체생산촉진법의 실행을 논의하는 자리에 인텔과 마이크론 같은 미국 반도체 기업뿐만 아니라 삼성전자와 대만의 TSMC 그리고 자국의 자동차, 통신 회사들까지 불렀다. 법 제정의 목적이 자국 반도체산업 육성이 아니라 제조업을 위한 기술공급망의 복원과 기술패권 유지를 위한 중국 견제라는 점을 알 수 있는 대목이다.

산업정책을 산업의 생산성과 효율성을 촉진하는 정부의 정책이라고 넓게 정의하면 산업정책을 해야 하느냐 하지 말아야 하느냐가 아니라, 어떤 산업정책을 해야 하느냐가 타당한 질문이 된다. 원칙은 단순하다. 산업의 생산성과 효율성을 높이는 데 필요하지만 민간에서는 충분히 하지 못하는 일을 정부가 해야 한다. 실패 위험이 높지만 성공하면 파급효과가 큰 기초기술 연구개발을 지원하거나 인력을 양성하는 일이 그중 하나이다. 인프라를 구축하고 산업단지를 조성하는 것도 포함된다. 누구나 다 아는 뻔한 정책 같지만 제대로 하기는 쉽지 않다. 예컨대 한국의 GDP 대비 연구개발비 비중은 몇 년째 세계 1~2위인데 여전히 혁신기업은 부족하고 기초연구 경쟁력도 크게 개선되지 않는다. 5년에 한 번씩 바뀌는 성장동력 분야에 연구개발투자를 하고 즉각적인 상용화, 특허와 논문 같은 단기적 성과를 요구하는 식으로 평가해서는 세계시장을 선도하는 혁신적 기술과 기업을 만들어낼 수 없다.

'먹튀' 맥쿼리와의 악마의 계약?

총선이 끝난 직후인 2012년 4월 14일 서울메트로 9호선은 성인 기준으로, 요금을 500원 인상한다고 기습 발표한다. 이에 대해 서울시가 즉각 유감 의사를 밝히고 요금인상 철회를 요구했으나 메트로 9호선은 이를 받아들이지 않았다. 메트로 9호선은 서울시를 상대로 '운임신고 반려처분 취소소송'을 제기하며 이 사건을 법정으로 끌고 갔으나 결국 서울행정법원은 서울시의 손을 들어줬다.

당시 요금인상 논란에 대한 시민들의 공분에 기름을 부은 것은 메트로 9호선의 뒤에 외국계 투자자본인 맥쿼리한국인프라투융자(이하 맥쿼리)가 있었고 그들이 과도하게 높은 수익률을 보장받고 있었다는 사실이다.

호주 금융투자회사인 맥쿼리는 2008년 서울시 지하철 9호선 사업에 24.5%의 지분율로 참여했다. IMF 위기 직후 확정된 9호선 건설은 국내 도시철도 최초로 수익형 민자사업 즉, BTO^{Buy-Transfer-Operate}로 추진되었다. BTO는 민간 사업자가 준공 후 시설 소유권은 서울시로 양도하고 대신 30년간 운영을 맡아 투자 수익을 거두는 방식이다.

여기에서 추후 논란이 된 것은 민간 참여를 유인하기 위해 제공된 8.9% 수익률 보장(최소운영수입보장)이었다. 운임수입 부족이 발생할 경우 부족분의 70%에서 90%를 보충해주기로 하고 가격 결정도 민간에 맡기는 내용의 협약이 체결되었던 것이다. 요금인상 논란 이후인 2013년 10월 맥쿼리 등 기존 대주주는 지분을 모두 매각했고 서울시는 새 주주와 최소운영수입보장을 비용보전 방식으로 대체하는 내용의 변경 실시협약을 맺었다. 서울시는 예산 절감 효과를 얻었다고 대대적으로 홍보했지만, 맥쿼리를 포함한 기존 주주에게 2009년부터 2011년까지 3년 동안 이미 800억 원이 넘는 금액을 최소운영수입보장으로 지급한 후였다. 사람들은 론스타를 떠올리며 또 다른 '먹튀' 맥쿼리에 분노했다. 그러나 먹튀를 하지 않았다면, 과도하게 높은 수익률을 보장하지 않았다면 문제가 없었을까?

2000년 6월 14일 미국 캘리포니아주 샌프란시스코 지역 주민 9만 7,000명이 정전사태를 겪는다. 그러나 그것은 더 큰 재앙의 서막일 뿐이었다. 2001년 1월 17일과 18일 2차대전 이후 처음으로 북부 캘리포니아에서 정전에 이은 전력 제한공급이 실시되었고, 같은 해 3월 19일과 20일에 남부 캘리포니아까지 제한공급이 실시되어 150만 명이 피해를 입었다. 그보다 앞서 1997년에서 1998년 사이 캘리포니아주 정부는 미국 최초로 독점적 발전회사들을 분할 매각하게 했다. 발전회사 간 경쟁을 일으켜 전력가격을 낮추겠다는 생각이었다. 그러나 예상과 달리 규제의 고삐가 풀린 전력 도매 요금은 2000년부터 가파르게 오르기 시작했고 2000년 말에는 전년 대비 3배 이상 높아졌다. 도매가격은 급격하게 올랐지만 전력 판매 회사들은 소매가격 규제 때문에 가격을 올릴 수가 없었다. 마침내 공공유틸리티위원회Public Utilities Commission는 소매가격을 40% 올리고 전력회사들에 구제금융을 투입했지만 2001년 4월 캘리포니아 최대 전력회사인 SCESouthern California Edison와 PG&EPacific Gas and Electric가 파산했다.

캘리포니아 전력위기를 진단하는 사람들 중 일부는 도매가격을 자유화하면서 소매가격은 규제한 잘못된 시장설계와 발전설비 확충을 막은 지나친 환경규제를 원인으로 들기도 한다. 그러나 결정적인 원인은 민간 발전회사와 전력중개 회사들의 시장조작과 공급감축이었다. 캘리포니아 지역 대형 발전회사 중 하나이자 회계

부정으로 악명 높은 엔론Enron에 대한 연방에너지규제위원회Federal Energy Regulatory Commission의 조사보고서에 따르면 엔론의 전력 트레이더들은 전력거래를 조작했다. 또 캘리포니아 이외의 주에서 생산된 전력에 대해 높은 도매가격을 부과하는 것을 허용한다는 점을 악용해, 캘리포니아주 내에서 발전된 전력을 외부에서 발전된 것처럼 돈세탁을 하듯이 바꾸는 전력세탁Megawatt laundering을 하기도 했다.

두 사례는 모든 것을 시장에 맡기는 것이 능사가 아니라는 교훈을 준다. 대중교통과 전력은 국민 생활에 필수적인 서비스이다. 가격이 비싸져도 쓸 수밖에 없고 적당한 대체재가 존재하지 않는다. 효율성과 혁신도 중요하지만 그보다 저렴하고 안정적인 공급이 더 중요한 서비스이다. 설비 구축에 대규모 자본이 들고 규모의 경제가 있기 때문에 자연적으로 독점이 되기 쉽다. 이러한 서비스를 시장에 의존해 공급하려면 매우 정교하게 메커니즘을 설계해야 하고 그러기 위해서는 정부가 직접 공급하는 것보다 더 많은 규제가 필요할 수도 있다.

2000년대 초반까지만 해도 IMF 위기의 여파로 부족한 재정을 보완하는 차원에서 공공 인프라 사업에 민간투자를 유치해야 했지만 그 후에는 그럴 필요성이 많이 사라졌다. 2009년에 최소운영수입보장제도가 폐지되면서 실제로 민자사업 규모는 크게 줄었다. 그런데도 여전히 국영화·공영화는 정부 실패의 지름길이고 민자유치는 재정을 아끼며 효율성을 극대화할 수 있는 사업방식이라는 믿음이 널리 퍼져 있다.

어떤 것을 시장에 맡기고 어떤 것을 국가가 맡아야 하는지 구분하는 일은 쉽지 않다. 그래서 공동체의 숙의가 필요하다. 그러나 답을 구하는 것이 생각보다 쉬울 수도 있다. 예를 들어 보육과 교육을 생각해보자. 정책의 목표는 무엇인가? 예산 낭비를 막는 것인가, 아니면 누구든 평등하게 양질의 돌봄과 교육을 받을 기회를 주는 것인가? 공영방송의 목표는 무엇인가? 높은 시청률과 흑자 경영인가, 아니면 창의적이고 다양한 여론과 문화 형성에 기여하는 것인가?

언제, 어떻게 경쟁에 개입해야 하는가

2020년 7월 29일 미국 하원 법사위원회 화상 청문회에는 페이스북의 마크 저커버그Mark Zuckerberg, 애플의 팀 쿡Tim Cook, 구글의 순다르 피차이Sundar Pichai, 아마존의 제프 베이조스Jeff Bezos까지 총출동하는 보기 드문 광경이 펼쳐졌다. 이날 청문회는 이들 빅테크big tech, 즉 거대 IT기업들이 막강한 시장 지위를 이용해 경쟁을 파괴하고 부당이익을 얻고 있다는 혐의를 추궁하는 자리였다.

빅테크의 CEO들은 입을 모아 자신들은 혁신을 만들어내고 일자리를 창출하며 다른 기업들과 치열하게 경쟁하고 있다고 주장했다. 그러나 이듬해 하원은 플랫폼 독점 종식에 관한 법률Ending Platform Monopolies Act을 비롯한 5개의 온라인 플랫폼 규제법안 패키지를 발의했다. 유럽연합은 미국에 한발 앞서 2019년과 2020년에 플랫폼 사업자와 판매자들 간 공정한 거래, 불법 콘텐츠 유통 방지, 플랫폼 사업자 간 공정한 경쟁환경 유지를 위한 법을 연달아 내놓았다. 우리 공정거래위원회도 2020년에 소위 '온라인플랫폼 공정화법'을 제정했고 올해도 디지털경제 분야의 공정거래질서 확립을 첫 번째 핵심과제로 제시했다.

온라인 플랫폼을 규제하는 시대가 왔다. 규제 물결은 경제활동의 급격한 디지털화와 플랫폼화 그리고 이에 따른 IT기업의 거대화를 배경으로 한다. 2020년 말 글로벌 시가총액 기준으로 상위 10개 기업 중 7개를 차지한 IT기업은 대부분 매우 높은 시장점유율을 갖고 있다. 구글은 PC를 통한 전 세계 온라인 일반검색 시장의 81%, 모바일을 통한 검색시장의 94%를 차지하고 있다. 아마존은 미국 소매시장의 39%를 점유하고 있고 페이스북은 왓츠앱과 인스타그램까지 포함해 80%가 넘는 시장을 장악하고 있다. 우리나라는 어떤가. 카카오톡은 모바일메신저 시장의 96%를 점유하고 있고, 배달앱 시장은 배달의민족과 요기요 두 회사가 80% 이상의 점유율을 가지고 있다.

몸집이 커졌다고 해서 꼭 규제해야 하는가? 반은 맞고 반은 틀리다. 경쟁정책의 목적은 혁신적인 기업이 시장에 자유롭게 진입해 경쟁함으로써 소비자가 더 좋은 제품과 서비스를 더 싼값에 이용할 수 있도록 하는 것이다. 값싸고 질 좋은 혁신적 제품을 공급할 수 있다면 그것이 대기업이든 중소기업이든 상관없다. 경쟁에서 이겨 높은 시장점유율을 얻는 것도 그 자체로 문제는 아니다. 오히려 그것을 제한하면 소비자는 원하는 제품을 구매하기가 어려워지고 기업은 좋은 제품을 열심히 만들 유인을 잃게 된다. 그러나 시장이 언제나 스스로 잘 작동하는 것은 아니고 대개 시장지배력이 큰 기업들로부터 문제가 발생한다.

기업들은 경쟁을 싫어한다. 치열하게 가격으로 싸우기보다는 경쟁자들과 짬짜미를 해 적당히 높은 가격을 매기고 자신의 자회사나 계열회사를 도와 경쟁에서 이기고 싶어 한다. 자신에게 위협이 될 것 같은 잠재적 경쟁자는 비용 이하로 가격을 낮춰 쫓아내거나 그게 안 되면 인수를 해버리기도 한다. 정부는 기업들이 이런 반칙을 저지르지 못하도록 시장을 감시하고 반칙을 발견하면 처벌을 가함으로써, 경쟁력이 있는데도 성장하지 못하고 시장에서 퇴출되는 기업들을 보호해야 한다.

시장감시와 처벌은 주로 시장지배력이 큰 기업들을 대상으로 이루어진다. 시장의 약자들을 배려해서가 아니라, 지배력이 없는 기업들은 경쟁을 훼손할 의지와 능력이 없다고 보기 때문이다. 예를 들어 동네 작은 슈퍼마켓 주인이 자기 텃밭에서 키운 채소를 더 싸고 품질 좋은 다른 농부의 채소보다 눈에 잘 띄는 곳에 진열하면 어떤 일이 벌어질까. 슈퍼마켓에 납품하던 농부는 자기 채소가 (부당한 이유로) 잘 팔리지 않으면 미련 없이 납품을 중단할 것이다. 소비자들도 품질 좋은 채소를 살 수 없게 되면 다른 슈퍼마켓이나 대형마트로 발걸음을 옮기게 된다. 따라서 지배력이 없는 슈퍼마켓은 자기가 키운 채소를 특별히 취급해 팔 수 없다.

경쟁정책은 특정 기업이 특정한 기업활동을 하지 못하도록 사전규제를 하는 것보다 반칙을 저지르면 사후적으로 처벌하는 사후규제를 하는 방식으로 운용하는 것이 대체로 바람직하다. 그러나 간혹 정부가 조금 더 적극적으로 경쟁에 개입해야 할 때가 있다. 산업 특성상 신규 사업자가 진입하기 매우 어렵고 소수의 기업만 살아남을 수 있는 경우가 그렇다. 대규모로 네트워크에 투자를 해야만 효율적인 생산을 할 수 있는 전력산업이 대표적인 예이다. 기초연구개발이나 공공서비스처럼 자유로운 경쟁만으로는 충분한 공급이 이루어지지 않는 경우에 정부가 직접 공급자로 나설 수 있다. 정부는 혁신적 기술을 바탕으로 한 잠재력이 있지만 충분한 담보나 기존 실적이 없는 벤처기업을 금융지원함으로써 훌륭한 경쟁자로 성장시킬 수 있다.

이러한 경쟁정책의 일반적인 원칙으로 볼 때 거대 디지털 플랫폼 기업들은 규제해야 하나? 규제를 한다면 어떻게 해야 하나? 빅테크 기업들에게 사전규제로 족쇄를 채워야 한다고 주장하는 이들은 디지털 플랫폼의 특성과 빅테크 기업들의 사업행태 때문에 혁신적인 신규기업이 진입할 수 없는 진입장벽이 만들어졌다고 본다.

소위 '네트워크 효과Network Effect'가 존재하는 플랫폼 시장은 한쪽으로 쏠려 독점화되기 쉽다. 예를 들어 다른 나라와 달리 한국에서는 라인이나 왓츠앱이 좀처럼 이용자를 늘리지 못한다. 한국에서도 누구나 왓츠앱을 설치해 사용할 수 있지만 정작 메시지를 주고받을 사람이 별로 없기 때문이다. 마이크로소프트는 2019년 윈도

박민수(성균관대학교 경제학과 교수)

우 모바일 OS 사업을 접었다. 전 세계 70% 이상의 이용자가 안드로이드 OS 운영체제를 사용하고 있고 이 때문에 애플을 제외한 대부분의 단말기 회사들은 안드로이드 OS 단말기를 만들어 팔기 때문이다.

플랫폼이 디지털화되면서 쏠림현상은 더 커질 수 있다. 디지털화된 콘텐츠는 이용자가 많아져도 추가로 드는 비용이 크지 않기 때문에 이용자가 많은 큰 기업일수록 가입자당 평균비용 측면에서 경쟁력을 가진다. 또 많은 이용자를 확보한 플랫폼은 대규모의 데이터를 이용해 검색결과를 향상시키거나 추천의 정확성을 높일 수 있다. 이로 인해 그 플랫폼은 더 많은 이용자들을 끌어모을 수 있고 더 많은 데이터는 다시 서비스 품질을 높인다. 이러한 상호작용으로 인해 한 번 시장에서 경쟁우위를 갖는 플랫폼은 그 지위를 눈사람처럼 키울 수 있다.

신규기업은 보통 기존기업보다 싼 가격으로 시장에 진입해 경쟁하는데 플랫폼 시장에서는 그것도 쉽지 않다. 이 시장은 애초에 네이버, 유튜브, 배달의민족처럼 소비자에게 무료 또는 원가보다 훨씬 낮은 가격으로 서비스나 제품을 공급하는 비즈니스 모델을 가지고 있기 때문이다.

이렇게 보면 디지털 플랫폼 규제를 주장하는 논리가 상당히 설득력 있게 들린다. 하지만 사실 이들 논리 중 확고하게 증명이 된 것은 아직 많지 않다. 시장 쏠림이 쉽게 일어나고 그것이 오래 지속된 사례도 있지만, 반례도 많이 존재한다. 예를 들어 우리나라

온라인 쇼핑몰 시장을 보면 1996년 인터파크를 시작으로 불과 25년 사이에 옥션, 지마켓에 이어 네이버쇼핑과 쿠팡이 국내 오픈마켓 시장의 1위 자리바꿈을 했다. 현재도 네이버쇼핑, 쿠팡, 이베이, 11번가가 모두 20% 미만의 점유율을 나누어 갖고 있다.

배달앱 시장에서도 2019년 4월에 서비스를 시작한 쿠팡이츠의 점유율이 2년 만에 20%대로 증가했다. 데이터를 많이 보유한 기존기업이 경쟁에서 유리한 것은 사실이나, 그것이 경쟁자의 진입을 막을 만큼 높은 장벽인지에 대해서도 검토가 필요하다. 데이터 수집·저장·처리의 비용은 갈수록 낮아지기 때문에 신생기업도 데이터를 쉽게 모아 이용할 수 있다. 또 데이터의 양이 많더라도 그 중에 유용한 데이터는 소수에 불과할 수 있고(예를 들어 젊은 이용자들에게 콘텐츠를 추천하는 알고리즘에는 과거에 축적된 데이터가 별 가치가 없을 수 있다), 데이터의 양보다는 활용기술이 더 중요할 수 있다. 에어비앤비가 이미 고객정보를 많이 축적해놓은 호텔들과 어떻게 경쟁했는가를 보라.

한편 디지털 플랫폼이 가지는 특성들 때문에 기존의 경쟁법과 지침으로는 위법성을 판단하기 어려운 사례들이 계속 나타나고 있다. 과거 삼성이 핸드폰을 만들면서 자동차도 만들었을 때는 재벌의 문어발식 확장이라는 문제가 있었지, 경쟁을 저해한다는 측면에서의 문제는 적었다. 그러나 구글은 검색서비스로 시작해서 이메일, 지도, 클라우드, 유튜브로 확장된 생태계를 구축해 이용자를 그 안에 묶어놓고 신규 경쟁자의 진입을 막을 수 있다. 매출 규모가 작은 기업을 인수하는 '스몰딜'은 대부분 지금까지 경쟁당국의 심사대상에서 제외되어 왔다. 그러나 페이스북은 직원 13명의 인스타그램을 1조 원에 인수해 키웠고 구글은 창업한 지 1년 남짓 되는 유튜브를 인수했다. 인수합병을 통해 잠재적 경쟁자를 제거하거나 생태계를 확장해 시장지배력을 키울 수 있었던 것이다.

그렇다면 디지털 플랫폼에 대해서는 특별히 인수합병 심사를 엄격하게 해야 할까? 우리가 가진 경쟁정책의 도구로 디지털 플랫폼 시장에서 나타나는 반경쟁적 행위를 효과적으로 규제할 수 있는 방법을 모색하고, 필요하다면 도구를 수정하고 추가해야 하는 것은 분명하다. 추가하는 도구의 목록에 사전규제도 포함될 수 있다. 그러나 새로운 규제를 도입할 생각이라면 그것을 통해 디지털 시장에서의 혁신 촉진과 소비자 후생 증대를 달성할 수 있을지 그리고 의도하지 않은 부정적 결과를 낳지 않을지 꼼꼼하게 검토해야 한다. 이를 위해서는 느리더라도 충분한 연구와 의견수렴이 필요하다.

2부

책임지고

결정하자

재정 건전성을 지키는 것보다 국민경제를 살리고 국민들 삶의 안정을 지키는 것이 더욱 중요하다. 그것이 재정도 지키고 경제도 지키는 바람직한 길이다.

앞으로 정부가 재원배분을 할 때 가장 중요한 고려사항은 복지정책의 장기적 방향이다. 'GDP 20%까지 복지지출 확대'와 같은 직관적인 목표를 제시하고 이를 달성하기 위한 재정계획을 짜야 한다.

국가채무비율보다는 국가채무의 성격, 만기구조, 금리 등을 종합적으로 고려해서 지속가능한 재정이라는 관점에서 재정운용의 틀을 짜야 한다.

3장 　지속가능 재정 선언

류덕현(중앙대학교 경제학부 교수)

열린 '악어의 입'을 닫을 수 있을까

국가의 재정 건강상태를 판단할 때 전통적으로 사용되어 온 것은 재정 건전성이라는 개념이다. 재정적자비율이나 국가채무비율 같은 수치들로 측정하는데, 단순하고 직관적이다. 그렇지만 나는 여기서 성장, 복지, 균형과 같은 경제 전반의 목표까지 고려한 재정의 지속가능성이라는 개념을 사용하고자 한다. 재정은 건전하기 위해 존재하는 것이 아니라 경제와 국민의 삶을 위해 존재한다. 즉 재정은 지속가능한 경제와 행복한 삶을 영위하기 위한 수단일 뿐이다. 이런 관점에서 재정문제의 해법을 찾기 위한 논의를 시작해보자.

국가재정의 어려운 사정을 드러내는 표현 중 '악어의 입'이라는 말이 있다. 정부의 조세수입은 줄어드는데 재정지출은 늘어 재정적자가 누적되고 국가채무가 크게 증가하는 상황이다. 그래프로 그리면 마치 아래턱은 아래로 처지고 위턱은 위로 올라가는 악어의 입과 비슷하다. 악어의 입은 '잃어버린 20년'이라고 지칭되는 일본의 1990년대 이후 재정상황에서 잘 나타난다. 불황과 성장의 침체로 세수는 줄고 경기부양을 위한 재정지출은 늘어 국가채무가 급증했다.

최근 우리나라에서도 악어의 입이 나타날 수 있다고 경고하는 목소리가 높아지기 시작했다. 우리나라는 2025년에 65세 이상 인구 비중이 20%를 넘어서는 초고령사회가 된다. 앞으로 성장잠재력은 떨어지고 세입 기반이 약화되어 조세수입은 크게 늘어나기 어려울 것으로 전망되고 있다. 반면 고령인구 비율이 1%p 올라갈 때마다 복지와 의료지출 등 자동으로 증가하는 법정 의무 복지지출은 약 20조 원, 즉 GDP의 1%에 해당한다고 한다. 이 때문에 앞으로 우리나라에서도 악어의 입 현상이 나타나지 않을 것이라 장담하기는 어렵다.

여기서 드는 의문은 그럼 왜 그동안 우리의 악어는 입을 다물고 있었는가, 악어가 입을 벌리기 시작하면 다시 닫을 방도가 없는가, 혹시 악어의 입은 언제나 벌린 상태로 있는 것이 아니라 하품을 하며 벌어졌다 닫힐 수도 있는 것 아닌가 하는 것이다.

우리나라는 국가채무비율로 볼 때 과거도 그렇지만 지금도 어떤 선진국보다 재정 건전성이 좋다. 하지만 이렇게 건전한 재정이 어떻게 가능했는가? 우리 사회의 발전과정에서 '경제성장-효율성'이라는 가치를 위해 '사회복지-형평성'이라는 가치가 희생되었기 때문이다. 우리 사회의 복지와 부담 수준을 한마디로 표현하면 '저부담-저복지'라고 할 수 있는데 이는 그동안 경제개발의 논리가 사회복지에 대한 욕구를 눌러왔던 탓이다.

우리나라는 1995년에 선진국 클럽인 OECD에 가입했으며 2019년 1인당 소득도 3만 달러를 돌파했다. 전체 경제규모 기준으로도 세계 10대 경제에 속할 정도로 성장했다. 하지만 복지제도의 역사는 짧고 젊다. 1988년에야 비로소 국민연금제도가 시작되었고 전 국민을 대상으로 건강보험제도가 시행된 지도 얼마 되지 않았다. 주거복지, 실업, 장애, 육아 등 다른 복지 영역에서의 공적 보조도 우리 경제수준에 비해 매우 낮은 실정이다. 분야별 재원배분 추이를 보아도 '경제지출 과다-복지지출 과소'가 지금까지 우리 재정지출이 가지고 있는 특징이다.

또한 재원조달의 중요한 축인 조세부담률은 OECD 국가에서 가장 낮은 수준으로 유지되어 왔다. 재원조달의 또 다른 축인 국가채무비율도 선진국 중 낮은 수준이다. 그 결과가 "낮은 복지수준-낮은 국가채무비율-낮은 조세부담률"인 것이다. 그런데 높은 복지수준을 유지하는 선진국 중 국가채무비율과 조세부담률이 동시에 낮은 나라는 없다. 높은 복지수준, 낮은 국채비율과 낮은 조세부담률, 이 세 개가 동시에 충족되기란 불가능하다는 것, 즉 재정 트릴레마Fiscal Trilemma다. 여기에서 자유로운 선진국은 없다! 지금까지 우리가 낮은 조세부담률과 낮은 국가채무비율을 유지해온 것,

즉 겉보기에 화려한 재정 건전성 뒤에는 사회복지의 희생이 있었다.

이에 대해 부담수준을 높이더라도 복지수준을 OECD 중간 정도로 상향하자는 주장이 이른바 '중부담-중복지'론이다. 재정 트릴레마 속에서 복지수준을 높이려면 국민들이 세금을 더 내거나 아니면 정부가 빚을 더 내야 한다. 즉 재원 마련에 대한 사회적 동의가 필요할 뿐 아니라 정부가 뛰어난 실행력과 집행력을 발휘해야 한다. 최근 코로나19 국면에서 국가채무비율이 급증한 것도 같은 맥락이다. 역사적으로 형성된 낮은 조세부담률을 유지하면서도 재정지출을 크게 늘리려면 정부가 빚을 더 낼 수밖에 없었다.

이제 나라 곳간에 대한 두 개의 질문이 던져졌다. 첫 번째는 우리나라에서도 악어의 입이 계속 벌어질 것인가이고, 두 번째는 재정 트릴레마 속에서 우리는 어떤 선택을 해야 할 것인가이다.

감당할 수 있는 국가채무비율이란

코로나19에 대한 대응으로 국가채무비율이 큰 폭으로 상승했다. 2019년 말 GDP 대비 37.1%에서 4차 추경을 했던 2020년 말 43.9%로 약 6.8%p, 금액으로는 106조 원 증가했다. 이 비율과 규모는 1년 사이에 늘어난 것 중에선 가장 큰 수치이다. 이를 두고 한국경제가 경제위기에 직면할 때 늘 실탄을 제공하던 탄약고인 재정 건전성이 훼손되고 있다는 걱정과 비판의 시각이 넘쳐난다. 국가채무비율이 이렇게 빠른 시간에 크게 상승해도 재정 건전성에 문제가 없는지, 올라간다면 어디까지 올라가도 괜찮은지 질문이 쏟아진다. 이에 대한 답은 국가채무비율이 특정한 상황에서는 빠르게 올라가도 '괜찮다'는 것이고, 또 어떤 나라의 국가채무비율이 어느 정도까지 올라도 괜찮은지는 아무도 '모른다'는 것이다.

과거부터 국가채무비율에 대해 특정 수치를 마지노선으로 두고 이를 넘길 경우 '둠스데이doom's day(심판의 날)'가 오는 것처럼 여기는 경우가 많았다. 예를 들면, 최근 논의가 되고 있듯이 60%를 넘기면 안 되니 그 아래를 유지하도록 관리가 필요하다는 시각이 있다. 10여 년 전에는 40%만 넘어도 큰일이 날 것처럼 여기는 사람도 많았다. 하지만 이미 40%를 넘었지만 한국경제는 괜찮다! 이런 논의의 이면에는 다음과 같은 논리가 있다. 즉, 어떤 적정 수준의 국가채무비율이 있는데 이를 초과할 경우 국가 신용도 하락, 외국자본 이탈, 외환시장 불안정 등 외환위기와 금융위기가 발생할 가능성이 커진다는 주장이다. 특정한 재정 건전성 수준을 금과옥조로 생각하는 것이다. 하지만 국민경제의 특정 시점에서 적정 국가채무 수준(비율)을 사전적으로 정할 기준이 있는가에 대해 근본적인 문제제기를 할 필요가 있다.

재정 건전성 또는 적정 국가채무비율에 대한 인식이 형성된 대표적인 계기는 1992년 EU가 단일 통화인 유로를 사용할 목적으로 가입 회원국들의 방만한 재정운용을 막기 위해 비준한 마스트리히트 조약이다. 이 조약에서는 회원국의 국가채무비율 상한을 60%로 정하고 이 기준을 넘지 않도록 준칙으로 강제했다.

경제학계에서도 적정 국가채무비율에 관한 논의는 꽤 활발하다. 예를 들어 이론적 모형을 이용하여 경제성장률과 부채수준의 관계를 계산해 적정 비중을 제시하는 연구가 있다. 성장률과 부채수준 사이에 역U자형 관계가 있다는 주장인데, 왜 그러한가에 대한 논리적인 설명은 부족하다. 국가채무 증가에 따른 사회적 한계비용과 사회적 한계편익을 계산해 최적 채무수준을 찾는 연구도 있다. 그러나 여기서 나온 적정비율은 실적치가 아니라 가상적인 모형경제에서 나온 결과에 불과하므로 이를 실제 국민경제에 적용하는 것은 무리이다. 실증분석을 통해 적정 채무비율을 찾기도 하는데 우리나라 문헌에서는 20~60%가 제시되고 있다. 하지만 이 역시 분석방법에 따라 추정치의 차이가 크고 추정결과가 가정에 지나치게 의존한다는 단점이 있다. 그러므로 이상의 연구에서 제시한 그 어떤 기준도 적정 국가채무비율의 논거로 삼기에는 부족하다.

채무의 지속가능성 대 재정 건전성

적정 국가채무 문제는 지출소요가 반영된 재정지출 규모를 먼저 결정한 후 이를 정부가 중장기적으로 통제할 수 있는지의 여부 즉, 채무의 지속가능성이라는 측면에서 논의하는 것이 바람직하다. 만일 상환가능한 범위에 있는 채무라면 지속가능한 채무이고, 그때 재정은 지속가능하다. 만일 세입을 통한 이자상환이 가능해 이자를 또 다른 빚으로 메우지 않고 채무비율을 일정 수준으로 유지할 수 있다면 재정의 지속가능성이 성립하는 것이다. 중요한 것은 부채의 규모 자체가 아니라, 세입이 장기적으로 재정지출 소요를 충족하는지의 여부이다. 이를 확인하기 위해 따져봐야 할 조건들이 무엇인지, 또 이런 기준을 우리나라에 적용하면 어떻게 될지 살펴보자.

먼저 국가채무의 구성을 따져볼 필요가 있다. 국가채무라고 해서 다 같은 채무가 아니다. 국가채무는 두 가지 종류로 구분되는데, 하나는 일반회계 적자를 보전하기 위한 적자성 채무이고, 다른 하나는 융자금 및 외화자산 등 대응자산이 있어 채무상환을 위한 별도의 재원조성 없이 자체상환이 가능한 금융성 채무이다. 2020년 국가채무비율 43.8% 중에서 금융성 채무는 17.3%이고 적자성 채무는 26.5%임을 볼 때 실제 조세수입 등으로 상환해야 할 진성 국가채무비율은 여전히 30%대에 머물고 있는 실정이다.

두 번째로 살펴볼 것은 국가채무 만기 현황이다. 최근 잔존만기 3년 미만인 국가채무 비중은 점차 감소하고 있고 10년 이상 장기물은 계속 상승하고 있다. 이에 따라 국채 평균만기는 2015년 7.2년에서 2020년 10.4년으로 늘어나는 추세를 보이고 있다. 예컨대 2021~2069년까지 분산 상환할 예정인 2020년 발행 국가채무는 잔존만기 1년 미만 7.0%, 1~3년 미만 18.6%, 3~5년 미만 17.3%, 5~10년 미만 24.9%, 10년 이상 30.2%로 구성되어 있다. 잔존만기 1년 이하 단기 채무 비중 7.0%는 주요 선진국 평균(21.7%)보다 한참 낮은 수준이다.

세 번째로 국채 이자율 추이를 살펴보자. 최근 국채 이자율은 국제적으로 하락 추세를 보이고 있다. 이 때문에 국가채무가 큰 폭으로 증가하더라도 이자 부담은 적어도 5년 정도의 중기적 시계로는 큰 문제가 되지 않을 것으로 전망되고 있다. IMF가 2020년 4월에 발간한 〈재정점검보고서Fiscal Monitor〉에 따르면 주요국의 10년물 국채 이자율은 지난 100년 이래 최저 수준이며 거의 0%로 수렴하고 있다. 우리나라의 2020년 국가채무 이자비용도 18.7조 원으로 GDP 대비 1% 미만이다. 국가채무 규모는 매년 증가하고 있지만 저금리로 인해 이자비용은 안정화 추세를 보이는 것이다.

네 번째로 우리나라의 경우 상당 기간 경제성장률(g)이 이자율(r)보다 높아 '이자율 빼기 성장률(r-g)의 값이 음수(-)' 관계를 보였다는 점에 주목할 필요가 있다. 경제학에서는 명목 경제성장률이 이자율을 넘기만 하면 국가채무 부담을 줄일 수 있다는 거시경제적 조건이 통용되고 있다. 그런데 한국은 코로나19 위기의 해인 2020년을 예외로 하면 당분간 이런 관계가 계속될 것으로 예측되고 있다.

마지막으로 우리나라 국채 중 외국인이 보유한 채권의 비중은 2020년 15.9%로 2010년대 이래 10%대에서 유지되고 있다. 이는 선진국 평균 24.6%보다 상당히 낮은 수준이다. 따라서 급격한 자본 유출입 가능성 자체가 높지 않을 뿐 아니라 급격한 유출입이 있는 경우에도 그 충격은 제한적이다. 게다가 우리나라가 순대외채권국이라는 점도 고려해야 한다.

류덕현(중앙대학교 경제학부 교수)

결론적으로 특정 수치의 국가채무비율이 만고불변의 진리인 것은 아니다. 더욱이 지금 같은 코로나19 위기를 극복하기 위해 불가피한 재정 확대로 국가채무비율이 일시적으로 올라가는 것을 두고 나라 망하는 지름길인 양 이야기하는 것은 옳지 않다. 물론 언젠가는 재정적자를 감축하는 재정 건전화가 필요하지만, 그 이전에 먼저 경기를 회복시키고 튼튼한 경제체질을 갖춰야 한다. 코로나19로 인한 극심한 경기침체에서 벗어나 미래 성장동력을 확충해야 하는 우리나라는 수술을 앞둔, 상태가 엄중한 중환자와도 같은 신세라고 할 수 있다. 지금 이 위기의 시기에 재정 건전화와 국가채무비율의 적정성을 논하는 것은 수술이 끝나자마자 치료비와 약값부터 빨리 갚으라고 환자에게 엄포를 놓는 것과 같다. 치료비와 약값 얘기는 나중에 해도 전혀 늦지 않다.

정부 예산 600조 원 시대

나라 곳간을 지키는 기준만큼이나 곳간에서 나간 돈을 어디에 쓰느냐 하는 문제도 중요하다. 2022년 예산안은 본예산 기준으로 처음으로 600조 원이 넘었다. 물론 2021년 2차 추경이 604.9조 원이므로 600조 원 예산은 이미 시작되었지만 말이다. 우리나라 재정지출은 2001년 100조 원을 넘어선 이래 200조 원까지 4년, 300조 원까지 6년, 400조 원까지 6년, 500조 원까지는 3년 만에 도달했다. 특히 코로나19 위기는 예산 규모를 단 1년 만에 100조 원 늘어나게 할 만큼 큰 영향을 준 대사건이다.

이렇듯 크게 증가한 재정은 어디에 쓰이는 것일까? 2022년 본예산을 기준으로 보면, 가장 큰 비중을 차지하는 것은 복지·보건·노동 지출로 36%이다. 공적연금, 사회안전망 확충, 취약계층 지원, 일자리 창출, 건강보험재정 확충 등 현재 우리 사회의 불평등 완화와 취약계층에 대한 지원을 위한 지출이 전체 예산의 1/3 이상을 차지하는 것은 당연한 일이다. 향후 이 분야에 대한 지출은 지속적으로 증가할 수밖에 없다. 그다음은 일반 및 지방행정 분야 지출로 14.3%에 달한다. 공무원 월급과 같은 정부의 살림비용이다. 미래세대를 대한 교육 분야 지출은 16.9%이다. 이 셋을 합하면 60%가 훌쩍 넘어간다. 경제 분야에 대한 지출도 적지 않다. 사회간접자본SOC, 산업·중소기업·에너지, 연구개발R&D, 농림수산·식품 등에 대한 지출인데 이 네 가지를 합하면 대략 20% 정도 된다. 즉 정부 예산은 복지 36%, 경제 20%, 행정 16%, 교육 13% 외에 국방비 등 기타 지출로 구성되어 있다.

우리나라 재정지출 구조의 역사적 특징은 '경제 중시, 복지 경시'로 요약할 수 있다. 이는 제2차 세계대전 이후 정부 기능을 강화하면서 사회복지 지출을 확대해온 대다수 선진국의 재원배분과는 다른 기조였다. 우리보다 앞선 선진국들은 복지지출이 총예산에서 차지하는 비중이 50%를 상회하고 있다. 우리나라 복지정책은 1990년 이전까지는 잔여적·선별적·시혜적 성격을 띠고 있어 지출규모가 작았다. 그 이후에는 복지제도 확충에 따라 지출 규모가 증가하고 있지만 지금도 복지지출이 차지하는 비중은 여타 선진국보다 훨씬 낮다. 앞으로 복지부문 지출은 계속 증가할 전망이므로 정부의 재정배분을 결정할 가장 중요한 요인은 복지정책 방향이라고 할 수 있다.

재정구조 개혁과 복지지출 확대방안

앞으로의 재정정책은 과거 성장시대와는 전혀 다른 환경에 직면하게 된다. 우선 인구 고령화, 저성장 기조 고착화 등으로 세입 기반이 약화된 상황이다. 세출 측면에서도 고령화로 인해 기초연금 등 복지예산 자연 증가분이 급격히 늘어나는 한편, 4차 산업혁명에 따른 일자리 감소와 양극화 심화 역시 복지지출 확대 압력으로 작용할 것으로 전망된다. 요컨대 고령사회와 저성장 시대가 도래함에 따라 복지 분야에서 정부가 담당해야 할 역할은 커지는 한편, 재원 확보의 어려움은 심화되고 있는 것이다.

이런 정책환경에서 어디까지 정부 재정을 늘려야 하며, 분야별 배분은 어떻게 할 것인지에 대한 논의가 필요하다. 즉 어느 정도의 복지수준을 제공할 것인지, 이에 필요한 복지지출 규모는 얼마나 될지를 먼저 정해야 한다. 지난 시기에는 "1인당 GDP 몇만 달러" 같은 성장목표가 자주 사용되었다면, 이제는 "노인빈곤율 매년 5%p 감소", "GDP의 20%까지 복지지출 확대"와 같이 복지 분야에서 실제적이고 직관적인 목표를 제시하고 이를 달성하기 위한 로드맵과 구체적인 추진방안을 수립해야 한다.

또한 복지지출 확대에 앞서 분야별 재원배분의 대개혁을 먼저 추진해야 한다. 가령 복지지출 비중을 확대하기 위해 경제와 교육 등 비복지 부문에 한시적으로 지출증가율 한도를 설정하는 것을 고려해볼 수 있다. 우리나라는 2025년에 초고령사회로 진입할 것이 확실시되고 있다. 즉, 1인당 GDP나 노인인구 비중 등 복지지출을 결정하는 주요 요인들이 OECD 주요 21개 회원국의 2015년 상태와 유사한 수준에 도달하게 된다. 이 전망을 토대로 OECD 21개국의 20년간(1995~2015년) 복지지출 결정요인을 우리나라에 적용해 복지예산을 편성할 경우, 2025년 우리나라 복지지출 비중은 총지출의 23.1%로 OECD 21개국 평균인 38.4%를 크게 하회하는 수준에 머무르게 된다. 반면 동일한 방법을 사용해 교육부문 지출을 전망하면 OECD 평균 11.7%보다 높은 16%가 되는 것으로 전망된다.[1] 즉, 2025년경에 복지지출은 과소 편성되고 교육지출은 과다 편성되는 셈이다.

복지지출의 세대 간 공평성도 고려해야 한다. 이를 위해 복지지출의 연령대별 재정귀착fiscal incidence을 조정할 필요가 있다. 2018년 복지예산 중 근로가능연령에게 돌아가는 지출 비중은 총예산 대비 5.1% 정도에 불과하다. 즉 청장년 세대는 현재와 미래의 조세부담에 비해 재정으로부터 받는 혜택이 매우 작다. 특히 취업, 결혼, 출산 등과 관련된 경제적 불안정이 집중되는 20~30대 청년계층이 더 많은 혜택을 받을 수 있게끔 배려할 필요가 있다.

---

[1]   보다 자세한 논의는 이선화·류덕현(2018)를 참고하라.

복지지출을 논할 때 가장 중요한 문제는 막대한 재원을 어떻게 조달할 것인가이다. 현재의 재정 여력이 충분하다고 해서 언제까지나 국가채무에 의한 재원조달에 기댈 수는 없다. 현재 논의 중이거나 향후 도입될 예정인 복지정책들은 막대한 재원이 영구히 소요되는 것들이 많다. 결국 국가채무보다는 조세를 통해 재원을 조달해야 한다. 이를 위해서는 '증세 없이 복지 없다'는 인식을 바탕으로 책임 있는 정책 설계가 필요하다.

우리나라는 자유주의적 복지국가 중에서 사회보험 기여금의 부담비율이 높고 조세부담률은 가장 낮은 그룹에 해당한다. 우리 복지제도는 전통적 고용 시스템에 기초하지만 노사정 합의와 같은 사회경제적 여건이 미비하고 보장수준 자체도 낮다. 그 때문에 실업, 퇴직, 질병과 같은 전통적인 사회적 위험에 효과적으로 대응하지 못하고 있다. 최근에는 플랫폼 노동 등 비정형 일자리의 증가, 양극화로 인한 소득 창출 기회 제한, 시간적·공간적으로 유연한 근로 형태 증가, 1인 기업 증가 등과 같은 변화에 따른 새로운 형태의 사회적 위험이 확산되고 있다. 기존의 공적연금은 이렇듯 새로운 형태의 사회적 위험에 대처하기 위해 고려하고 설계된 것이 아니므로 공적연금의 사각지대가 점점 커지고 있다. 이러한 문제 역시 현재의 복지제도로는 해결하기 쉽지 않은 도전적 과제들이다.

결국 최근 논의 중인 기본소득, 안심소득, 공정소득 등 각기 각종의 현금급여성 ○○소득제도들은 전통적인 복지지출의 틀을 뛰어넘는 제도로서 고안되고 있는 것들이다. 하지만 이 모든 새로운 형태의 제도 역시 막대한 재정이 소요되는 것으로, 앞서 언급한 문제의 본질적 범주에 크게 벗어나지 않는다. 즉 "돈을 어떻게 마련할 것인가"라는 문제로 다시 돌아가는 것이다.

'재정준칙'은 전가의 보도가 아니다

최근 재정 건전화를 위해 국가채무비율과 재정적자 상한을 설정하는 내용을 담은 기획재정부의 한국형 재정준칙 제안이 있었다. 재정준칙은 재정수지, 정부지출, 국가채무비율 등 총량적인 재정지표에 대한 구체적인 수치 목표를 정해 재정 건전성을 담보하는 정책수단을 말한다. 재정준칙은 대상 정부의 범위(국가연합, 중앙정부, 지방정부, 사회보장 연기금 등), 준칙수단(채무, 수지, 지출, 수입 등), 법제화 여부(헌법, 법률, 규칙, 정치적 약속 등), 위반 시 제재 여부(사법적 책임, 벌금, 명예적 책임 등)에 따라 매우 다양한 형태로 구체화될 수 있다. 일부에서는 마치 이런 준칙이 도입되면 우리나라 재정이 자동으로 건전하게 지켜지고 불필요한 재정지출은 단숨에 없어질 것처럼 기대하기도 한다.

최근 우리나라 국가채무가 과거의 경로를 넘어 빠르게 증가하는 양상을 보이는 것에 대해 우려의 눈길이 있는 것이 사실이다. 하지만 성장기반 약화, 인구 고령화와 복지지출 욕구 증대 등 재원조달 소요가 늘어나고 있어 국가채무가 증가하는 것은 불가피한 상황이다. 또한 코로나19 위기로 인한 정책대응도 재정적자와 국가채무 증가에 일조하고 있다.

사실 재정준칙은 설정하기는 쉽지만 준수하기는 훨씬 어렵다. 또 사전에 설정된 한도를 준수하는 것은 호황기에는 쉽지만, 침체기에는 어렵다. 정부 재정은 호황기에는 흑자, 침체기에는 적자로, 즉 경기역행적counter-cyclical인 방식으로 운용해야 한다. 하지만 재정준칙이 설정되어 있을 경우에는 이처럼 유연하게 정책을 펴기가 어려워져 재정기조가 바람직하지 못한 경기순행적pro-cyclical인 성격을 갖게 될 수도 있다.

글로벌 금융위기나 코로나19와 같은 경제적 충격이 가해지면 대규모 재정적자가 자동으로 발생한다. 이런 상황에서는 재정적자를 더 늘려 재정확대 정책을 펴는 것이 바람직함에도, 재정준칙이 존재하면 정부가 정반대로 경기회복을 지연시키고 공공서비스 수준을 저하시키는 긴축정책을 채택하게 될 가능성이 커진다. 유럽연합이 2011년 경제위기에 빠진 그리스와 이탈리아 등에 긴축정책을 채택하게 한 것이 바로 그런 사례인데, 이는 위기를 더 심화시킨 잘못된 정책으로 평가된다. 경직적인 재정준칙이 유용하지 않음을 보여주는 사례이다. 또한 분식회계creative accounting나 준칙 준수기한을 옮겨서 적용하는 '윈도드레싱window dressing' 등의 수법으로 재정준칙을 회피하는 경우도 많다. 정부의 재정지출을 공기업의 지출로 변환시켜 정부지출에 포함되지 않게 하는 행위가 대표적이다.

여러 나라에서 재정준칙을 도입한 것은 국가연합의 특정한 목적(통화동맹 등)을 위해서이거나 재정 건전성이 큰 폭으로 훼손 혹은 단기적으로 악화될 가능성이 높았기 때문인 데 반해, 우리나라는 재정 건전성이 급속하게 악화될 가능성이 낮다. 따라서 기존에 재정준칙을 도입한 나라들과 동일선에서 논의하는 것은 적절하지 않다.

재정준칙을 도입하기 위해서는 국회와 정부가 합의하고 논의해야 할 제도적 사항이 많다는 점에도 주목해야 한다. 가령, 준칙수단의 선택(채무, 지출 등), 강도 및 예외규정에 대한 적용, 정부범위 설정, 정치적 독립성 보장기구 설립 등이다. 기획재정부가 제안한 국가채무 60% 상한선에 대한 객관적 근거가 구체적으로 제시되지 못한 것 역시 고려해야 할 사항이다.

결론적으로, 현재 우리나라에서 국가채무 상한선 등 명시적인 재정준칙을 도입하는 것은 효과성이나 타당성이 떨어진다고 볼 수 있다. 재정준칙 도입의 취지는 재정 건전성을 지키기 위해 필요한 제도적·법적 조치를 마련하자는 것인데, 현재의 제도적 성숙여부나 지속가능한 재정의 관점 등을 고려하면 시기상조라고 볼 수 있다. IMF나 OECD 등 국제기구에서 권고하듯이 단기적으로 채무증가 속도를 완화시킬 수 있는 실효적인 조치를 도입해 이를 '암묵적 재정준칙'으로 운용하는 것이 오히려 더 적절하다고 볼 수 있다.

악어의 입은 열렸다 닫혔다 한다

코로나19 위기를 극복하려면 글로벌 금융위기 이후 통화정책의 유효성이 현저히 약화되어 있음을 고려해, 다음과 같은 방향의 확장적 재정정책을 사용할 수밖에 없다.

첫째, 대부분의 선진국은 2020년 5~6% 이상의 마이너스 성장을 한 데 대응해 대규모 재정지출을 통한 경기부양에 나서고 있다. 이런 경제위기의 시기에는 확장적 재정지출이 필수적이다. 우리나라에서도 외환위기 극복을 위해 1998년에 관리재정수지 적자비율을 GDP 대비 4.7%로 올려 1998년 −5.5%에서 1999년 11.3%의 V자형 성장세를 견인했고, 2008년 글로벌 금융위기 때도 3.6% 수준의 적자재정으로 재정지출을 확대해 2008년 0.8%에서 2009년 6.8%로 성장률의 반등을 유도했다. 코로나19 위기 속에서도 경제회복을 위한 확장적 재정정책은 불가피하다.

둘째, 성장동력 회복을 위한 재정투자여야 한다. 코로나19 대유행이 자유로운 이동을 제한함으로써 기존에 구축된 글로벌 가치사슬GVC을 해체하고 있어 향후 새로운 경제혁신과 4차 산업혁명의 기술적 특성화가 보다 심화될 가능성이 있다. 이에 필요한 기업지원, 혁신 인프라 구축, 데이터 사이언스 관련 지원 등 향후 성장기반 마련을 위한 투자 확충이 필요하다.

마지막으로 경제위기 발생 후 실업과 소득 불평등 문제가 더 악화될 가능성이 높기에 고용과 복지 등 사회안전망을 더 확충하기 위한 재정지출 확대도 필요하다.

이러한 재정확대는 필연적으로 정부의 재정부담을 증가시킬 수밖에 없다. 성장률 하락으로 인한 세입 감소와 급증한 지출소요 등은 국가채무비율의 상승을 가져올 것으로 전망되고 있다. 해외 사

한국의 경제성장률과 국가채무비율

(단위: %)

실질 GDP 증가율 ■■■ 정부부채(%)

례를 보더라도 코로나19 대응으로 스페인, 일본, 미국, 이탈리아, 프랑스 등의 국가채무비율은 2021년 말에 2019년 대비 20~30%p 이상 상승할 것으로 전망되고 있다. 우리나라도 2022년 예산과 〈2021~2025년 국가재정운용계획〉을 보면 국가부채비율이 증가할 것으로 전망되고 있다. 하지만 재정 건전성을 강조하며 이를 우려하는 것은 본말이 전도될 가능성이 높다. 확장적 재정정책으로 인한 국가채무비율 상승과 재정적자 확대는 불가피하지만, 그 결과 경제회복이 빨라지면 그만큼 재정 건전성 회복의 가능성도 높아지는 것이다.

즉, 재정 건전성은 그 자체가 목적이 아니라 경제 상황에 따라

달라질 수 있는 종속변수이다. 2008년과 2011년 경제위기가 닥쳤을 때 유럽 주요국들의 재정 건전성 회복 과정을 결정한 주된 요인은 경제회복에 의한 성장률 상승이었다. 한국의 국가채무비율은 과거에 비해 다소 가파른 추세를 보이지만 위기 이후 성장률 회복에 따라 급격히 안정화되는 것을 알 수 있다. 재정 건전화를 위한 세입확충, 지출감축, 재정준칙 도입 등은 경제회복에 의한 성장률 상승이 선행되어야 가능함을 지난 2008년 글로벌 금융위기와 2011년 유럽발 재정위기 사례를 통해 확인할 수 있다. 이런 관점에서 지속가능한 재정을 위한 실행 방안을 정리해보자.

첫째, 국가채무 관리의 관점을 재정 건전성 확보에서 지속가능한 재정으로 전환한다. 지속가능성 중심으로 국가채무 관리를 한다는 것은 저량변수stock인 국가채무를 유량변수flow인 GDP와 비교하는 국가채무비율 지표 일변도에서 탈피해 '지속가능한 재정'을 반영하는 지표를 추가해 국가채무를 관리하는 것을 말한다. 가령, 국가채무비율을 논할 때도 대응자산이 있어 순수하게 부채로만 보기는 어려운 금융성 채무를 제외하고 산정한다든지, 유량변수끼리 비교하는 GDP 대비 이자지급 비율을 대체지표로 삼는다든지, 국채 만기구조, 외국인 소유비중 등을 종합적으로 고려하는 등의 인식 전환이 필요하다.

둘째, 효율적 재정지출을 위한 재정개혁이 필요하다. 예산안 편성과 국가재정운용 계획안 작성 시 지출 구조조정, 비과세감면 축소 등을 실제화하여 보다 강력하게 추진하는 것이다. 가령, 지출

구조조정의 경우에는 재정지출을 제로 베이스에서 재검토하고, 국고보조금 사업이나 여타 재정사업의 경우 유사중복 사업이 발견되면 부처와 사업 단위에 예외를 두지 않고 통폐합하는 것이다. 또한 다양한 재정사업 성과 평가의 결과는 예외 없이 차년도 예산에 반영하는 것도 필수적이다.

셋째, 비복지부문 재정지출에 대해선 일정 기간 한시적으로 지출한도를 설정해 복지부문 지출 여력을 확보해야 한다. 가령, 경제부문 지출 등에 대해서는 지출 증가율 상한을 설정하여 재원배분을 조정하는 방안이다.

마지막으로, 조세부담을 통한 복지제도 신설에는 연도별 재원조달 계획을 제시하는 것을 법제화해야 한다. 즉, 복지관련 재정소요 추계 시 채무발행을 통한 재원조달 규모와 사회보험 및 조세를 통한 재원조달 규모를 중기적으로 제시해야 한다. 또한 영구적 복지재정 소요에 대해서는 근본적으로 목적세 도입을 포함해 세입확대를 주요한 수단으로 하여 제시하는 것을 원칙으로 삼아야 한다.

다시 처음에 제기했던 악어의 입으로 돌아가보자. 정부지출과 수입의 차이로 벌어진 악어의 입을 닫을 방도는 무엇인가? 어려운 재정환경을 고려해 재정지출을 적절하게 줄이는 것이 방법인가? 아니면 세금을 왕창 거두어 세입을 넉넉하게 확보하는 것이 대안인가? 그 어떤 것도 가능하지 않고 또 적절한 방법으로도 보이지 않는다. 악어의 입이 항상 벌어진 상태로 있는 것은 아니다. 벌어지다가 닫히는 경우도 많이 있다. 지출이 크게 증가하는 것도 세입이 줄어드는 것도 결국 경제가 어려워져 복지지출 소요가 급증하고 소득저하 및 소비침체, 기업활동 저하로 조세수입이 줄어드는 데 원인이 있다. 결국 악어의 입 현상이 생기는 가장 큰 원인은 경제 '펀더멘털Fundamental(기초)'의 약화이다. 악어가 하품하더라도 경제 펀더멘털이 회복되면 입은 다시 닫힌다. 관건은 우리가 어떤 시점에서 벌어진 악어의 입을 볼 것인가 하는 데 있다. 경제회복과 이에 따른 조세수입 증가가 없다면 일본과 같이 벌어진 악어의 입을 계속 보게 될 것이다. 그러나 한편으로는 1990년대 IT 혁명과 신경제New Economy에 의해 재정 건전성이 회복된 클린턴 행정부 시기의 미국과 2008년 글로벌위기 이후 경제회복과 재정관리제도 개혁에 따라 재정 건전화에 성공한 독일과 같이 하품하다가 입을 다문 경우도 관측할 수 있을 것이다. 우리는 어떤 경로를 선택할 것인가.

기본소득제도는 대안이 될까

최근 더욱 효과적인 사회복지를 위해 기본소득제도를 도입하자는 논의가 활발하다. 기본소득제도의 기본적 특징은 보편성, 무조건성, 개별성, 현금성, 충분성의 5가지이다. 즉 기본소득이란 모든 국민에게 조건을 따지지 않고 개인별로 현금 급여를 충분한 수준으로 주는 것을 의미한다.

기본소득제도 도입 필요성으로는 첫째, 4차 산업혁명으로 인한 급격한 일자리 감소 가능성과 기존 복지정책의 한계 및 전달체계의 비효율성, 둘째, 기존 고용보험제도가 놓치고 있는 사각지대의 존속, 셋째, 저성장 시대 30~40대 중위 소득자의 어려움 등이 흔히 지적된다. 이에 대해 반대하는 의견도 많다. 우선, 우리나라의 경우 자영업 종사자가 많은 특수한 노동시장 구조를 가졌으며 4차 산업혁명의 영향으로 일자리가 급격하게 감소할 가능성도 낮다는 것이다. 또 보장성 측면(충분성)에서 기본소득제도가 전국민고용보험제도에 비해 현저하게 떨어질 가능성이 있고, 충분한 기본소득(가령, 30만 원 이상)이 되어야 중위소득자에게 도움이 될 수 있지만 그 경우 재정부담이 너무 커져 실현 가능성이 낮다는 점이 반대 근거가 되기도 한다.

기본소득을 도입하면 복지제도 전체를 개편하지 않을 수 없으므로 다양한 요인을 검토하는 것이 필요하다. 특히, 복지

류덕현(중앙대학교 경제학부 교수)

재정을 확충하려면 재정확대가 필요하나 재정이 무한히 충당될 수 없는 제약을 감안할 때, 이를 단계적으로 소액에서 거액으로 기본소득을 늘려가는 방식으로 할지, 아니면 필요성이 큰 계층에 먼저 지원하고 그 대상을 점차 확대해갈지는 중요한 의사결정 사항이다.

기본소득제도의 취지를 기존 복지제도를 확충해 실현할 수도 있다. 가령, 월 10만 원의 기본소득을 전 국민에게 지급한다면 소요되는 재원은 60조 원인데 이는 2021년 복지보건노동부문 예산 199조 원의 30% 수준을 차지할 정도의 큰 규모이다. 이와 비슷한 규모의 재원이 있다면 기존 복지제도를 충분히 두텁게 하고 중산층 및 청년세대에게 돌아갈 혜택을 크게 늘리는 방식으로 사용하는 것이 보다 효과적이다. 예를 들면, 저소득층에 대한 소득보장 확대에 15조 원, 전국민고용보험제도 도입에 15조 원 등을 투입할 경우 현행 복지제도의 포용성은 크게 확대될 수 있다. 또한 근로소득장려세제EITC와 아동수당CTC을 현행 5조 원대에서 10조 원대로 확대해 중위소득 청장년 세대의 소득 보전 범위를 넓히는 것 역시 크게 도움이 되는 정책이다. 마지막으로 20조 원의 재원으로 평생교육 및 직업교육을 강화하는 것 역시 한정된 재원을 보다 효과적으로 사용할 수 있는 방안이다.

증세 없이 복지 없다. 복지국가의 꿈을 이루기 위한 구체적인 증세안을 제시하는 것이 책임 있는 태도이다.

부가가치세는 경제적 왜곡을 최소화하는 세금이다. 부가가치세 인상부터 시작해 장기적인 증세 방안을 마련하자.

종부세를 흔들면 시장에 잘못된 신호를 준다. 제대로 걷고 청년층의 주거복지 재원으로 쓰자.

서민지원, 기업지원 명분으로 늘어난 각종 비과세와 세금감면을 줄여 안정적인 과세기반을 확보하는 것은 재정지출 확대를 위해 필요한 최소한의 전제이다.

4장 멀어지는 복지국가를 위한 세제개편

우석진(명지대학교 경제학과 교수)

복지국가의 꿈과 재원 마련의 어려움

문재인 정부 초기에 노무현 정부 때 추진했던 국가전략 '비전 2030'이 다시 등장했다. 비전 2030은 성장과 복지의 동반성장을 위해 제시된, 복지국가를 위한 일종의 장기비전이었다. 2006년 8월 30일 당시 기획예산처 장병완 장관은 "한국이 2010년대에 선진국에 진입하고 2020년대에 세계 일류국가로 도약해 2030년에는 삶의 질 세계 10위에 오른다"는 내용의 보고서를 발표했다. 하지만 1,100조 원에 이르는 재원 마련 방안은 제시하지 않았다. 당시 한나라당 정책위원장은 "정부가 용역비용 10억 원을 들여 천국을 그렸지만 그곳에 가는 방법과 길은 제시되어 있지 않다"[1]고 매섭게

---

1   "'비전2030 보고서'…1,100조 돈은 어디서 '공허한 청사진'"(〈동아일보〉, 2006.8.31.)

비판했다.

문재인 정부도 '나라다운 나라'를 만들 것을 약속하며 복지국가를 위한 계획을 내세웠다. 국가가 해야 할 일은 국가가 직접 나서 하겠다는 것이다. 재정사업 규모도 커졌다. 문재인 정부가 예산을 처음 편성했던 2018년 정부지출은 전년 대비 5.5% 증가했고 2019년 정부지출은 9.9% 증가했다. 우리나라 경상 GDP 증가율이 2017년 5.4%, 2018년 3% 정도인 것을 고려해보면 정부지출 증가 속도는 매우 빠른 편이었다.

문재인 정부는 공무원도 더 많이 채용했다. 정부조직관리정보시스템에 따르면 2021년 5월 20일 기준 한국의 공무원 수는 113만 1,796명으로 집계됐다. 박근혜 정부 마지막인 2017년 5월 9일에 103만 2,331명이었으니 4년 만에 10만 명 가까이 증가한 것이다.

지출 내역을 구체적으로 살펴보자. 코로나19로 2020년에 있었던 네 차례의 추경은 논외로 하더라도 지금까지 재정지출은 큰 폭으로 증가했다. 2018년 9월에 아동수당을 도입해 소득 및 재산 하위 90% 가구의 5세까지 아동에게 월 10만 원씩 지급하기 시작했다. 2019년 4월부터는 0~5세의 모든 아동에게 지급되었다. 같은 해 9월부터는 0~6세 아동으로 대상이 더 확대되었다. 노인빈곤을 완화하기 위한 기초연금은 월 30만 원으로 조기 인상되었다. 최저임금 인상에 따른 대책으로 3조 원 규모 일자리안정자금이 도입되었고 근로장려금도 4조 원 규모로 확대되었다. 두 정책이 중복되는 측면이 있지만 큰 조정 없이 정책은 시행되었다. 노인 및 청년

일자리 증가를 위한 정책들도 시행되고 있다. 국민기초생활보장 제도의 부양의무자 기준은 폐지될 예정이고 한국형 실업부조 도입도 예고되어 있다. 23개 지자체 사업에 대해 예비타당성 조사를 면제해주었고 예비타당성 조사 자체의 기준도 완화되어 대규모 사회간접자본에 대한 지출도 늘어날 것으로 전망된다.

문제는 비전 2030 때와 마찬가지로 재원 마련 방법이 없다는 것이다. 국가 살림은 복잡하긴 하지만 가정 살림과 다르지 않다. 가정은 지출을 많이 해야 하면 가족 구성원이 일을 해 돈을 번다. 자녀의 학원비가 들어가기 시작하면 전업주부였던 엄마들은 일자리를 찾아 나선다. 목돈이 들어가는 경우에는 은행에서 대출을 받거나 지인에게 돈을 빌린다. 나중에 돈이 생기면 빚을 갚는다. 국가의 재원 마련 방법도 유사하다. 지출이 많아지면 증세를 통해 세금을 더 걷거나 아니면 민간에서 돈을 빌린다.

재정지출의 재원은 조세수입과 국채발행을 통한 차입금이다. 국가의 주된 수입은 조세이다. 국가는 다양한 소득과 자산, 혹은 경제적 행위에 과세한다. 2019년 기준 국세로부터 대략 300조(293.5조) 원 정도의 수입을 올렸다. 총수입은 473조 원이었다. 총수입과 국세수입 간 차이는 기금수입(154조)과 세외수입(25.3조) 등에서 발생한다.

수입보다 정부지출이 많은 경우, 정부는 국채를 발행해 민간으로부터 돈을 빌린다. 2019년 국가채무비율은 GDP 대비 37.7%를 기록했다. 2021년 3월 기준 국가채무 총계는 약 862조 원이다. 국가채무는 국가가 직접적인 원리금 상환의무를 지고 있는 확정채무를 의미한다. 여기에는 국채, 국내외 차입금, 국고채무 부담이 포함된다. 우발채무나 공기업 부채, 통화당국 채무 등은 포함되지 않는다.

국가채무 중 가장 큰 비중을 차지하는 것은 국채이다. 2021년 3월 기준 858조 원이다. 국채에는 국고채권, 국민주택채권, 외국환평형기금채권이 포함된다. 국고채권은 국가의 재정정책 수행에 필요한 자금을 조달하기 위해, 외국환평형기금채권은 외환보유액 확충 등 외환시장 안정을 위해, 국민주택채권은 임대주택 건설 등 서민주거생활을 위해 발행하고 있다. 국고채권은 769조 원, 국민주택채권은 79조 원, 외평채권은 9.8조 원 발행되었다. 최근에는 조세나 국채 발행 외에 화폐 발행을 통해 재정정책을 하자는 주장도 있긴 하지만 우리 정부는 아직 그런 정책을 사용하고 있지는 않다.

재정지출을 늘리려면 조세부담을 올리거나 국가채무를 늘려야 한다. 조세부담, 국가채무 모두 늘리는 게 싫으면 복지국가로 가는 꿈은 접어야 한다. 여기에 도깨비 방망이 같은 묘수는 없다. 묘수가 있는 척하며 복지국가로 가겠다고 약속한다면, 그야말로 빌 공空 자를 쓴 공약인 것이고 진정성은 없다고 보는 게 맞다.

우리가 당면한 문제들을 생각해보면 재정지출, 특히 복지지출 증가는 불가피한 측면이 있다. 성인 2명이 결혼해 1명의 자녀를 낳지 못하는 낮은 출산율, 5명의 노인 중 2명이 가난한 노인빈곤율, 경제적 불평등의 지속적 확대, 더욱이 2020년과 같은 재난적 팬데믹 상황 등으로 인해 복지지출에 대한 수요는 계속 증가할 가능성이 크다. 그렇다면 세금을 더 징수하거나 국채를 발행해 미래 세대에게 부담을 지우는 수밖에 없다.

재정지출을 어느 경우에 조세로 충당하고, 어느 경우에 국채로 조달해야 하는 것일까? 재정지출이 장기간 지속되는 경우에는 조세로 충당하고, 상대적으로 단기인 경우에는 국채를 발행해 조달하는 것이 원칙이다. 예를 들어 경기침체에 대응하기 위한 추경에 재원이 필요하면 국채를 발행하면 된다. 하지만 아동수당과 같이 매년 지속적으로 지출해야 하는 경우에는 그에 해당하는 금액을 증세를 통해 확보해놓아야 안정적으로 사업을 운영해나갈 수 있다. 국채를 발행해야 하는 경우에는 조달비용이 다소 높지만 장기 국채를 발행하는 것도 방법이다.

정치인들이 선거과정에서 자주 이야기하는 방법은 기존의 지출을 구조조정하는 것이다. 하지만 구조조정 자체가 쉽지 않다. 막상 구조조정을 해보면 그 액수는 생각보다 작다. 많은 부분이 조정하기 어려운 경직성 경비이기 때문이다. 정책 전달체계의 구조조정도 필요하긴 하지만 그 정도로 복지지출 재원을 대기에는 역부족이다. 작은 정부를 주장하던 미국 레이건 대통령이 퇴임할 때 정부 규모가 취임 당시의 두 배가 되었던 경험을 보면 지출 구조조정이 얼마나 어려운 일인지 가늠할 수 있다.

이전 정부처럼 조세제도에서 비과세·감면을 줄여 조세수입을 확충할 수도 있다. 이른바 '조세지출'을 줄이는 것이다. 조세지출이란 기준 조세체계 하에서 세무당국이 걷을 수 있었던 세수와 조세특례 하에서 걷고 있는 세수 간의 차이를 말한다. 문제는 그동안 비과세·감면 정비를 통해 조세지출을 많이 줄여놓았기 때문에 더 줄일 여지가 크지 않다는 것이다. 남아 있는 비과세·감면은 주로 서민과 중산층, 소상공인과 중소기업 등을 대상으로 한 것이다.

오히려 이번 정부 들어서는 비과세·감면을 통한 조세지출이 큰 폭으로 늘었다. 2017년 39조 원 규모에서 2019년에는 47.4조 원으로 증가했다. 2019년 국세감면율은 13.7%로 경기여건에 따라서는 국가재정법상 국세감면율 법정한도인 13.8%를 초과할 가능성도 있다. 2021년 들어서는 반도체 관련 기업에 대한 세액감면도 논의되고 있어 대기업에 대한 비과세·감면도 증가할 것으로 예상된다. 따라서 비과세·감면 축소를 통해 재원을 마련하기도 어렵다.

그렇기에 국채발행을 통해 복지재원을 조달할 것을 주문하는 사람도 많다. 하지만 우리나라는 기축통화국이 아니기 때문에 다른 선진국처럼 높은 국가채무비율을 유지하기 어렵다. 그리고 빠른 고령화로 인한 지출에 대비하기 위해서 이른바 재정공간을 확보해둘 필요가 있다.

증가하는 재정지출 수요를 감당할 적절한 재원 대책을 마련하지 않는다면 현재 실시하고 있는 복지정책들은 지속가능하지 않다. 문재인 정부가 강조하는 '사람이 먼저다'를 실현하려면 의무지출을 늘릴 수밖에 없다. 이러한 재정지출 수요에 대응하는 증세 없이는 지출을 계속할 수 없다.

하지만 문재인 정부 내에서 증세 이야기는 찾아보기 어렵다. 법인세 최고세율을 25%로 올린 것 외에는 증권거래세를 내리는 등 오히려 감세조치를 취하고 있다. 진행하기로 계획했던 주식 양도차익에 대한 과세도 상당히 후퇴하는 것으로 마무리되었다. 원래 주식 양도차익 2,000만 원 이상에 대해 과세할 계획이었지만 주식 투자자들의 반발이 거세지자 과세 한도를 5,000만 원 이상으로 완화하는 것으로 타협했다. 증세는 정부에게도 정치인들에게도 매력이 없는 메뉴이다. 하지만 재원 마련 대책 없이는 '사람이 먼저인 나라다운 나라'에 대한 약속은 믿기 어렵다.

오만한 핀셋 증세

최근 몇 년 동안 수도권 아파트 가격이 너무 많이 올랐다. 강남 3구, 분당, 양천뿐만 아니라 조그마한 호재만 있어도 아파트들은 신규 매수 희망자가 감당할 수 있는 범위를 벗어날 정도로 가격이 올랐다. 정부는 부동산 대책을 쏟아부었지만 백약이 무효였다. 한 번 불붙기 시작한 주택 가격 상승은 어떤 정책으로도 멈출 수가 없었다. 사람들이 현재가 혼란스러워 기억하지 못하지만, 사실 이 모든 사단의 시작은 2018년 여름이었다.

2018년 초 대통령 직속 정책기획위원회 산하 재정개혁특별위원회가 출범한다고 했을 때 큰 기대를 가졌다. 촛불혁명으로 탄생한 문재인 정부가 부동산을 포함한 조세재정 정책의 큰 그림을 보여줄 거라는 희망이 있었다. 늦장 출범한 특위는 3개월 가까운 활동 끝에 '공평과세 실현을 위한 종합부동산세제 개편방향'이라는 이름의 종합부동산세(이하 종부세) 개편안을 발표했다.

개정안에는 공정시장가액비율을 조정하거나(1안), 누진도를 강화하거나(2안), 아니면 이 두 가지를 동시에 조정하는(3안) 방안, 1주택과 다주택자에게 차등 적용하는(4안) 방안이 제시되었다. 제시된 대로 종부세를 개편하면 방안마다 차이는 있지만 대략 5,000억 원 정도의 세금이 추가로 걷힐 것으로 예상되었다.

종부세 부담은 공시가격, 공제금액, 공정시장가액비율, 세율에 따라 결정된다. 공시가격에서 공제금액을 빼고 여기에 공정시장가액비율과 세율을 곱하면 종부세 부담이 결정된다. 예를 들어 공시가격 15억 원인 아파트를 한 채 소유한 사람의 경우 공제금액인 9억 원을 뺀 6억 원이 과세표준이 된다. 여기에 공정시장가액비율인 80%와 세율을 적용하면 종부세 부담은 약 150만 원이 된다. 이렇게 결정된 종부세의 실효세율은 공시가격 대비 약 0.1% 정도다. 공시가격은 실거래가보다 보통 낮아서 실제 실효세율은 0.1%보다 더 낮다.

당시 재정개혁특위는 공정시장가액비율과 종부세 대상자 일부에 대한 세율을 미세 조정하겠다는 개편안을 내놓았다. 공정시장가액비율을 2년에 걸쳐 현 80%에서 100%로 올리거나 과세표준 6억 원 초과의 경우 세율을 소폭 올리겠다는 것이다. 위에서 예로 든 15억 원 아파트 소유자의 경우 특위안대로라면 종부세 부담은 20만 원 정도 늘어난다. 호들갑은 떨었지만 기존 종부세 납세자 중 일부에 대해서만 세부담이 소폭 늘어날 뿐이다. 200일 가까이 기다려 내놓은 개편안치고는 별 내용이 없었다. 4번 타자가 대기 타석에서 방망이를 휘둘러대다 정작 타석에서는 번트를 댄 셈이다.

문제는 종부세 개편의 목적이 분명하지 않았다는 점이다. 개편을 통해 무엇을 달성하려고 했는지 알 수가 없었다. 보통 세제 개편의 목적은 세수를 늘리거나, 경제주체의 행위를 바꾸거나, 불합리한 세제를 정상화하는 것이다. 종부세 개편이 증세를 위한 것이라면 5,000억 원 세수는 너무 초라하다. '중부담-중복지' 국가로 가려면 안정적 세수 확보가 필수다. 과거 정부에서 단행한 세제 개편으로 예상보다 많은 세수가 들어오고는 있지만 이 추세가 지속되지는 않을 것이다. 더 큰 그림을 그리고 더 적극적인 증세방안을 마련해야 했다. 가장 큰 문제는 부동산 시장, 특히 고가 주택 소유에 대해 정부가 잘못된 신호를 주었다는 점이다. 그동안 공언해왔던 것과 달리 부동산 시장에 강한 대처를 하지 않을 수도 있다는 여지를 보인 것이다.

만약 행위 변화가 목적이라면 고가 주택을 구입하지 않게 유도해야 하는데, 몇십만 원에서 몇백만 원 세부담 인상을 가지고 20억 원 아파트 두 채 구입하려는 구매자들의 욕망에 영향을 줄 수 있을까. 보유세 개혁이 목적이었다면 시가 대비 50% 남짓한 공시가격 현실화는 최소한 포함됐어야 했다. 공제금액 9억 원도 현실화할 필요가 있었다. 말이 9억 원이지 1인별 기준이어서 사실상 기준금액은 12억 원으로 보는 것이 맞다. 부부가 공동명의로 할 수 있어서다. 핀셋 증세라는 명목 아래 고가 1주택자의 세부담이 지방에 저가 주택 여러 채를 소유한 사람의 세부담보다 낮아져 수평적 형평성을 위배하게 됐다.

이러한 재정개혁특위안이 제시된 이후로 우리가 주지하다시피 아파트값 상승세가 본격화되었다. 그 후 부동산 대책이 연달아 쏟아져 나왔지만 전혀 작동하지 않았고, 현재는 부동산 관련 세제가 도저히 합리적이라고 볼 수 없을 만큼 복잡해졌다. 그야말로 사지도 팔지도 이사 갈 수도 없는 상황이 만들어졌다. 부동산에 대한 과세는 지방 공공재에 대한 조세가격의 역할을 하기 때문에 정상 과세로 돌아가야 한다. 동시에 납세자의 담세력도 고려해야 하기 때문에 보유세 강화라는 방향은 정해놓더라도 보유세 부담의 증가 속도는 적절히 조정해가는 것이 필요하다. 그렇지 않은 세제는 지속가능하지 않기 때문에 실리도 명분도 놓치는 우를 범하기 쉽다.

최소한의 방어선

앞에서도 지적했지만 문재인 정부의 세입에 답이 보이지 않는 이유는 그나마 이전 정부에서 줄여온 비과세·감면도 빠르게 증가하고 있다는 것이다. 불요불급한 시혜성 조세지출을 줄여 안정적인 과세기반을 확보하는 것은 확장적 재정정책 국면에서는 필수적인 조치이다. 그게 안 된다는 것은 재정 전문가 사이에서는 상상하기 어렵다.

큰 선거가 있을 때마다 정치인들은 대규모 재정지출을 약속한다. 현금성 복지지출, 도로나 철도 같은 대규모 사회간접자본 투자 등이 대표적이다. 유권자들은 재원을 어떻게 마련할 것인지 질문한다. 재원 대책 중 대표적인 것이 비과세·감면의 축소이다. 원래는 세금을 내야 하는데 여러 정책적 이유로 세금을 내지 않아도 되게 해준 부분이다. 이 중에서 더는 세금을 줄여줄 이유가 없거나 효과성이 낮은 부분을 줄여 재원을 마련해야 한다는 것이다.

정부가 세금을 도입할 때 원래 걷기로 기대한 세수가 있다. 세법은 계획한 세수를 걷기 위해 정교하게 설계된다. 하지만 이후에 다양한 이유로 세금을 줄여주는 조세특례가 도입된다. 이익단체나 협회들이 이를 관철하기 위해 국회의원, 정부 관계자 등에 로비를 하는 경우도 있다. 결과적으로 계획했던 것보다 작은 규모의 세수가 걷힌다. 두 세수의 차이를 조세지출이라고 부른다. 현대 재정학에서는 조세지출을 재정지출과 동일하게 바라본다. 조세지출은 수혜 대상에게 현금으로 보조금을 지불한 것과 유사하기 때문이다.

국가재정법 제16조에 따르면 예산의 원칙을 규정하면서 정부가 재정을 운용할 때 재정지출과 더불어 조세지출의 성과를 제고하도록 규정하고 있다. 심층평가를 통해 조세지출의 효과성과 효율성이 떨어지는 항목들을 폐지하거나 조정하도록 되어 있다. 동법 제34조에 따르면 정부는 조세지출 예산서를 예산안의 첨부서류 중 하나로 국회에 제출해야 한다. 예산으로 표현되는 재정지출뿐만 아니라 조세지출 규모도 같이 고려해야 제대로 정부지출 규모를 가늠할 수 있다. 2019년 예산을 기준으로 보면 재정지출액은 약 470조 원 정도이지만, 여기에 조세지출 47조 원을 더하면 총 재정지출은 517조 원을 넘어선다.

조세지출 규모가 커지면 세수는 줄어들게 된다. 조세지출 혜택은 기본적으로 세부담이 있는 주체들만 받을 수 있다. 조세지출은 세금을 줄여주는 것인데, 낼 세금이 없는 경우에는 줄여주고 싶어도 줄여줄 수가 없다. 예컨대 근로소득세에서 소득공제를 늘려도 기존에 세부담이 없는 10명 중 4명의 근로자는 혜택을 볼 수 있는 방법이 없다. 기획재정부가 조세 감면 같은 정책을 다른 정책보다 선호하는 이유는 특정 산업이나 경제 주체를 지원한다는 생색을 낼 수 있지만 세입이 크게 줄어들지는 않기 때문이다. 결과적으로 조세지출의 효과는 제한적일 수밖에 없다.

우리 국가재정법에는 조세지출의 한도를 미리 정해놓았다. 조세지출 규모가 커지면 과세 기반이 취약해질 뿐만 아니라 과세 형평성을 악화시킬 가능성이 있기 때문이다. 국가재정법 제88조에는 국세감면율을 당해 연도 국세수입 총액과 국세감면액 총액을 합한 금액에서 국세감면액 총액이 차지하는 비율로 정의하고 있다. 예를 들어 한 해에 90조 원의 국세수입이 있었고 10조 원의 국세감면을 해주었다면 국세감면율은 10%가 된다. 우리나라 국세감면율은 글로벌 금융위기를 맞았던 2009년 15.9%를 기록한 이후 지속적으로 줄어들어 2017년 13%를 기록했다. 국세감면율이 하락한 것은 국세감면이 줄어들어서가 아니라 국세수입이 대폭 늘어났기 때문이다.

국가재정법 시행령에는 국세감면율 한도를 직전 3개년 국세감면율 평균에 0.5%p를 더한 것으로 정하고 있다. 2019년 국세감면율의 법정한도는 13.8%이다. 실제 국세감면율은 13.7%로 법정한도와 0.1%p 차이밖에 나지 않았다. 법정한도 바로 턱밑까지 온 것이다.

국세감면율이 이렇게 증가한 이유는 문재인 정부에서 조세지출을 적극 활용하고 있기 때문이다. 2017년 이후 조세지출 규모는 평균 9.3%의 속도로 증가하고 있다. 최근 들어 근로장려세제와 자녀장려세제 등 사회복지 분야를 확대 개편한 이후로 조세지출 규모가 크게 늘었다. 근로장려세제의 경우 대상도 넓히고 지원 금액도 상향 조정했다. 2017년 이전의 조세지출 평균 증가율이 5%보다 낮았던 점을 생각해보면 최근의 조세지출 증가속도는 빠른 편이다. 2021년 세법부터는 부가가치세 간이과세자도 매출 4,800만 원에서 8,000만 원으로 확대되었다. 보통은 곳간에서 인심 나는 법인데, 우리는 없는 곳간에서 인심 쓰고 있는 셈이다.

국세수입이 좋으면 국세감면율이 내려가기 때문에, 직전 3개년 평균으로 정해지는 법정한도는 감소하게 된다. 최근에는 국세감면율이 법정한도를 넘어서게 되자 국세감면율 계산법을 고쳐 감면율을 떨어뜨리려는 시도도 있었다. 국세감면율 계산시 분자 항목인 국세감면액 총액에는 부가가치세 감면액 중 지방소비세 상당액이 포함된다. 반면, 분모인 국세수입 총액에는 지방소비세액이 제외되고 있다. 재정분권 강화를 위해 부가가치세의 지방소비세 배분비율이 상향되면서 국세감면율이 비현실적으로 올랐다는 것이다. 이러한 취지로 감사원의 지적사항이 있어 국세감면율 계산법을 수정했다는 설명이다. 이렇게 수정하면 2020년 기준 국세 감면율은 15.1%에서 14.4%로 낮아진다. 조세당국의 설명은 이해는 가지만 하필 이 시점에서 수정한 이유는 납득하기 어렵다. 배나무 밭에서 갓끈 매지 말며 참외밭에서 신발끈을 매지 말라고, 국세 감면율이 올라가는 국면에서 산식을 수정한 것은 좋은 의도로 했다고 보기는 어렵다.

세수가 좋았던 시기는 지났다. 세수 진도율도 좋지 않다. 정부는 경제활력을 보강한다는 명분으로 대기업이 혜택을 볼 수 있는 이른바 투자 촉진을 위한 3종의 조세지출을 확대한다고 발표했다. 국세감면율 법정한도가 위반 시 제재 조치가 없는 선언적 성격을 갖고 있다고는 하나 가이드라인의 역할은 한다. 복지재원 마련을 위해 증세는 안 하더라도 최소한 이 정도는 준수해주어야 복지국가로 가기 위한 최소한의 방어선은 된다.

부가가치세를 인상하자

코로나19 위기 상황에서 재난지원금과 자영업 손실보상제에 대한 논의가 뜨겁다. 코로나19 이전에는 기본소득제도에 대한 논의가 여야 가릴 것 없이 불붙고 있었다. 하지만 지출 계획에 비해 재원 마련 방안은 상대적으로 부실하다. 예컨대 재난지원금은 일시적인 재정 소요에 해당한다. 코로나19 확산과 세계경제의 회복 여부에 따라 한두 차례 더 지급해야 할 소요가 있을지 모르지만 어쨌든 장기적으로 계속 지급할 항목은 아니다. 이런 경우에는 보통 국채 발행을 통해서 재원을 조달하는 것이 일반적이다. 그래야 단기간에 재원을 조달할 수 있을 뿐만 아니라 경기 대응 효과도 그나마 극대화할 수 있다.

기본소득이나 전국민고용보험 같은 제도는 적자국채로 예산을 조달해 운용할 수 있는 정도의 사업이 아니다. 이런 것들은 이른바 의무지출로서 조건이 만족되는 모든 사람에게 반드시 지불해야 하는 사업이다. 한 번의 지출이 아니라 제도가 지속되는 한 항구적인 재원이 필요한 정책이다. 이런 경우에는 기존 사업을 삭감해서 재원을 마련하거나, 아니면 지출 수준에 상응하는 재원 대책을 강구해야 한다. 그렇지 않으면 제도가 지속가능하지 않게 되거나 감당할 수 없는 국가채무를 지게 되어 다음 세대에 비용을 떠넘기는 무책임한 정책이 된다. 그렇기 때문에 재원대책이 동반되지 않은 대규모 재정사업은 허언에 가깝다. 나중에 재원방안을 강구하겠다는 약속은 실현된 적이 없다.

단도직입적으로 얘기해보자. 부가가치세를 인상할 때가 되었다. 지난 4년간 핀셋 증세라는 명분으로 소규모 증세를 해왔지만 사실 세수에는 별 도움이 되지 않았다. 비과세·감면도 늘어 국세 감면율 한도에 거의 도달했다. 단기적인 재정수요에는 국가 채무를 늘리는 방식으로 대처하고 있지만 이것도 분명한 한계가 있다.

증세 논의는 부가가치세 인상부터 시작해야 한다. 안정적인 세수를 확보할 수 있는 세목은 부가가치세밖에 없다. 법인세율 인상도, 소득구간 신설도, 종부세 인상도 솔직히 세수 측면에서는 큰 도움이 되지 못한다. 복지국가로 이행하면서 안정된 세수를 유지하려면 대부분의 전문가들이 인정하는 부가가치세 인상이 필수적이다.

부가가치세는 1971년에 도입을 위한 논의가 시작되었다. 부가가치세 도입과 관련해 정부 내 논쟁이 있던 즈음인 1975년 당시 남덕우 재무부 장관이 유럽의 부가가치세 시행 상황을 파악하라고 당시 세제국장, 국제조세과장, 김재익 청와대 경제비서관과 한 명의 교수를 시찰조사단으로 파견한 적이 있다. 그 한 명의 교수가 당시 서강대에 있던 김종인 전 국민의힘 비대위원장이다. 출장 보고회에서 네 사람의 의견은 2대 2로 갈린 것으로 알려졌다. 1976년 11월 29일 표준세율 13%로 부가가치세법이 국회 본회의를 통과했다. 본격적인 적용은 이듬해인 1977년 7월부터였다.

부가가치세 도입을 목전에 둔 1977년 6월 경제계의 반대 여론을 무마하기 위해 3% 한도 내에서의 탄력세율 적용에 대한 논의가 있었다. 경제기획원과 재무부는 1% 인하한 12% 안을 고수하였으나 박정희 대통령의 중재로 부가가치세 도입은 하되 현재 세율과 같은 10%로 시행하도록 합의되었다. 이렇게 도입된 부가가치세는 우리나라의 3대 세목이 되었으며 2018년 기준 70조 원의 세수를 기록했다.

부가가치세는 조세부과로 인해 생산 과정에서 발생할 수 있는 왜곡을 최소화하면서 세수를 걷을 수 있는 선진적인 세제로 알려져 있다. 많은 선진국들이 부가가치세율을 20% 언저리에서 과세하고 있고, 이를 통해 상당한 세수를 확보하고 있다. 이번 21대 국회에서 최초 도입 당시의 세율인 13%까지라도 인상할 필요가 있다.

과세기반을 갉아먹은 세제개편

하지만 정부는 부가가치세율 인상 대신 부가가치세 과세기반을 잠식하는 결정을 내렸다. 2020년 7월 22일에 세제개편안이 발표되었다. 개편안은 코로나19로 국내 소비가 부진하고, 수출 및 투자 여건이 부정적이며, 취약계층 일자리가 감소하고 있어 분배지표가 악화되고 있다고 설명한다. 또 경제위기 극복을 위해 재정수요가 증대되는 가운데 경제활동이 위축되고 있어 조세수입을 더 늘리기 어렵다고 진단하고 있다.

세제개편안 중 눈에 띄는 세법 개정안은 부가가치세에 있어 간이과세자 기준을 상향한 조치이다. 코로나19 사태를 지나면서 개인사업자의 부가가치세 세부담을 경감하기 위해 연매출 8,000만 원 이하 일반 개인사업자의 납부세액을 간이과세자 수준으로 경감 조치한 바 있다. 동시에 부가가치세를 납부하지 않아도 되는 납부면제 기준금액을 3,000만 원에서 4,800만 원으로 상향 조정했었다. 부가가치를 받은 일반과세자가 그걸 국가에 납부하지 않고 가질 수 있게 된 것이다. 소비자가 개인 사업자에게 보조금을 주는 셈이다.

세법 개정이 되면서 코로나19로 인한 한시적 부가가치세 완화 조치가 영구화되었다. 이렇게 되면 간이과세자가 23만 명 증가하게 되고, 2,800억 원 정도 부가가치 세수가 감소하게 된다. 또한 부가가치세 납부면제 조치로 인해 납부면제자가 34만명 정도 증가하고 세수는 2,000억 원 정도 감소할 것으로 예상된다.

대부분 부가가치세제를 운영하는 나라들의 경우 거래 시 세금계산서를 주고받고, 이를 기초로 장부를 작성(기장)하도록 의무화하고 있다. 동시에 장부 작성이 어려운 일정 규모 이하 소규모 사업자에 대해서는 납세절차를 간소화해주는 특례제도를 두고 있다. 우리나라도 1977년 부가가치세를 도입할 때 소규모 영세업자를 위한 과세특례제도를 같이 도입했다. 공급대가 1,200만 원 미만의 사업자에 대해, 매출의 20%를 부가가치로 간주해 10%의 세율을 적용하는 과세특례제가 시행되었다. 1978년 당시 과세특례자의 비중은 76.5%였다.

1995년 12월 공급대가 1억 5,000만 원 미만의 개인사업자에게 업종별 부가가치율을 적용하는 간이과세제를 도입했다. 한동안은 과세특례제도와 같이 병행하여 운영하다가 1999년 12월 기존의 간이과세자는 일반과세자로 흡수하고 과세특례자는 간이과세의 방법에 의하도록 제도가 개편되었다.

간이과세제도에 대해서는 찬반 의견이 존재한다. 간이과세자 때문에 탈세가 조장될 수 있으며 결과적으로 공평과세가 되지 않는다는 의견이 있다. 간이과세자 스스로 매출을 축소하거나 면제 기준금액 이하로 매출을 보고함으로써 부가가치세를 회피할 수 있다. 혹은 일반과세자가 간이과세자에게 판매한 매출을 누락시켜 부가가치세를 회피할 수 있다. 간이과세제에서는 일반과세자의 세금계산서를 받을 유인이 크지 않기 때문에 일반과세자는 매출을 누락할 가능성이 있기 때문이다. 또한 이러한 부가가치세 회피가 소득세 누락으로 연결될 수도 있다. 그렇기 때문에 소규모 자영업자를 위한 특례는 필요하긴 하지만 일정 정도 범위 내로 유지할 필요가 있다. 동시에 많은 국가에서 한국과 유사한 간이과세제도를 채택하고 있다는 이유를 들어, 오히려 기준을 현실화해야 한다는 주장도 있다.

2019년 국세통계연보에 따르면 법인사업자를 제외한 부가가치세 납부대상자 중 간이사업자는 2017년 30%, 2018년 28%로 낮지 않은 수준인데, 이번 세법 개정으로 간이사업자의 수준은 더 증가하게 됐다.

코로나19 사태로 인한 충격은 일시적이다. 부가가치세가 부담이면 한시적인 조치를 연장하면 되는 것이지, 이러한 조치를 영구화할 이유는 없다. 우리나라처럼 IT가 발달하고 신용카드 사용이 많은 나라에서 부가가치세 납부비용을 줄일 방법은 얼마든지 있다. 오히려 간이과세제도를 축소해나가는 것이 바람직한 측면이 있다.

간이과세자가 많아지면 부가가치세의 근간이 흔들리게 된다. 한쪽으로는 뉴딜을 외치고 전국민 고용보험제도를 시행하겠다고 하면서, 다른 쪽에서는 세수의 근간을 허무는 조치를 하는 것은 이해하기 어렵다. 가뜩이나 개인소득세에 과세면세자가 많아 과세

기반이 허약한데, 소비세마저 과세기반이 약해지면 복지국가로의 꿈은 멀어질 가능성이 크다.

종부세, 험한 세상의 다리가 되어

조세정책에 있어 이번 정부의 가장 큰 문제점은 조세 운영의 원칙이 없다는 점이다. 조세정책을 마치 '청기 올려, 백기 올려' 게임이나 두더지 게임을 하듯이 하고 있다. 느닷없이 세금을 올리거나 증세해야 할 때는 핀셋 증세라는 프레임을 들고나오곤 했다. 조세 운영의 원리나 원칙 없이 표가 떨어질 것 같으면 계획되어 있던 증세도 철회했다. 주식 거래에서 발생하는 양도차익에 대한 과세를 아무 이유 없이 후퇴시켰다. 원래는 양도차익 2,000만 원 이상에 대해 과세하려던 것을 5,000만 원 이상으로 완화했다.

한편, 소수를 악마화할 수 있으면 몽둥이 찜질하듯이 두들겨댔다. 대표적인 것이 종합부동산세이다. 1%만 내는 세금이라고 여론전을 펼치면서 종부세 납세자들이 무엇인가 잘못해서 세금을 내야 하는 것으로 호도하였다. 종부세 납부자야말로 재산세 외에 국세에 기여하는 애국자들인데 격려해주기보다 "너희는 입 닥치고 세금이나 내!" 하는 태도로 옥박지르기만 했다.

그러한 태도에 대한 납세자이자 투표자인 시민의 의사가 반영된 것이 2021년 4월 치러진 재보궐 선거였다. 우리가 다 알 듯이 지난 4월 재보궐 선거는 집권 여당의 참패로 마무리되었다. 특히 서울에서는 모든 구에서 패배했고, 동 수준에서도 몇 곳을 제외하고는 전부 패배했다. 믿어지지 않을 정도의 패배이다.

패배에는 수만 가지 요인이 있다. 조세저항의 분위기도 그중 하나가 된다. 공시지가와 공시가격이 2월에 발표되었고, 서울은 평균 20% 가까이 올랐다. 우리의 주택 보유세가 누진 구조임을 고려해보면 고지서를 받기 전이라도 재산세와 종부세가 늘어날 것임은 쉽게 짐작할 수 있었다.

9억 원 이하 주택에 대해서는 재산세 감면 조치가 있어 재산세가 줄어드는 사람도 있고, 종부세가 늘어난다고 해도 소폭일 수 있다는 정부의 설명이 있었지만 시민들은 의심을 걷어 들이지 않았다. 정부의 부동산정책 실패로 집값을 올려놓고 시민에게 세금을 무지막지하게 걷어 들이려고 한다는 불만이 쌓였다. 여기에 LH 사태가 더해지면서 납세자이자 유권자인 시민의 표심이 여실히 표출되었다.

집권 여당은 여기에 대응한다면서 종부세와 재산세 부담을 낮추겠다는 개편안을 앞다투어 내놓았다. 지금은 다소 차분해졌지만 보유세를 내리지 않고서는 다음 대선 역시 기약할 수 없다는 분위기가 이어지고 있다. 여당 내의 치열한 논의를 거쳐 1가구 1주택의 경우 상위 2%만 종부세를 부담하는 것으로 결정되었다.

재산세와 종부세는 좀 구분해서 살펴볼 필요가 있다. 경제학에서는 재산세를 일종의 지방 공공재에 대한 조세-가격으로 본다. 조세의 특징 중 하나는 내는 것과 받는 것이 일치하지 않는다는 것이다. 세금을 많이 낸다고 해서 국가로부터 많은 혜택을 받는 것도 아니고, 적게 낸다고 해서 받지 못하는 것도 아니다. 하지만 재산세는 지방세이기 때문에 지역 세수가 늘어나면 그만큼 그 지역의 공공재 공급이 늘어난다. 그렇기 때문에 재산세는 지역 공공재에 대한 가격의 역할을 한다. 좀 더 많은 지역 공공재가 필요한 사람들은 그 지역으로 이사를 가면 된다. 이른바 '발로 하는 투표Voting with feet'를 통해 재산세는 지역 공공재의 가격 역할을 하게 된다.

지역 공공재 공급에 큰 변화가 없는데, 재산세가 급등한다는 것은 지역 주민으로서 쉽게 납득하기 어렵다. 이건 부동산 가격이 수급 불균형으로 인해 크게 오른 경우라도 그렇다. 재산세에 있어 중요한 건 지방 공공재 공급에 필요한 세수이다. 필요한 수준 이상 세수가 들어오면 환급해주거나 재산세 세율을 낮춰주는 것이 사리에 맞다. 그런 의미에서 공시가격이 급등한 서울의 경우 재산세 부담에 대한 조정이 어느 정도 필요한 것은 사실이다.

종부세는 재산세와 같이 보유세이기는 하지만 다른 측면도 있다. 종부세는 일종의 부유세의 성격을 가지고 있다. 지방자치단체가 부과하는 재산세 외에 일정한 기준을 초과하는 토지와 주택 소유자에 대해서 지방정부가 아닌 국세청이 별도로 국세를 부과하고 있는 것이다. 종부세는 주택을 소유한 사람이 너무 많이 소유해서는 안 된다는 우리 사회의 합의를 보여주는 신호 기능을 한다. 부동산 폭등 국면에서 종부세는 수요를 억제해주는 순기능을 하고 있어 종부세는 큰 변화 없이 과세 기조를 유지하는 것이 필요하다. 종부세를 완화하면 2018년과 마찬가지로 시장에 잘못된 신호를 주게 된다.

문제는 종부세 세수 역시 빠른 속도로 늘어난다는 것이다. 2020년 종부세 세수는 3조 원을 넘었고, 2021년에는 5조 원을 넘어설 것으로 예상되고 있다. 종부세 세수는 부동산 교부세의 형태로 전액 지방정부에 나누어주고 있다. 종부세가 원래 재산세의 일부를 가져온 것이니 그 세수를 지방으로 돌려주는 것은 논리상 맞는 얘기이다. 하지만 종부세수가 급증한 현 상황을 고려해보면 모든 세수를 지방으로 돌려주는 것이 최선은 아닐 수 있다.

부동산 가격 상승으로 가장 큰 타격을 입은 계층은 청년층이다. 부동산 가격 폭등으로 늘어난 종부세 세수의 일부분을 청년층을 위해 사용할 수 있으면 좋겠다. 작년 수준에 자연 증가분만큼을 부동산 교부세로 지방에 배분하고 남는 부분은 청년층을 위한 주거 복지 재원으로 사용할 수 있다면, 부동산 가격으로 혜택을 본 계층과 타격을 받은 계층이 연결되는 통로가 될 수 있다. 물론, 종부세 세수의 사용은 입법 사항이기 때문에 쉽게 해결되지는 않을 것이다. 지방정부의 양해도 필요할 것이다. 하지만 이렇게 할 수 있다면 종부세가 청년층에게는 험한 세상의 다리 역할을 할 수 있을 것이라고 기대해본다.

인구 고령화, 만성질환자 증가, 건강보험 보장성 강화로 의료비가 예상보다 빠르게 늘고 있고 앞으로 더 늘어난다. 건강보험 재정이 위태롭다.

젊은 층이 지는 부담을 늘리는 보험료 인상은 점점 어려워질 것이다. 이제는 의료 이용과 의료비 지출을 억제하는 정책으로 전환해야 한다.

예방과 사전 건강관리에 더 투자하는 것이 결과적으로 의료비를 줄이는 가장 효율적인 방법이다.

건강보험 보장 범위의 조정, 보험 비급여 서비스 관리 강화, 진료비 지불제도 개선 등으로 건강보험 지출을 효율화해야 한다.

장기적인 안목을 가지고 건강보험 빅데이터, 헬스케어 혁신 기술, 행태경제학적 방식을 적극 활용해야 한다.

5장   의료비 줄이면서 건강한 나라 만드는 법

홍석철(서울대학교 경제학부 교수)

2020년 의료비 지출은 감소했지만...

코로나19는 전 세계인의 삶을 크게 바꿔놓았다. 1918년 스페인 독감 이후 최악의 팬데믹으로 꼽히며 막대한 인적 피해를 초래했고 경제적 피해 규모는 1929년 세계 대공황에 근접할 정도로 심각했다. 한국의 피해는 미국, 유럽 등 다른 선진국에 비해 상대적으로 적었지만, 건강과 관련한 크고 작은 변화가 삶의 곳곳에서 나타났다.

그중 의료비 지출이 감소한 것이 눈에 띈다. 애초에 건강보험 보장성 강화 정책으로 2020년 국민건강보험은 2조 7,000억 원 적자를 예상했지만, 뚜껑을 열어보니 실제로는 1조 6,000억 원이 넘는 당기순이익 흑자를 기록한 것이다.[1] 민영보험사 실손보험의 경우 몇 년째 큰 규모의 영업손실을 입었는데 지난해에는 보험금 지급액이 감소해 손실 규모가 줄었다. 일부 제약회사들은 매출 감소를 경험하기도 했다. 이렇게 의료비 지출이 줄어든 것은 사람들이 의료서비스 이용을 줄인 결과이다.

　그 이유는 무엇일까? 우선 코로나19 감염 위험 때문에 병원 방문을 꺼리거나 사회적 거리두기 강화로 병원 방문이 번거로워진 영향이 크다. 그런데 이런 이유로 의료서비스 이용과 지출이 줄어든 것은 사실 반가운 소식이 아니다. 의료 수요가 있는데도 제때 적절한 치료와 관리가 이루어지지 않는다면 코로나19 상황이 종료된 이후 예상치 못한 국민건강 악화와 의료수요 급증으로 이어질 가능성도 있기 때문이다. 더구나 코로나19 방역과 사회적 거리두기로 대면 활동이 크게 줄어들면서 우울증 등 정신 건강과 관련한 문제를 호소하는 사람들이 크게 늘었다. 운동 부족과 배달음식 이용 빈도가 증가하면서 비만 등 다양한 국민건강 문제가 나타날 가능성도 높다. 2019년 코로나19 이전에도 고혈압과 당뇨병 환자가 1,000만 명을 넘어서고 매년 40~50만 명씩 증가하는 상황이었음을 감안하면, 코로나19 이후 질병 부담과 의료비 지출이 크게 증가할 가능성도 배제할 수 없다.

　2020년 의료비 감소는 도덕적 해이 문제가 일시적으로 완화되었기 때문에 나타난 현상일 수도 있다. 도덕적 해이는 건강보험 보

1　공공기관 경영정보 공개시스템. 건강보험공단은 2019년에는 3조 6,266억 원의 당기순익 적자를 기록했다.

장 범위가 넓어지고 의료비 본인 부담이 감소함에 따라 필요 이상으로 의료서비스를 이용하는 현상을 지칭한다. 위중증 질환자라면 의료서비스를 이용할 필요성과 시급성이 크므로 건강보험 보장성과 본인 부담 가격 변화에 크게 민감하지 않을 것이다. 반면 의료서비스가 덜 시급한 경증 질환자의 경우에는 이런 변화에 더 민감하며, 따라서 도덕적 해이가 발생하기 쉽다. 코로나19는 경증 질환자들의 병원 방문 기회비용을 높였다. 모든 환자가 그런 것은 아니겠지만 꼭 필요하지 않은데도 의료서비스를 이용했던 사람 중 일부는 굳이 감염 위험을 무릅쓰고 병원을 찾을 이유가 없었을 것이다. 특히 실손보험의 도덕적 해이 문제가 오래전부터 논란이었는데, 지난해 실손보험 손해율이 낮아진 데는 도덕적 해이가 줄어든 탓도 있을 것이다.

의료비 지출 감소의 또 다른 이유는 개인위생 관리 수준이 높아졌기 때문이다. 마스크 착용, 손 씻기, 사회적 거리두기 등은 코로나19 감염과 확산 차단을 목적으로 했지만, 부수적으로 다른 질병의 발병률을 낮추는 데 기여했을 가능성이 높다. 2009년 신종플루 유행 당시에도 마스크 착용, 손 씻기 캠페인이 펼쳐졌으며 그 결과 위생과 관련한 질병인 장염, 눈병 등의 발병률이 유의하게 감소한 경험이 있다.[2] 관련 연구들은 당시 면역력이 약한 영유아를 대상으

---

2   Hong, Lee and Oh, "Health-Risk Perception and Adopting Preventive Behavior," Working Paper (2021).

로 이와 같은 예방 효과가 컸음을 밝히고 있는데, 이번에도 비슷한 효과가 발생했을 것으로 예상할 수 있다.

코로나19 대유행 전후의 질환별 환자 수 변화는 다양한 생각거리를 던져준다. 국민건강보험공단 분석에 따르면, 2020년 3월부터 7월까지 감기 환자는 50%, 인플루엔자 환자는 98% 감소했다. 이는 개인위생 관리 효과로 보인다. 근골격계 질환 환자는 5.9%, 물리치료 환자는 10.7% 감소했는데, 이 질환들은 개인위생과 무관하기에 도덕적 해이 문제와 연결될 수 있다. 반면 중증질환인 암 환자는 1.6% 증가했다. 이를 통해 우리 사회에 예방 가능하거나 불필요한 의료 이용이 적지 않음을 알 수 있다.

코로나19를 둘러싸고 의료서비스 분야에서 나타난 이러한 변화들은 포스트 코로나 시대, 의료비 관리에 대해 유익한 시사점을 제공한다. 제때 충족되지 못한 의료 수요가 쌓이고 그 기간 건강관리가 제대로 되지 않음으로써 미래 의료비가 증가할 경우 어떻게 대처할 것인가, 도덕적 해이에 따른 필요 이상의 의료서비스 이용을 어떻게 관리할 것인가 그리고 예방과 건강관리를 통해 의료비 지출 효율화를 어떻게 이루어갈 것인가 등은 지속가능한 건강사회 구축을 위해 지금 고민하고 대응해야 할 과제이다.

국민건강보험은 지속가능한가

사람들은 건강을 위해 다양한 지출을 한다. 예방과 관리를 위해서도 그렇고, 병에 걸리면 의료서비스를 받기 위해서도 그렇다. 병에 걸린 후의 지출은 대부분 진단, 치료, 처방과 관련되므로 어디까지가 의료비 지출인지 명확하지만, 예방과 관리를 위한 지출은 그 범위가 훨씬 넓고 불분명하다. 예방접종이나 건강검진뿐 아니라 식단, 건강기능식품 섭취, 헬스장 등록 등 다양한 소비 지출도 포함되기 때문이다.

이런 지출 대부분은 개인 단위에서 이루어지지만, 정부 개입도 필요하다. 건강과 관련한 지출은 당사자만이 아니라 타인과 사회에까지 널리 영향을 미친다. 이처럼 외부성이 높은 상황에서는 정부가 개입해 사회적 편익을 키울 수 있다. 정부가 국민건강보험을 도입한 것은 예상치 못한 발병에 따른 개인의 과도한 의료비 부담을 줄임으로써 사회보장이라는 외부효과를 창출하기 위함이다. 국가건강검진 제도를 도입한 것도 주요 질환을 조기 발견해 중증이 되기 전에 치료함으로써 건강보험 지출을 줄이고 타인의 보험료 상승을 억제해주는 긍정적 효과를 기대할 수 있기 때문이다.

정부가 관여하는 지출의 대부분은 치료 부문에 집중되어 있다. 예방과 관리를 위한 예산도 존재하지만, 진료비에 비하면 미미한 수준이다. 2020년 국민건강보험공단의 건강보험급여비(즉 진료비 지출)는 75조 원 규모인 데 반해, 건강검진사업의 예산은 불과 7,200억 원 정도이다. 담뱃세를 기반으로 2020년에 4조 3,000억 원의 국민건강증진기금이 조성되었으나, 이 중 절반 정도는 국민건강보험 지원금으로 사용되고 실제 건강증진을 위한 사업은 미흡한 편이다. 이처럼 정부가 주도하는 건강 지출의 대부분은 진료비에 집중되어 있는데, 생명 연장에 대한 높은 수요와 경제적 타당성이 반영된 결과이다. 예방 및 건강관리는 가격이 변하면 지출을 쉽게 조정할 수 있지만, 치료는 가격이 올라도 받아야 하고 지출 규모도 크므로 정부 지출에서 진료비가 큰 비중을 차지하는 것은 당연한 일이기도 하다.

보험료와 국고지원금으로 운영되는 국민건강보험은 지난해 75조 원의 진료비를 지출했지만, 국민건강보험이 국민 진료비 전부를 보장하는 것은 아니다. 국민건강보험이 보장하는 진료비를 '급여' 진료비라고 하며, 나머지는 환자 본인이 직접 부담하거나 실손보험과 같은 민영보험을 통해 지급된다. 2020년 진료비 중에서 국민건강보험이 보장하는 비율 즉 건강보험 보장률은 64%이다. 다시 말해 전체 의료비의 3분의 2는 건강보험을 통해, 나머지 3분의 1은 본인 부담과 민영보험을 통해 지출된다.

이렇게 지출된 진료비에 산재보험, 장기요양보험, 자동차책임보험 등을 통해 지출된 의료비까지 모두 합산한 것을 경상의료비라고 부른다. 2019년 기준 한국의 GDP 대비 경상의료비 비중은 8% 정도인데 이는 OECD 회원국 평균인 8.8%와 비슷한 수준이다. 비록 미국(17%), 일본(11.1%), 영국(10.3%)에는 미치지 못하지만 상승 추세는 OECD 회원국 중에서 빠른 편이고, 현재 추이라면 향후 10년 내에 경상의료비 비중이 12% 내외에 이를 것으로 보인다. 따라서 국민 소비의 적잖은 비중을 차지하는 의료비 지출을 효율적으로 관리하면서 국민건강증진을 도모하는 것은 매우 중요한 일이라고 할 수 있다.

국민건강보험공단은 지난 20년간 건강보험 보장 범위를 크게 확대해왔다. 이번 정부는 한발 더 나아가 '병원비 걱정 없는 든든한 나라'를 목표로 2017년부터 '문재인 케어'를 추진하고 있다. 문재인 케어는 MRI, 초음파 등 치료에 필수적인 비급여 항목 3,800여 개를 급여화하는 것을 주요 내용으로 하며, 그 밖에도 취약계층 의료비 부담 완화와 재난적 의료지원사업 등을 포함한다. 이를 통해 2000년대부터 60%대 초반에 정체해 있는 건강보험 보장률을 70%까지 높이는 것을 목표로 삼았다.

2017년 문재인 케어 출범 시 소요 재정은 2023년까지 누계 약 40조 원을 예상했으나, 2019년 제1차 국민건강보험종합계획에서 일차의료 강화, 적정수가 보상 등 추가 정책이 발표되면서 예산은 누계 46조 원으로 증가했다. 2017년 기준 건강보험재정은 약 21조 원의 누적수지 흑자를 유지하고 있었는데, 문재인 케어를 적극적으로 시행하고 보험료 인상폭을 최대한 억제하더라도 2023년까지는 누적수지 흑자가 11조 원으로 유지될 것으로 전망했다. 하지만 정부 전망치와 달리 전문가들과 국회예산정책처 등은 문재인 케어로 본인 부담이 완화됨에 따라 예상보다 더 많은 의료 이용을 초래해 건강보험 재정 누적수지가 훨씬 빠르게 줄어들 것이라는 전망을 잇달아 내놓았다.[3] 특히 정부가 실천 가능한 범위 내에서 건강보험료를 올리거나 국고지원금 규모를 늘리더라도 누적수지는 2025년 전후에 적자로 전환될 것으로 예상했다.

문재인 케어가 본격화된 2018년부터 2020년까지 건강보험 재정 당기순이익 추이를 보면, 2018년 3조 9,000억 원 적자, 2019년 3조 6,000억 원 적자였다가 2020년에는 1조 6,000억 원의 흑자를 기록했다. 2019년 4월에 발표한 제1차 국민건강보험종합계획에서 2018년 1,778억 원 적자, 2019년 3조 1,636억 원 적자, 2020년 2조 7,275억 원 적자를 예상했던 것과 비교하면, 소요 재정 총액은 아직까지는 정부 예상에서 크게 벗어나지 않음을 확인할 수 있다. 2020년에는 코로나로 인해 당기순이익 흑자를 기록하기도 했으나, 앞선 연구들에 따르면 건강보험 누적수지의 감소는 2022~2023년부터 빠르게 진행될 것으로 예상되기 때문에 건강보험 재정의 지속가능성 문제는 앞으로가 더욱 중요해질 전망이다.

의료비는 장기적으로 크게 증가할 것이다

건강보험 재정의 지속가능성은 중장기적인 관점에서 살펴봐야 하므로 앞으로 국민의료비를 증가시킬 요인들을 찾아 관리하는 노력이 필요하다. 가장 중요한 요인은 인구 고령화이다. 나이가 들면 건강이 나빠지고 만성질환 유병률이 높아지면서 의료서비스 이용과 의료비 지출이 증가하게 된다. 따라서 고령인구가 많아지면 국가 전체 의료비가 증가하기 마련이다.

---

3   국회예산정책처, "2019~2018년 8대 사회보험 재정전망", 2019; 홍석철, "문재인 케어, 지속가능한가?", 2019년 보건경제정책학회 추계학술대회 발표 자료, 2019.

한국의 고령화는 매우 빠르게 진행되고 있는데, 65세 이상 인구 비중이 2020년 15.7%에서 2025년에 20%를 넘어서면서 초고령사회로 진입할 전망이다. 건강보험 급여 의료비 지출은 2010년 34조 원에서 2019년 68조 원으로 지난 10년간 2배가량 증가했다. 이를 고령인구 증가, 의료수가와 물가상승 등의 요인으로 분해해보면, 고령화는 2010~2019년 건강보험 의료비 지출 증가의 약 3분의 1을 설명하는 것으로 추정된다.[4] 앞으로 고령화가 심화되면 다른 요인들의 변화가 없더라도 의료비 증가는 불가피하다. 더 나아가 지금처럼 저출생 문제가 지속되면 고령화에 따른 의료비 문제는 더욱 커지게 된다. 보험료 지불 능력이 낮은 고령인구가 많아질수록 젊은 층의 보험료 부담이 증가하게 되므로 건강보험의 지속가능성이 의문시될 수 있다. 지금부터 적극적인 의료비 관리 정책이 필요한 이유이다.

우리가 주목해야 할 또 다른 요인은 만성질환 유병률 상승이다. 지역사회건강조사 자료를 분석해보면, 2009~2019년의 10년 동안 고혈압 유병률은 남성에서 51.8%, 여성에서 27.7% 증가했으며, 당뇨 유병률은 남성에서 64%, 여성에서 45.1% 상승했다. 문제는 이런 변화가 고령인구가 증가한 결과일 뿐 아니라, 같은 연령에서도 과거보다 유병률이 높아진 결과라는 점이다. 연령별-연도별 유병률 추이를 보면 50대 이상에서 더 많이 상승했지만, 젊은 층을 포함한 모든 연령에서 지속적인 상승 추세를 볼 수 있다. 이 추이를

---

4   홍석철, "인구고령화와 국민건강 추이", 서울대 금융경제연구원 발표 자료, 2021.

좀 더 분석해보면, 고령인구 증가 이외의 요인에 따른 유병률 상승이 지난 10년간 고혈압과 당뇨 유병률 상승의 50% 이상을 설명한다.[5] 이는 앞으로 고령인구 증가의 영향 이상으로 만성질환 유병률이 높아질 수 있음을 시사한다. 건강보험 의료비 대부분이 만성질환의 진단과 치료에 지출되고 있으므로 만성질환 유병률 상승은 향후 국민의료비 증가의 주된 원인이 될 것이다.

이렇게 만성질환 유병률이 올라가는 이유는 무엇일까? 보통 만성질환은 비전염성질환으로 불리며, 유전적 요인, 사회경제적 요인, 환경적 요인 그리고 잘못된 건강행태에 장기간 노출되면서 발생하게 된다. 이 중에서 건강행태의 변화는 특히 주목해야 할 요인이며, 바로 여기에 정책적 개입이 필요하다. 건강행태란 잘못된 식단, 운동 부족, 과도한 음주, 흡연 등 건강에 영향을 줄 수 있는 행동 습관을 의미한다. 지난 10년간 만성질환을 초래하는 건강행태의 비중이 지속해서 증가하고 있다. 특히 비만율의 변화는 건강행태 악화를 보여주는 대표적인 지표이다. 국제보건기구는 체질량지수가 25 이상이면 비만으로 정의하는데, 이 기준을 적용하면 한국의 20세 이상 성인 비만 인구 비중은 2008~2019년 사이 21.6%에서 34.6%로 크게 상승했다.[6] 그 배경에는 운동 부족, 식습관 악화, 스트레스 등 다양한 건강행태와 환경적인 요인이 복합적으로 작용했을 것이다.

---

5   홍석철, "인구고령화와 국민건강 추이", 서울대 금융경제연구원 발표 자료, 2021.
6   질병관리본부, 〈2008~2019 지역건강통계 한눈에 보기〉, 2020. 체질량지수는 몸무게^{kg}를 키^{m}의 제곱으로 나눈 값이다.

의료적 관점에서 보면, 비만은 당뇨, 고혈압, 고지혈증 등 주요 대사질환의 주된 원인이며, 대사질환이 악화되면 각종 심뇌혈관질환으로 이환되는 것으로 알려져 있다. 대사질환과 심뇌혈관질환은 많은 의료 이용과 높은 의료비 지출을 초래하는 대표적인 만성질환이고, 심뇌혈관질환은 한국의 두 번째 사망 원인이기도 하다. 따라서 급증하는 비만 인구는 가까운 미래에 의료비 부담 증가를 초래할 것이다. 특히 코로나19 대응 과정에서 고강도 사회적 거리두기가 오래 지속됨에 따라 운동 부족, 식습관 악화 등의 문제가 제기되고 있어 앞으로 비만율 변화에 좀 더 관심을 기울일 필요가 있다.

의료서비스의 과도한 이용과 의료인력 공급부족 가능성

의료비 증가율을 예측할 때 또 하나 고려해야 하는 것은 건강보험 보장성이 강화됨에 따라 의료서비스가 필요 이상으로 이용될 가능성이다. 건강보험 보장성 강화가 의료 이용에 미친 영향에 대해 그간 다양한 연구가 진행되었다. 예를 들어, 2006년 정부는 가계 의료비 부담을 줄이기 위해 6세 미만 아동 입원비의 본인 부담 20%를 면제하는 정책을 도입했다. 그 결과 아동 입원율은 기존 추이 대비 8% 상승했고 관련 의료비는 약 10% 증가한 것으로 분석되었다.[7] 이후 정부는 2008년 6세 미만 아동 입원비의 본인 부담률

---

7   김지혜, 〈건강보험 본인부담금 면제 정책 효과성 분석: 6세 미만 아동 입원을 중심으로〉, 《응용경제》 제19권 2호, p.5-39, 2017.

을 다시 10%로 상향 조정했는데, 흥미롭게도 그 영향을 보면 입원율이 내려가지는 않았지만 입원이 필요한 질환 중에서 상대적으로 경증 질환인 급성 호흡기 감염증 아동 환자의 입원당 재원일수와 진료비가 줄어든 것이 관측되었다.[8]

건강보험 보장성이 강화되어 의료비 본인 부담이 줄어들면 의료 이용이 증가하는 것은 개인의 합리적 선택의 결과이다. 만약 높은 의료비 부담으로 적정 의료서비스 이용을 하지 못하다가 보장성이 높아져 필요한 의료서비스를 이용할 수 있다면 국민에게는 큰 혜택일 것이다. 문제는 필요 이상으로 과도하게 의료서비스를 이용해 의료자원이 비효율적으로 남용될 가능성이다. 방금 언급한 연구 사례를 다시 보면, 2006년 아동 입원료 본인 부담을 면제한 이후 입원율이 높아졌으나 의료서비스 이용 성과의 지표라고 할 수 있는 재입원 확률은 정책 시행 전후로 유의한 차이가 없었다는 것이 드러난다. 다시 말해 의료 이용이 증가했지만 유의한 건강 개선 효과는 없었다는 것이다. 그리고 2008년 본인 부담 10% 부과 이후 급성 호흡기 감염에 따른 입원당 재원일수는 줄었지만 아동암 관련 입원당 재원일수는 줄어들지 않았음이 확인되는데, 이로부터 상대적으로 입원이 덜 필수적인 질환자의 경우 가격 변화에 좀 더 민감하다는 것을 알 수 있다.

8　박혜정, 〈6세 미만 아동의 입원 본인부담금 면제 후 10% 부과가 의료이용량에 미치는 영향: 급성 호흡기 감염증 및 암 상병을 대상으로〉, 연세대학교 석사학위 논문, 2010.

건강보험 보장성이 확대되는 과정을 보면 처음에는 필수적인 의료서비스를 중심으로 보장 정책을 도입하다가 점차 고가의 의료 그리고 상대적으로 효과성이 낮은 의료로 보장성이 확대된다. 따라서 보장성 강화 정책이 일정 수준을 넘어서면 보장성 강화에 따른 미충족 의료 해소로부터 얻는 편익보다, 불필요하면서 효과성도 낮은 의료 이용에 지출되는 비용이 더 커질 가능성이 있다. 예를 들어 기존에 본인 부담 비중이 컸던 고가의 의료서비스에 대해 본인 부담을 면제하면 조금만 문제가 있어도 해당 서비스를 이용하려는 수요가 늘어날 수도 있기 때문이다.

건강보험 보장성 강화 정책은 의료서비스 공급자에게도 영향을 준다. 환자의 본인 부담이 줄어들면 의료 이용이 많아져 병원 입장에서는 매출이 늘어날 수도 있다. 이때 늘어나는 병원의 매출은 건강보험이 보장하는 급여 항목의 매출이다. 그런데 병원의 수입에서 급여 항목뿐만 아니라 건강보험 보장 범위 밖에 있는 비급여 의료서비스 항목의 수입 비중도 적지 않다. 필수 의료서비스로 구성된 급여 항목은 건강보험공단, 의료계, 시민단체가 협의하여 가격을 정하지만 비급여 항목은 고가 의료서비스가 많고 가격 결정이 상대적으로 자의적이거나 시장 수요-공급에 의해 결정된다.

그런데 문재인 케어의 주요 정책으로 3,800여 개의 기존 비급여 항목을 급여화하는 과정에서 표준화되어 있지 않던 비급여 의료서비스 가격이 표준화되면서 의료 이용이 늘어도 병원 매출은 오히려 줄어들 가능성이 생겼다. 따라서 떨어진 수익을 만회하기 위해 새로운 비급여 항목의 의료서비스를 만들어 환자들을 유인하든가 또는 환자의 의료 이용을 더 권하는 유인수요를 초래할 가능성이 존재한다. 문재인 케어를 시작할 때 정부는 건강보험 보장률을 70%까지 높이겠다는 목표를 내세웠다. 하지만 2017년 이후 보장률은 60%대 초반에서 벗어나지 못하는 실정이다. 보장 범위가 확대된 것은 사실이지만, 동시에 비급여 지출이 크게 증가하면서 보장률이 제자리걸음을 해온 것이다.

도덕적 해이와 유인수요는 의료 이용과 의료비를 증가시키는 데 그치지 않고 의료서비스 시장의 비효율성을 초래한다. 의료비가 증가하면 결국에는 보험료를 높이는 결과를 초래할 것이고, 의료 이용이 증가하는 상황에서 공급이 제한적이면 환자의 대기시간은 늘고 진료시간은 줄어들게 된다. 건강보험 보장성 강화의 본래 취지는 의료비 부담을 줄이고 의료서비스의 질을 높이기 위함이지만, 반대로 부담이 늘고 의료의 질이 감소하는 모순적인 결과가 발생할 수 있다. 심지어는 의료 이용과 의료비 지출이 늘어났지만, 건강증진으로 이어지지 않을 수도 있다. 물론 보장성 강화 정책 자체가 잘못이라는 것은 아니다. 미충족 의료가 해소되면서 국민의 편익이 증가하는 범위 내에서는 보장성 확대가 적극적으로 이루어져야 한다. 그러나 적정한 수준을 넘어서면 편익보다는 의료자원이 비효율적으로 활용되는 사회적 비용이 더 커질 수 있으므로 경계할 필요가 있다는 것이다.

마지막으로 의료서비스의 수요가 빠르게 증가하는 가운데 의료인력의 공급이 충분히 따라가지 못해 초과 수요가 커지면, 의사 업무량 증가와 대기시간 증가로 의료서비스의 질이 낮아지고 가격이 증가해 건강보험재정의 부담 요인이 될 수 있다. 최근 연구에 따르면, 고령인구가 증가함에 따라 우리 국민의 연간 총 내원일수는 2017년 10.08억 일에서 비례적으로 증가하여 2065년에는 20.99억 일로 약 2배가 될 것으로 예상된다. 이에 반해 의료서비스 공급의 주축인 활동의사의 수는 2017년 10만 명에서 2040년 전후에 12만 명 수준으로 증가했다가 그 이후엔 정체하거나 감소할 것으로 전망된다. 이 전망치는 매년 3,000명 정도를 선발하는 의대 정원과 3,100명 전후로 선발하는 의사국가시험 합격자 수가 유지된다는 가정을 두고 추정한 결과이다.

문제는 의료 이용은 빠르게 증가하는데 의사 수가 정체되면 의사 1인당 업무량이 늘어나고 결국 의료서비스의 질적 수준이 떨어질 수 있다는 점이다. 위 예상치를 적용해보면 2015년 의사 1인당 내원일수 수준의 의사 업무량을 유지하기 위해서는 10년 후에는 약 1만 명의 활동 의사가 추가로 필요하다는 결론에 이른다. 비슷한 맥락에서 지난해 정부는 2030년까지 의사 인력이 예상되는 추이보다 7,500명 더 필요하다는 분석 결과를 발표한 바 있다.

게다가 위 추정 결과는 실제 의사 부족 문제를 과소 추정할 가능성이 있다. 앞서 살펴본 것처럼 사람들의 건강행태 변화, 그에 따른 만성질환 유병률 증가 그리고 보장성 강화에 따른 의료 이용 증가 등이 복합적으로 작용하면 고령화에 따른 영향 이상으로 의료 수요가 크게 증가할 가능성이 있다. 만약 의사 인력 공급 증가가 이루어지지 않으면, 업무량이 늘어 의료서비스의 질적 하락이 예상되며 결국에는 공급 부족에 따라 의료비용이 증가할 수도 있다.

지난해 정부는 미래 의사 인력 부족을 이유로 의대정원 확대, 공공의대 신설 등의 정책을 내세웠지만 의료계의 반발에 부딪쳐 무산된 바 있다. 의료계는 연도별 활동 의사 공급이 의료수요를 초과할 가능성이 크며 결과적으로 2030년에 5,900여 명의 의사 수 공급과잉이 발생할 것이라는 매우 상반된 결과를 근거로 내놓았다. 어떤 추계가 타당한지 객관적이고 과학적인 검증이 시급히 필요하다. 의사 양성에는 적잖은 시간이 필요하고 신규로 의대 입학 정원을 늘리기 위해서는 추가적인 교육 인프라 구축이 요구된다. 따라서 미래 의사 인력이 부족한 것이 확실하다면 의료인력 확충을 미루어서는 안 될 것이다.

건강보험 수입을 늘리는 데에는 한계가 있다

빠른 속도로 취약해져 가는 건강보험재정의 지속가능성을 확보하기 위한 여러 방안을 생각해볼 수 있다. 이 중 상대적으로 쉬운 방법은 의료비 지출 증가에 맞춰 건강보험 수입을 늘리는 방안이다. 2021년 건강보험재정 수입예산은 약 79조 원이며, 수입예산의 81.3%인 66조 원은 보험료 수입, 12.6%는 정부지원금, 나머지 6.1%는 사업 외 수익과 이월잉여금으로 구성된다. 보험료는 월보

수액에 보험료율을 적용하여 결정되며, 직장가입자의 경우 결정된 보험료의 50%를 사업주가 지불한다. 직장가입자의 건강보험 보험료율은 2020년 6.67%에서 2021년 6.86%로 전년 대비 소폭 상승했다. 보험료율의 법정 상한은 8%로 정해져 있으며, 현재 추이라면 2025년 이후에는 법정 상한에 도달할 전망이다. 비슷한 시기에 건강보험 누적수지가 적자로 전환될 가능성이 있으나 현 보험료 체계로는 이를 충당할 만한 여력이 충분치 않다.

앞으로 빠르게 증가할 의료비 지출에 대응하려면 보험료율의 지속적 인상이 불가피하다. 머지않아 보험료율 법정 상한을 8% 이상으로 높이는 것이 사회적 이슈가 될 것이 분명하다. 하지만 보험료 인상에 대한 국민의 인식은 부정적이다. 건강보험공단 건강보험연구원의 〈2019년 건강보험제도 국민 인식조사〉에 따르면, 국민들이 원하는 건강보험 보장률은 현재 수준보다 10% 높았지만 이를 위해 보험료를 더 부담하겠다고 답한 비율은 낮았다. 보장률을 10% 높이기 위해서는 국민 1인당 연평균 20만 원 정도의 추가 재원이 필요하지만 그 정도 보험료를 추가 부담하겠다고 답한 비율은 20%가 되지 않았으며, 심지어는 전혀 부담할 의향이 없다고 답한 비율도 22.9%에 달했다.

보험료 인상은 사회보험 방식인 건강보험 체계의 근본적인 구조 때문에 더 어렵다. 우리나라의 건강보험은 1년 단위 회계연도를 기준으로 수입과 지출을 예정하고 보험료를 징수하는 전형적인 '페이고 부과방식pay-as-you-go'에 기반을 두고 있다. 이 경우 상대적으로 건강한 생산가능인구가 주요 보험료 납부 집단이고, 보험 혜택은 상대적으로 덜 건강한 고령층에게 더 돌아가게 된다. 일반적인 민간보험시장에서는 지속되기 힘든 구조이나 건강보험이 사회보장제도로 설계되었기에 가능한 구조이다. 이런 상황에서 인구 고령화 등으로 의료 지출이 크게 늘면 생산가능인구가 부담해야 하는 보험료가 늘어나는 문제가 발생한다. 시간이 지날수록 건강한 젊은 층에게 보험료 인상을 설득하기가 쉽지 않을 것이다. 정부는 일정액 이상의 자산을 가진 고령자에게도 보험료를 부과하고 있으나 자산만 있고 소득이 없는 고령층의 불만도 적지 않다. 결국 여러 상황을 고려할 때, 보험료 인상을 통해 건강보험재정의 지속가능성을 확보하는 것은 한계가 있다고 판단된다.

건강보험 수입을 높이는 다른 방안은 정부지원금을 늘리는 것이다. 국민건강보험법은 보험료 예상수입의 20%까지 정부가 지원할 수 있도록 규정하고 있다. 그리고 정부지원금은 크게 국고지원금과 담뱃세로 조성된 건강증진기금으로 충당되어 왔다. 2021년의 경우, 건강보험 정부지원금 예산은 10조 원 정도이며 이 중 76%는 국고지원금, 19%는 건강증진기금 기여분이다.[9] 하지만 정부지원금은 지난 15년간 법정 상한에 맞춰 지급되지 않았다. 지금까지는 건강보험재정이 상대적으로 안정적이었기 때문에 국고지

---

9   정부지원금에는 농어촌경감전입금과 차상위지원금도 포함되며, 정부지원금 총액 대비 5% 수준이다.

원금 수요가 크지 않았지만 앞으로는 정부 지원에 대한 사회적 요구가 커질 것으로 예상된다. 정부지원금 규모는 법으로 규정하고 있어 재정 상황이 어렵게 되면 정부와 국회가 협의해 정부지원금을 늘릴 여지는 충분하다. 상황에 따라서는 법정 한도를 개정할 가능성도 있다고 본다.

하지만 정부지원금이 높아지면 건강보험은 현재의 사회보험 방식에서 조세 기반의 국가보건서비스 방식으로 좀 더 이동하게 될 것이며 그렇게 되면 그 기능과 역할에도 변화가 예상된다. 다시 말해, '보험'으로서의 역할보다는 '사회보장'의 역할이 더 커지게 된다는 것이다. 현재의 사회보험 방식에서는 건강보험 재정에서 국민들이 지불하는 보험료 비중이 크기 때문에 이를 효율적으로 관리해야 한다는 사회적 압력이 강하지만, 국가보건서비스 방식에서는 보험료 부담이 낮아 도덕적 해이 등의 문제가 더 커지고 의료비의 효율적 관리에 대한 수요가 낮아질 가능성이 크다.

의료 이용과 의료비 지출을 억제하는 것이 더 중요하다

건강보험 수입 확대보다 더 현실성 있고 사회적으로도 의미가 있는 지속가능성 확보 방안은 의료 이용과 의료비 지출을 억제해 건강보험 지출을 효율화하는 것이다. 최근 연구에 따르면, 한국인 질병부담의 85%는 비전염성질환 즉 만성질환에 기인한다.[10] 건강보험 지출의 상당 부분이 만성질환의 진단과 치료에 쓰이는 이유이다. 따라서 만성질환 유병률을 낮추거나 발병 시점을 늦추면 의료 이용과 의료비 지출을 억제하고 건강보험 지출을 크게 절감할 수 있다.

만성질환의 사전 관리는 다양한 방법으로 실천할 수 있다. 유병자들의 관리를 통해 합병증이나 위중증 질환으로 이환되지 않게 하는 방안이 있고, 고위험군의 사전 건강관리를 통해 만성질환을 예방하는 방안도 있다. 전자는 지금까지의 방식이며, 후자는 시급히 대책 마련이 필요한 정책이다. 좀 더 확대하자면, 상대적으로 건강 상태가 좋은 젊은 층에 대해 건강관리 정보를 제공하고 교육하는 것도 넓은 의미에서는 만성질환의 사전 관리 정책이 될 것이다.

사전 건강관리의 의료적 효과는 잘 알려져 있다. 대표적인 연구는 1996년 추진된 미국 국립보건원의 당뇨예방 프로그램 임상시험이다. 이 사업에서는 당뇨 위험군을 대상으로 24주 동안 식단 조절과 운동 교육 등 집중적인 생활습관 개선 프로그램을 제공하고, 프로그램 참여자의 당뇨 유병률 변화를 이후 12년에 걸쳐 추적했다. 추적 결과에 따르면, 프로그램에 참여한 실험군은 그렇지 않은 대조군에 비해 프로그램 종료 후 12년이 지난 시점에서도 당뇨 유병률이 27% 낮게 관측되었다.[10] 당뇨예방 프로그램은 사전적 건강관리의 한 사례일 뿐이다. 현대 사회는 비만, 스트레스, 수면장애

---

10 Diabetes Prevention Program Research Group, "Long-term Effects of Lifestyle Intervention or Metformin on Diabetes Development and Microvascular Complications over 15-year Follow-up: the Diabetes Prevention Program Outcomes Study," *Lancet Diabetes Endocrinol* 3: 866-875 (2015).

등 건강을 위협하는 다양한 위험요인으로 둘러싸여 있다. 이런 위험요인에 대한 적절한 사전 관리를 통해 미래의 만성질환을 줄이고 의료비를 절감하고, 무엇보다 국민건강증진을 도모할 수 있다면 이보다 의미 있는 투자는 없을 것이다.

한편 사전적 건강관리도 비용이 들기 때문에 비용-효과성을 따져보지 않을 수 없다. 결론부터 이야기하면, 사전적 건강관리는 경제적으로 효율적인 정책이다. 건강관리를 통해 만성질환 발병을 예방하거나 지연할 수 있다면 의료비를 상당히 절감할 수 있으며, 그 크기는 건강관리에 소요될 비용보다 작을 것이다. 필자의 시뮬레이션 분석에 따르면, 당뇨 위험군을 사전적으로 관리하는 프로그램을 도입할 경우 향후 30년 동안 발생할 의료비 절감과 생산성 증가의 편익이 위험군 관리에 소요될 비용보다 2.4배 높을 것으로 예측되었다.[11] 여기에 건강관리에 따른 국민 삶의 질 개선까지 고려하면 이런 프로그램의 타당성은 더욱 높아질 것이다. 한 가지 염두에 두어야 할 것은, 사전 건강관리는 단기적인 효과보다는 중장기적인 효과가 크다는 점이다. 만성질환은 위험요인에 오랫동안 노출되어 발생하는 것인 만큼 위험요인에 대한 관리 효과 역시 점진적으로 발생할 것이다. 따라서 사전적 건강관리 정책의 도입은 장기적인 안목을 가지고 추진할 필요가 있다.

일부에서는 사전적 건강관리가 건강보험의 역할인지에 대해 의

---

11   홍석철, "건강관리서비스 도입의 사회경제적 효과", 보험연구원, 2018.

문을 제기하기도 한다. 정부가 조세를 기반으로 추진해야 하는 건강정책이라는 주장도 있다. 그런데도 국민건강보험이 국민의 건강관리에 적극 나서야 하는 것은 외부효과가 크기 때문이다. 특정 보험가입자의 만성질환 사전 관리를 통해 유병률을 낮추고 의료비를 줄일 수 있다면 모든 보험가입자의 보험료를 낮추는 외부효과가 발생한다. 예방 가능성을 높이는 건강정책은 의료자원의 효율적 활용을 이끌어 국민에게 양질의 의료서비스를 제공할 수 있다. 더 나아가 만성질환의 위험요인인 건강행태의 관리는 '위험관리'라는 보험의 본질적인 역할에 가깝다.

고위험군 또는 건강군에 대한 사전 건강관리는 현재의 치료 중심 건강보험 정책 아래에서는 실천하기가 쉽지 않다. 건강보험이 보장하는 의료서비스 대부분이 진단, 치료, 처방이다 보니 개인은 건강관리의 유인이 낮고, 발병 후 치료를 받는 것을 선택할 유인이 높다. 의료기관도 건강관리 관련 의료수가 항목이 미흡한 상황에서 사전적인 건강관리에 힘쓸 유인이 부족하다. 물론 그동안 건강보험공단이 주축이 되어 다양한 건강증진사업을 추진해왔으며 건강생활실천 지원금 시범사업도 도입할 예정이다.[12] 그러나 기존 정책의 규모와 효과는 제한적이므로 앞으로 좀 더 적극적이고 정교한 정책 추진이 요구된다. 또한 건강관리 관련 서비스에도 보험 적용을 확대해 의료시장에서 건강관리를 유도하는 정책 추진도

---

12 "고혈압·당뇨 관리 잘하면 돈 준다… 연 최대 5~6만 원 인센티브" (〈중앙일보〉, 2021.6.4.)

필요해 보인다.

건강관리 못지않게 필요한 지출 효율화 방안은 적정 의료 이용을 유도하는 정책이다. 우선 수요자의 적정 의료 이용을 유도하기 위해 본인 부담 조정이 필요하다. 문재인 케어 출범 이후 다수의 비급여 항목이 급여화되면서 일부 의료서비스에 대한 과도한 의료 이용 증가가 관측되었다. 예를 들어, 보장성 강화 이후 뇌·뇌혈관 MRI 지출이 171% 증가하면서 본인 부담률을 30~60% 수준에서 80%로 상향 조정해야 했다.[13] 보장성 강화로 의료비 지출이 늘어난 것이 미충족 의료의 해소 때문인지 과도한 의료 이용 때문인지를 명확히 구별하고 과다지출 정도를 추산하기는 쉽지 않다. 그렇지만 지금까지 축적된 의료 이용 및 의료비 지출 자료를 적극적으로 활용하면 과도한 의료 이용의 정도를 가늠할 수 있을 것이다. 해당 의료서비스의 필요성과 효과성을 분석해, 필수적이고 의료적 효과가 높은 서비스의 본인 부담은 낮추고 그렇지 않은 경우에는 본인 부담을 높이거나 급여 항목에서 제외해 서비스 이용의 효율성을 개선할 필요가 있다.

도덕적 해이 문제는 공급자 측면에서도 자주 논란이 되곤 한다. 의사들이 환자보다 정보 우위에 있으므로 의사에게 금전적 이득을 더 가져다주는 진단과 치료 쪽으로 환자의 의료 이용을 유인할

---

13 "문재인 케어 후 '뇌·뇌혈관 MRI' 최대 171% 증가… 결국 급여 축소"(〈청년의사〉, 2019.12.23.)

가능성이 있기 때문이다. 정부는 의료비 청구 심사와 모니터링을 강화하면서 급여 의료서비스에서는 유인수요를 크게 줄였지만 비급여 부문에서는 현황 파악과 대응책이 구체적으로 논의되지 못하고 있는 실정이다.

이와 관련해 비급여 관리 정책이 시급하다. 건강보험 보장률을 70%까지 끌어올리겠다는 당초 목표에도 불구하고 문재인 케어 이후 보장률이 제자리걸음을 하는 주된 이유는 비급여 서비스 지출이 늘었기 때문이다. 비급여 항목은 의료적 측면에서 필수적이지 않거나 효과 대비 경제성이 충분치 않아 건강보험의 보장을 받지 못하는 의료서비스를 의미한다. 이러한 특성 때문에 비급여 서비스와 의료기술은 가격이 높은 경우가 많다. 이런 서비스를 제공하고 이용하는 것의 적절성을 논의하기는 어려운 일이다. 비급여 서비스도 의료적 효과가 있으며 소비자의 선택권을 넓혀주기 때문이다. 그렇지만 유사한 비급여 서비스의 가격이 병원마다 차이가 크고 효과성 대비 가격 결정 과정이 투명하지 못한 것은 의료서비스 시장의 효율성을 저해하는 요인이다. 효율성을 높이려면 신규 비급여 서비스의 효능에 대한 검증, 가격의 적정성에 대한 평가 그리고 비급여 서비스의 가격 공개와 표준화가 중요하다. 건강보험심사평가원은 비급여 진료비용 공개 제도를 운영하고 있는데, 공개 범위를 더 확대하고 의료정보와 연계를 통해 효과성과 가격 적정성에 대한 사후 검증 체계를 구축해야 한다.

진료비 지불제도의 개선도 고려해야 한다. 현재 우리나라의 진료비 지불제도는 행위별 수가제에 기초를 두고 있다. 의료인이 제공하는 개별 진료행위마다 가격을 책정하고 진료비를 지불하는 방식이다. 행위별 수가제는 필요한 의료서비스를 자유롭게 활용할 수 있다는 장점이 있으나, 과다한 의료비 지출을 초래하는 단점을 갖는다. 이를 보완하는 방식으로 특정 질환의 진단부터 치료까지 포괄해 가격을 정하고 진료비를 지불하는 포괄수가제 그리고 주민 수에 일정 금액을 곱해 진료비를 지불하고 그 범위 내에서 의료서비스가 제공되게 하는 인두제 같은 방식이 존재한다. 후자로 갈수록 비용 제약이 커져 원하는 만큼 양질의 의료서비스를 이용하기 어렵다는 우려가 있지만, 의료비를 통제하는 수단으로 여러 나라에서 채택하고 있다. 한국에서도 2013년부터 포괄수가제를 시범적으로 도입해 현재 백내장수술, 맹장수술 등 7개 질병군을 대상으로 실시하고 있다. 앞으로 포괄수가제의 성과를 기반으로 질병군의 범위를 확대하는 노력이 필요하며, 더 나아가 의료비 관리 효과가 높은 진료비 지불제도의 시범적 도입도 고려해야 한다.

성공적인 건강관리 정책을 위한 조건

코로나19의 경험은 건강정책에 관해 여러 중요한 교훈을 던져 주었다. 가장 중요한 교훈은 예방과 관리의 중요성이다. 무관심과 무방비 상태에서 갑작스럽게 감염병이 발발하면서 막대한 인적·물적 피해를 입었고, 그제야 예방과 관리의 중요성을 깨닫게 되었다.

만성질환의 관리도 감염병의 경우와 다르지 않다. 평소 건강관리를 소홀히 하면 본인도 인지하지 못한 채 만성질환에 걸리게 되고 이후 만만치 않은 의료비용과 삶의 질 저하를 경험하게 된다. 코로나19는 건강정책의 방향을 치료cure에서 관리care로 크게 바꾸는 계기가 되었다고 해도 과언이 아니다. 하지만 그러한 이행 과정에는 많은 난관이 예상된다. 성공적인 패러다임 전환을 위해 필요한 조건은 무엇일까?

우선 건강정책의 방향을 장기적 관점에서 정립해야 한다. 건강관리의 효과는 시차를 두고 장기적으로 발생하므로 단기적인 관점에서 보면 국가나 개인이나 건강관리 투자의 유인이 낮을 수밖에 없다. 또한 좀 더 광범위한 건강정책의 성과 예측과 평가가 필요하다. 건강증진은 단지 유병률과 의료비 감소에서만 발생하는 것이 아니다. 삶의 질이 개선되고 생산성이 높아지는 편익의 경제적 가치는 의료비 절감 편익 이상이다. 하지만 건강증진의 편익은 건강과 삶의 질 개선 등 대부분이 비정형적인 것이어서 의사결정의 근거에 필요한 정량화 작업이 쉽지 않다. 비정형적인 편익의 누락은 효율적 의사결정을 가로막는 요인이다. 앞으로 건강관리와 건강증진에 대한 정부와 개인의 관심과 투자를 이끌기 위해서는 건강증진 편익의 다양성과 가치의 정량화가 중요하다.

국민의 건강 위험에 대한 평가와 알림 역시 중요한 조건이다. 현재의 건강생활 실천 수준을 파악해서 예측되는 건강위험을 알리고 이를 예방하는 데 필요한 관리 방법과 정보를 전달하는 정책 개발이 필요하다. 특히 개인이 적절한 건강관리를 제대로 실천할 수 있도록 돕고 유인하는 정책이 뒷받침되어야 한다. 한국은 다른 선진국에 비해 국가건강검진 시스템이 잘 구축되어 있다. 현재 건강보험 가입자들은 1~2년마다 국가검진을 받을 수 있다. 국가건강검진은 주요 만성질환의 조기 진단을 목표로 하지만 사전 건강관리에 필요한 건강 정보 수집, 평가하는 수단으로도 활용할 수 있을 것이다.

또한 건강관리 정책을 설계할 때 행태경제학 지식을 접목할 필요가 있다. 건강관리의 중요성에 비해 개인의 건강관리 실천율은 낮은 것이 현실이다. 최근 조사에 따르면, 운동과 식단과 관련한 건강생활 실천의 중요성을 인지하는 성인의 비율은 95%로 높지만 이를 실천하는 비율은 61%에 불과하다.[14] 이렇게 인지와 실천의 격차가 발생하는 이유는 건강관리의 비용과 편익에 대한 개인의 인식 차이 때문이다. 건강관리에는 금전적인 비용뿐만 아니라 시간비용과 기회비용 등 다양한 형태의 비용이 들어가며, 그 대부분은 건강관리가 진행되는 시점에 발생한다. 반면에 건강관리의 편익은 시차를 두고 몇 개월 또는 몇 년에 걸쳐 발생한다. 건강관리 실천 여부를 결정해야 하는 개인은 현재의 비용과 미래의 편익을 비교할 때 현재 비용을 미래 편익보다 더 중시하는 경향이 있는데, 이를 '현재 편향 선호'라고 한다. 이런 선호를 가지면 건강관리

---

14   "건강, 환경 중요성 인식은 95%… 실천율은 61%", 《중앙일보》, 2018.7.27.)

에 소홀할 가능성이 높다.

　행태경제학은 기존 경제학 이론이 설명하지 못하는 개인의 비합리적 행동과 선택을 연구하는 분야이다. 행태경제학의 많은 응용은 건강 분야에서 이루어져 왔다. 건강에 영향을 주는 다양한 선택에서 개인의 행동이 합리적이지 않기 때문이다. 흡연이 심각한 건강 문제를 야기하는 것을 알면서도 금연을 실행하지 못하는 것이 그 전형적인 사례이다. 행태경제학은 개인의 합리적 선택을 바람직한 방향으로 유도하기 위한 다양한 방식의 '넛지'를 연구하고 현실 정책에 적용해왔다.[15] 앞으로 건강관리가 중요한 사회적 화두로 떠오른다면, 행태경제학의 다양한 사례와 이론을 참고하고 국내 상황에 맞는 실험을 수행하면서 정책 개발에 나서야 할 것이다.

　한편 건강 빅데이터의 적극적인 활용도 중요하다. 건강보험공단과 건강보험심사평가원은 진료비 청구와 심사 목적으로 건강보험 가입자인 전 국민의 검진, 진료, 처치, 처방 기록을 보유하고 있다. 전 세계적으로 찾아보기 힘든 건강 빅데이터이다. 앞으로 이런 좋은 자료를, 더 효율적인 건강보험 정책을 설계하고 의료비를 절감할 수 있는 의료기술 개발에 활용한다면 결국 그 혜택은 국민에게 돌아갈 것이다. 그뿐 아니라 앞서 논의한 건강위험 평가 그리고 건강관리의 행태경제학적 설계를 위해서도 건강 빅데이터를 적극

15　넛지nudge는 '팔꿈치로 슬쩍 찌르다'는 뜻을 가지며, 행태경제학에서는 개인의 선택을 유도하는 부드러운 개입을 의미한다.

활용할 필요가 있다. 기존 자료에 걷기와 활동 등 다양한 라이프로 그life log(개인의 일상에 대한 기록) 자료까지 연동할 수 있다면 정보 활용의 가치는 더욱 커질 것이다.

끝으로 스마트 기기 등 혁신 기술을 건강관리 정책에 적극적으로 활용해야 한다. 일상생활에서 건강상태를 점검해 만성질환 관리와 치료에 효과적으로 활용할 수 있는 다양한 앱과 스마트 기기들이 속속 출시되고 있다. 과거보다 편의성과 정확성이 개선되었고, 기술혁신이 빠르게 진행되면서 스마트 기기의 가격 대비 편익은 점점 커지고 있다.

비대면 의료 역시 건강관리 정책에 적용될 수 있는 대표적인 혁신 기술이다. 코로나19 대응 과정에서 비대면 의료의 효과성은 잘 검증되었기 때문에 더는 규제의 족쇄에 묶어둘 이유가 없다. 이해집단의 반발이 적고 제도적으로 가능한 범위에서 비대면 의료를 시급히 도입하고 단계적으로 확대할 필요가 있다. 원격 모니터링이 그 첫걸음이 될 수 있다. 스마트 기기와 원격 기술을 활용해 환자 상태를 실시간으로 모니터링할 수 있다면 의료서비스 이용의 편의성과 환자 관리의 효율성은 지금보다 높아질 것이다. 나아가 단순한 진료서비스까지 원격으로 수행한다면 거동이 불편하거나 시간적 여유가 없는 환자들의 의료 접근성을 높여 국민 편익을 더욱 제고할 수 있게 될 것이다.

3부   청년에게

길을

보여주자

4차 산업혁명 시대 인적자본 혁신의 핵심은 평생 능력개발이다.

지금처럼 중소 학원들을 통한 중저숙련 분야 직업훈련으로는 턱없이 부족하다.
대학을 적극적으로 활용해 고숙련의 능력개발 시스템을 구축해야 한다.

대학이 다양한 비전통적 교육 방식을 활용해 평생 능력개발에 참여하도록 학사
제도를 정비해야 한다.

교육부의 고등교육·평생교육 기능과 고용부의 직업훈련 기능을 통합하는 정
부 부처 하나를 새로 만들자.

6장 　머신러닝 시대의 휴먼러닝

강창희(중앙대학교 경제학부 교수)

이세돌과 알파고

2016년 3월 9일 전 세계의 이목이 서울에 집중됐다. 서울의 한 호텔에서 '이세돌 대 알파고'의 바둑 대국이 시작되는 날이었기 때문이다. 인간이 창조한 기계는 인간의 육체노동을 대체하기 시작한 지 이미 오래다. 기계는 이제 인간의 정신노동까지도 대체하는 것인가? 이런 질문이 전 세계의 이목을 서울에 집중시켰다.

인류의 희망이었던 이세돌은 기계에게 내리 세 판을 졌다. 고도의 지적·정신적 능력이 있어야 가능할 것이라고 믿어왔던 바둑 대국에서 기계는 인류의 대표를 압도했다. 이세돌의 능력은 꿈도 꾸지 못하는 보통의 인간들에게, 이세돌의 패배는 공포감을 주기에 충분했다. 이세돌마저 이기는 기계와 비교할 때 우리의 존재는 얼마나 미약한가! 이제 우리는 기계에게 모든 것을 내어주고 영화

〈매트릭스〉의 인간들처럼 기계의 부속물로 전락하는 것인가! 제4국은 이세돌이 이겼다는 사실이 우리에게는 전혀 위로가 되지 않는다. 알파고와 같이 인공지능으로 무장한 기계와 가장 오래 함께 살아가야 할 청년들에게는 더욱 불안하고 막막한 미래다.

4차 산업혁명은 기계와 인간 사이의 경주

컴퓨터, IT, 인공지능 기술의 발달로 기계가 인간의 육체노동뿐만 아니라 정신노동을 대체하는 시대가 도래했다. 엄청난 양의 정보를 엄청난 속도로 정리하고 정보의 일정한 패턴을 포착해 미래를 예측하는 인공지능과 딥러닝 기술은 인간의 지적 능력을 능가한 지 오래다. 이세돌을 이긴 알파고가 보여준 눈부신 지적 능력은 비단 바둑에만 국한되지 않는다. 인간이 행하는 거의 모든 정신적 활동 영역에서 기계는 조만간 인간의 능력을 능가할 것이다. 그럼 이제 인간은 기계와의 경주에서 낙오되는 것인가?

경제학자 대런 애쓰모글루Daron Acemoglu와 파슈얼 레스트레포Pascual Restrepo는 최근 한 논문에서 기계의 발달과 그에 대한 인간의 대응을 "인간과 기계 사이의 경주The Race between Man and Machine"라고 표현했다.[1] 18세기 1차 산업혁명 때부터 기계는 끊임없는 진보를 거듭하며 앞으로 달려나가고 있고, 인간은 그런 기계를 따라잡기 위해 허

---

1   Acemoglu and Restrepo, "The Race between Man and Machine: Implications of Technology for Growth, Factor Shares, and Employment" *American Economic Review*, Vol. 108, No. 6, pp. 1488–1542 (2018).

겁지겁 달리고 있는 듯하다. 이제 기계의 달리는 속도가 이전에 비해 훨씬 빨라지고, 달리는 방향 또한 인간의 고유한 영역으로까지 확대된다면 인간은 그 경주에 어떻게 임해야 하는가?

19세기 초반 영국에서 일어났던 '기계파괴운동' 러다이트Luddites는 1차 산업혁명 초기에 인간들이 느꼈던 공포감과 기계에 대한 대중의 대응 방식을 적나라하게 보여준다. 기계의 발달에 대한 공포감은 사회제도에도 반영되었다. 19세기 중엽 등장한 자동차가 마차를 대체하기 시작하자, 1865년 영국에서는 자동차 앞에서 마차가 붉은 깃발을 들고 앞서가도록 강제하는 '붉은 깃발법Red Flag Act'이 제정되었다. 돌이켜보면 기계에 대한 이런 원초적인 대응들은 그리 성공적이지 못했고, 기술의 발달에 적절히 적응하지 못한 경제는 잘 적응한 경제에게 패권의 자리를 내놓을 수밖에 없었다.

애쓰모글루와 레스트레포는 현재 진행되고 있는 새로운 유형의 기술발달에도 과거와 동일한 경제원리가 적용된다고 설명한다. 기술과 기계의 발전 속도와 방향에만 주목하면, 기계가 조만간 인간의 육체노동과 정신노동 모두를 대체할 것이라는 전망은 의심의 여지가 없어 보인다. 그러나 이러한 기술결정론적 미래 전망에는 인간의 융통성 있는 대응이 빠져 있다. 인간은 새로운 상황에 적응해 언제나 자신의 선택지를 변경하고 확장해왔다. 생산기술이 달라지고 그에 따라 제약조건이 바뀌고 시장에서 기계와 사람 사이의 상대가격이 변화하면, 우리의 경제적인 선택은 그런 변화를 반영해 달라지게 된다.

자동화된 기계가 인간이 하는 많은 일을 대체하지만, 이것은 동시에 인간 노동의 상대가격도 하락시킨다. 그에 따라 기계에 대한 인간 노동의 비교우위가 회복되고 인간 노동을 사용하는 새로운 업무들이 개발되는 방향으로 경제가 진화해간다고 이 학자들은 설명한다. 자본주의 역사 전체를 놓고 보면, 기술발전의 경제적 효과에 관한 이들의 주장이 크게 틀리지 않았음을 알 수 있다. 18세기 1차 산업혁명 때부터 20세기 후반 3차 산업혁명 때까지 기계는 줄곧 인간 노동을 대체해왔지만 인간의 노동은 여전히 중요한 생산요소로서 활용되고 있다. 그리고 인간이 수행하는 업무는 지난 200년 사이에 엄청나게 다양해졌다. 알파고와 같이 인간의 지적 능력을 능가하는 기계가 출현하더라도 여전히 기술발전의 경제적 효과는 과거와 다르지 않을 것이라고 이들은 주장한다.

　기술발전의 경제적 효과를 기술공학적 관점에서만 예측하면 인간의 미래는 암울하다. 그러나 기술발전이 유발하는 경제적 제약 조건의 변화와 그에 대한 인간의 대응까지를 고려하는 경제학적 접근법은 기계와의 경주에서 우리가 현명하게 적응해 살아가는 방법이 많이 있음을 시사한다. 인간에게 기계는 과도한 두려움의 대상도 낙관적 미래의 창조자도 아니다. 인간에게 기계는 우리의 경제활동과 경제적 선택이 대면하는 수많은 제약 중 하나에 불과하다. 기계에 대한 과도한 두려움을 버리고 중립적인 접근법을 취한다면, 최근의 급속한 기술발전에 대한 인간의 현명한 대응은 러다이트 운동과 같이 기계를 파괴하는 것도 붉은 깃발법과 같이 기계 도입을 제도적으로 막는 것도 아니다. 다른 모든 경제적 제약들에 우리가 대응하는 방식과 마찬가지로, 이 분야에서도 능력이 뛰어난 기계를 인간 업무의 동반자로 잘 길들여 이용하는 것이 가장 현명한 인간적 대응이다.

이세돌을 이길 만큼 지적 능력이 뛰어난 기계가 결국 인간의 원수가 될지 친구가 될지는 우리의 하기 나름이다. 기계가 잘할 수 있는 일은 기계에게 맡기고, 사람이 더 잘할 수 있는 일에 그런 기계를 활용하는 것이 인간이 비교우위를 가지는 현명함이다.

창조적 학습사회

다양한 측면에서 시장경제의 불완전성을 논증하며 시장 맹신주의에 대해 경고해온 노벨경제학상 수상자 조지프 스티글리츠Joseph Stiglitz 교수는 최근 《창조적 학습사회》라는 책을 통해 현대 지식사회에서 국가의 역할에 대한 새로운 접근법을 제시한다. 그에 따르면, 지식은 본질적으로 비경합성non-rivalry과 비배제성non-exclusivity을 갖는 공공재이다. 한 사람이 어떤 지식을 사용할 때 동시에 다른 사람도 동일한 지식을 방해받지 않고 사용할 수 있다는 의미에서 지식은 비경합적이다. 또한 특허와 같은 특별한 제도로 보호받는 특수한 지식이 아닌 한 누구나 무료로 자유롭게 활용할 수 있다는 의미에서 지식은 비배제성을 갖는다. 이런 공공재적 특성들과 더불어 지식은 긍정적인 외부성externality도 창출한다. 우리가 무엇을 생산하고자 할 때 뛰어난 지식과 기술을 가진 다른 사람의 조언과 도움을 받으면 더 좋은 것을 더 많이 생산할 수 있기 때문이다.

경제원론은 공공재와 외부성이 있는 시장에서는 반드시 시장실패가 발생한다고 가르친다. 시장실패가 만연한 경우 일반적인 해법은 정부의 적절한 개입이다. 스티글리츠는 지식의 생산과 소비에서 시장실패가 발생할 가능성이 높기 때문에 정부는 지식을 생산하고 전수하는 영역에 적절히 개입해 시장실패를 보정해야 한다고 주장한다. 여기서 스티글리츠가 말하는 지식에는 뛰어난 성능을 가진 기계를 만들어내는 과학기술 지식이 당연히 포함된다. 아울러, 스티글리츠가 말하는 지식에는 기계를 능수능란하게 다루는 방법을 아는 인간의 지식과 숙련도 포함된다.

스티글리츠는 정부가 고급 기술과 고성능의 기계를 만드는 혁신 시스템을 구축함으로써 지식의 효율적 생산을 유도할 필요가 있다고 주장한다. 그와 동시에, 그는 그러한 지식을 온전히 활용할 수 있도록 인간의 역량을 개발하는 것도 정부가 해야 할 중요한 일이라고 말한다. 이런 이중의 역할을 담당하면서 학습사회를 창조creating a learning society하기 위해 정부는 교육을 혁신하고, 사회안전망을 구축하며, 법적 제도를 완비하고, 혁신 시스템을 구축해나갈 필요가 있다고 그는 조언한다.

기술이 급속히 발전하고 기계의 고성능화가 빠르게 진행되는 시대에 인간은 앞서 나가는 기계를 따라잡기 위해 지속적인 학습이 필요하다. 스티글리츠는 이런 필요가 4차 산업혁명의 시대에는 더욱더 높아짐을 인식하고, 창조적 학습사회를 구축하기 위해 교육을 혁신해야 한다고 지적한다. 그런데 그가 말하는 교육 혁신은 전통적인 교육제도의 혁신과는 약간 다르다. 그의 주장을 그대로 들어보자.

"첫째는 교육이다. 젊은 사람들에게 창의성과 학습하는 방법을 학습하는 것과 평생학습을 가르치는 것보다 중요한 것은 없다. 우리의 교육제도는 개개인의 인생 초반의 학습 자체에 초점을 맞춘다. 하지만 이보다 더 중요한 것은 직장 교육을 비롯한 제도권 교육 밖에서 발생하는 교육이다. 이런 다른 종류의 교육 사이의 상호보완성을 인정하고 상호 보완적인 제도권 교육과 직장교육 프로그램을 설계하여 이를 바탕으로 전체적인 학습을 극대화하는 것은 창조적 학습 경제 구축의 필수요소이다."[2]

교육 혁신을 제안하는 전통적인 주장들은 초중등학교의 교육방법 혁신, 교사와 학교의 책무성 강화, 대학교육의 질 강화와 같은 공식 교육기관의 혁신을 말한다. 이와는 대조적으로, 스티글리츠는 일자리와 연계된 직장교육과 평생학습의 중요성을 강조한다.

기술이 빠르게 급변하는 4차 산업혁명 시대에는 고등학교, 대학 등 전통적인 교육기관이 가르치는 지식의 시효가 급속하게 짧아진다. 공식 교육기관이 학생들에게 전수하는 숙련의 내용은 급변하는 기술을 따라잡기 어렵다. 이제 공식 교육기관은 학교 졸업 이

---

2 조지프 스티글리츠, 브루스 그린왈드, 《창조적 학습사회: 성장·발전·사회진보에 대한 새로운 접근》, 한국경제신문사, 2016, 392쪽.

후 발생하는 학습 필요에 학생들이 잘 적응하도록 돕는 기초 지식을 가르치는 기능으로 한정될 수밖에 없다. 미래 교육 혁신의 방향은 평생학습과 성인들의 평생 직업능력개발로 옮겨갈 수밖에 없는 것이다. 스티글리츠가 제안하는 학습사회는 기존 교육체계 혁신의 범위를 평생학습으로까지 확장해야 할 필요성을 제기한다.

머신러닝을 동네 학원에 가서 배우라고?

기술의 발전에 따라 평생학습의 중요성이 높아지는 현상은 실제 우리나라의 통계치들을 통해서도 확인된다. 교육부가 발간한 2019년 〈평생교육백서〉에 따르면, 우리나라 성인(25~64세) 평생교육 학습자 수(연인원)는 2010년 545만 명에서 2015년에는 827만 명으로 늘었고, 2019년에는 1,251만 명에 이르러 최근 10년 동안 약 2.3배 증가하였다. 교육학 분야에서 평생교육, 평생학습이라고 부르는 영역을 경제학에서는 직업훈련, 직업능력개발 등으로 부른다. 직업능력개발 분야를 전문적으로 담당하는 정부 부처는 고용노동부(이하 고용부)이다.[3]

고용부가 발간하는 연도별 〈고용노동백서〉에 따르면, 고용부의 직업능력개발사업 예산은 2010년 1.5조 원에서 2015년에 2.0조 원으로 늘었고, 2019년에는 2.3조 원까지 증가하였다. 고용부 직업능력개발사업 예산의 지원을 받은 직업능력개발 인원수(연인원)도 2010년 154만 명에서 2015년에는 342만 명, 2019년에는 475만 명에 이르러 최근 10년 동안 약 3.1배 증가하였다. 교육부와 고용부의 공식 통계를 통해 확인할 수 있는 바와 같이, 최근 10년 동안 직업능력개발을 위해 각종 평생학습 및 직업훈련 프로그램에 참여하는 국민의 숫자는 급격하게 증가하고 있다. 그에 따라 평생학습과 평생 직업능력개발에 대한 수요는 더욱 빠르게 확대될 것으로 전망된다.

급속한 기술발전의 시대에 대비해 우리 정부는 고용보험기금의 직업능력개발 계정의 재원을 활용해서 국민들의 직업훈련과 평생능력개발을 지원한다. 2019년 현재 우리 정부는 고용부의 직업능력개발 사업을 통해 총 2.3조 원(고용보험기금의 직업능력개발 재원 약 1.8조 원과 일반 예산 0.5조 원) 정도의 예산을 국민의 능력개발에 사용하였다. 교육부의 평생교육 예산을 통해서도 국민의 직업능력개발이 이루어진다. 그러나 2019년 현재 교육부의 평생교육 예산은 총 581억 원(전체 교육 분야 예산 70.6조 원의 0.082%)에 불과해, 우리나라 성인들의 직업능력개발은 주로 고용부의 직업능력개발 예산을 통해 이루어지고 있음을 알 수 있다.

국민들의 직업능력개발을 위해 고용부가 진행하는 사업 중 예

---

3   교육부 통계에서 포괄하는 평생교육은 크게 평생 교양교육과 평생 직업교육으로 나뉜다. 평생 교양교육은 성인기초 및 문자해독 교육, 인문교양 교육·문화예술·스포츠 교육, 시민참여 교육으로 구성되고, 평생 직업교육은 직업능력향상 교육을 의미한다. 교육부 통계에서 평생 직업교육으로 분류되는 분야는 고용부의 분류 기준으로는 직업훈련 및 직업능력개발 분야다. 우리가 본 장에서 4차 산업혁명 시대의 기술발전에 대응하기 위한 평생 학습사회의 필요성을 논의하면서 관심을 갖는 평생학습 분야는 주로 평생 직업교육 및 평생 직업능력개발 분야다. 그러므로 이하에서 우리는 평생 교양교육에 대해서는 거의 다루지 않고 주로 평생 직업교육 분야에 대해서만 논의를 진행한다.

산 규모가 가장 큰 사업은 실업자와 근로자의 능력개발을 지원하는 "내일배움카드제"(2019년 예산 8,021억 원)이다. 소정의 자격을 갖춘 실업자나 재직자가 능력개발을 위한 훈련이 필요할 때, 고용부는 내일배움카드를 발급해 이들이 희망하는 훈련과정을 수강하도록 지원한다. 실업 상태의 구직자에게는 1인당 연간 최대 300만 원의 훈련비를 지원하고, 일자리 재직자에게는 재직기간 5년 동안 총 300만 원의 한도 내에서 훈련비를 지원한다. 2019년 현재 고용부의 내일배움카드제를 통해 훈련비를 지원받은 연인원은 약 96만 명에 이른다.

내일배움카드를 활용해 직업능력을 개발하는 우리 국민들은 어떤 교육기관을 통해 훈련을 받을까? 현재의 제도하에서 내일배움카드를 사용하는 국민들은 주로 민간 학원과 민간 직업훈련 기관의 훈련과정을 통해 훈련을 받는다. 2016년 한국개발연구원KDI 보고서의 자료(309쪽)에 따르면, 2015년 현재 내일배움카드제를 통해 훈련과정을 제공한 기관들의 총수는 4,291개소다. 이들 중 민간 학원이 2,170개소로서 50.6%를 차지하고, 민간 직업능력개발 훈련시설이 718개소로서 20.3%를 차지한다. 즉 내일배움카드제를 통한 직업능력개발의 대부분은 민간 학원과 민간 직업훈련 시설에서 이루어지고 있다. 이들 훈련기관 중 고등교육법에 의해 학교로 분류되는 기관은 142개소로서 전체 훈련기관의 3.3%에 불과하다.

학원과 같은 중소규모 민간 훈련기관들에서 직업능력개발이 주로 이루어지다 보니 훈련의 영역은 대체로 중저숙련 분야에 집중되어 있다. 2019년 일자리위원회 "직업능력개발 혁신방안" 자료에 따르면, 내일배움카드제를 통해 수행되는 훈련 분야의 42.4%는 사무·조리·돌봄 등의 중저숙련 영역이다. 대부분의 훈련이 총무·인사, 재무·회계, 식음료조리·서비스, 공예, 문화콘텐츠, 기획사무, 이미용, 제과·제빵·떡 제조 등 8개 중저숙련 분야에 집중되어 있다.

내일배움카드제를 통한 직업능력개발이 이렇듯 민간 훈련학원들이 제공하는 중저숙련 분야에 집중된 이유는 무엇일까? 그 이유는 고용부의 직업능력개발 체계에서 대학과 전문대학 등 공식적인 고등교육기관이 배제되어 있기 때문이다. 훈련자가 IT 관련 고급 숙련, 예를 들어 머신러닝machine learning을 배우기 위해 대학의 학위과정에 등록하는 경우 내일배움카드제의 직업훈련 지원금은 사용할 수 없다. 민간 학원이 아니라 대학의 교육과정을 통해 직업능력을 개발하고자 하는 국민들은 그 비용을 전액 자비로 부담해야 한다. 이들이 내일배움카드제의 자격 조건을 갖추고 있어 민간 학원의 훈련과정을 수강하면 훈련비를 지원받을 수 있는 경우에도 말이다.

4차 산업혁명 시대의 능력개발을 위해 어떤 사람이 머신러닝을 배우고자 할 때 동네 학원의 훈련과정에 등록하면 정부는 수강비를 지원한다. 그러나 같은 사람이 같은 것을 배우기 위해 대학의 학위과정이나 정규 교육과정에 등록하면 수강비를 지원하지 않는다. 머신러닝 같은 중고급 지식은 대학이나 전문대학에서 더 잘 배울 수 있지 않을까? 정부지원금으로는 동네 학원에서 머신러닝 입문만 배우고, 그것을 대학에서 제대로 배우려면 자비를 부담하라는 말인가?

직업능력개발을 원하는 사람이 민간 학원에 등록하면 훈련비를 지원하고 대학의 교육과정에 등록하면 훈련비를 지원하지 않는 이유는 무엇일까? 민간 학원이 제공하는 직업훈련 과정은 능력개발에 많은 도움을 주는 반면, 대학의 교육과정은 전혀 도움이 되지 않기 때문일까? 대학의 커리큘럼이 너무나 낡아서 현대 지식사회에서 필요한 지식과 숙련을 수강생들에게 가르치지 못하기 때문일까? 우리가 모르는 어떤 심오한 이유가 있을지 자못 궁금하다. 그런데 이런 일이 일어나는 이유는 놀라도록 단순하고, 당혹스럽도록 황당하다.

없애야 할 칸막이 1:
시대착오적인 평생 능력개발 행정체계

대학의 교육과정을 통해 직업능력개발을 원하는 국민이 훈련비를 지원받지 못하는 이유는 대학은 교육부가 관할하는 교육기관이어서 고용부가 관할하는 내일배움카드제의 지원금이 투입될 수 없기 때문이다! 그렇다면 민간 학원에는 왜 내일배움카드제의 지원금이 투입되는가? 민간 학원들은 고용부가 관할하는 훈련기관이기 때문이다. 이 얼마나 시대착오적인 행정분류 체계인가!

국민들의 주머니로부터 조달되는 정부의 직업훈련 지원금이 고용부 소관 기관들에서는 사용되고 교육부 소관 기관들에서는 사용될 수 없다니 황당하기 짝이 없는 일이다. 이는 마치 은행의 내부 사정 때문에 어떤 지점에서는 예금만 취급하고 다른 지점에서는 출금만 취급하는 것과 같다. 어느 은행에 예치금을 인출하러 갔더니 이 지점에서는 예금만 취급하니까 다른 지점으로 가보라는 꼴이다. 민간 은행이 이런 식으로 영업한다면 1년을 넘기지 못하고 망할 것이다. 정부의 직업능력개발 지원 체계가 이런 식으로 운영된 지는 이미 십수 년이다. 국민들은 아무 말 없이 예금을 취급하는 지점과 출금을 취급하는 지점을 알아서 잘 찾아 자신의 업무를 처리하고 있다. 정부 부처들 사이에 끼인 국민들만 답답할 뿐이다.

능력개발 정부지원금이 민간 학원들에서만 사용되고 고등교육 기관에서 사용되지 못하는 이유는 이들 두 기관을 담당하는 정부 부처가 서로 다르기 때문이다. 직업능력개발 정부지원금은 고용부가 관리하는 고용보험기금에서 조달되고 민간 직업훈련 학원들은 고용부의 관리 감독을 받는다. 반면, 대학과 전문대학 등 공식 교육기관은 교육부의 관리 감독을 받는다. 현재의 행정체계에 따르면, 고용부 소관 고용보험기금은 교육부 소관 교육기관에서는 사용될 수 없다. 이런 낡은 행정분류 체계를 가지고 4차 산업혁명 시대에 국민들이 기계와 경쟁할 수 있도록 정부가 제대로 도울 수 있을까?

위에서 설명한 바와 같이, 정규 학교를 졸업한 이후 성인들이 수행하는 직업능력개발은 교육부 분류체계(또는 학문 분류체계)로는 평생교육 및 평생학습이고, 고용부 분류체계로는 직업훈련 및 직업능력개발이다. 정부 부처들이나 학자들이 그것을 무엇이라 부르든, 평생교육 중 '평생 직업교육' 분야와 '직업능력개발' 분야는 수요자인 국민에게는 같은 것이다. 내용적으로 같은 분야임에도 그것을 담당하는 정부 부처가 서로 달라서 능력개발 지원금을 사용할 수 없다는 것은 납득하기 어렵다. 고용부의 직업훈련과 교육부의 평생 직업교육 분야는 수요자의 입장에서 동일한 분야이므로, 정부의 행정 및 재정관리 체계도 실제에 맞게 재구성되어야 한다. 직업훈련과 평생 직업교육을 하나로 묶어 평생 능력개발로 정의하고, 이 분야를 담당하는 정부 기관들도 통합해 일원화할 필요가 시급하다. 이와 같은 행정적 통합에는 당연히 재정적 통합도 동반되어야 한다.

현재와 같이 이분된 능력개발 행정체계를 통해 우리는 대학과 전문대학 등 공식 고등교육기관이 국가의 성인 인적자원 개발 체계에서 완전히 배제되었음을 확인할 수 있다. 4차 산업혁명 시대 노동시장에서 요구되는 숙련이 주로 컴퓨터와 IT에 기반한 중고급 숙련임을 생각할 때, 대학 부문이 국가의 인적자원 개발 및 평생 능력개발 체계에서 배제되어 있는 것 또한 시대착오적이다.

우리는 앞에서 현재 평생 직업능력개발이 주로 학원과 같은 중소규모의 민간 직업훈련 기관들에서 이루어지고 훈련의 영역도 중저숙련 분야에 집중되어 있음을 살펴보았다. 중고급 숙련을 개발하고 전수하는 데 비교우위를 갖는 고등교육기관이 평생 능력개발 체계에서 배제된 점을 생각할 때 이런 현상이 일어나는 이유는 자명하다. 현재 우리나라의 직업능력개발 체계에서 중고급의 숙련을 공급할 수 있는 고등교육기관은 숙련의 수요자들과 긴밀히 연결되어 있지 않다. 수요자가 고등교육기관의 훈련과정을 수강하고자 하면 높은 비용을 자비로 부담해야 한다. 수요자가 사용할 수 있는 정부의 재원이 이미 확보되어 있는데도 그렇다.

4차 산업혁명 시대에 대비해 국가의 인적자본 개발 체계를 효율적으로 구축하기 위해서는 고용부의 직업능력개발 기능과 교육부의 평생교육 기능이 행정적·재정적 면에서 하나로 통합되어야 한다. 두 기능을 통합하는 정부 부처 하나를 새로 만들어 평생 능력개발의 컨트롤타워 역할을 맡기면 어떨까? 기계와의 경주에서 낙오되지 않고 그것을 유능한 파트너로 활용하기 위해서는 사람의 경쟁력이 중요하다. 우리는 이미 사람의 경쟁력을 높일 수 있는 일정 규모의 재원과 하드웨어를 확보하고 있다. 이 재원을 효과적으로 사용할 수 있는 제도와 소프트웨어가 이제는 마련되어야 한다.

만들어야 할 새로운 대학의 틀:
연구 집중 집단과 교육 집중 집단

현재 전통적인 고등교육기관은 20대 초중반 청년들에게 전일제 교육과정을 제공하는 방식으로 운영되고 있다. 그러나 이제 출산율 하락으로 학령인구가 감소함에 따라 대학에 재학하는 20대전일제 학생 수는 점차 줄어들 전망이다. 실제로 2021년부터 본격적으로 지방대학들을 중심으로 입학정원을 채우지 못하는 대학들이 속출하고 있다. 향후 우리나라의 인구구조와 평생 능력개발 수요의 변화에 대응해 국가 인적자원 개발 체계를 재구성할 시점에 이르렀다. 앞서 살펴본 바와 같이, 현재 우리나라의 평생 능력개발 체계에서 고등교육기관은 사실상 배제되어 있다. 이제 국가 인적자원 개발 체계에서 고등교육기관의 역할을 재정립해 이들이 4차 산업혁명 시대 국민의 평생 능력개발에서 핵심적인 역할을 담당하도록 위상을 높일 필요가 있다.

전반적인 인구구조의 변동과 4차 산업혁명의 심화에 따라 미래에는 학교를 졸업한 성인들의 평생 능력개발 수요가 점증할 것이다. 그런데 취업해 있는 성인 학습자들에게 전통적인 전일제 교육과정은 적절한 학습형식이 아니다. 이들에게는 전일제 장기 교육과정보다는 비전일제 중단기 교육과정이 더 적합하다. 학교를 졸업한 성인들이 일과 학습을 병행하면서 대학의 교육과정을 원활히 이수할 수 있도록 4년제 일반대학과 전문대학의 학사제도에 다양성과 유연성을 도입할 필요가 있다. 전통적인 고등교육 기관들이 비전통적인 입학전형, 학사관리, 교육과정 등록방식을 자유롭게 활용할 수 있도록 기존의 법과 제도를 개선할 필요가 있다. 성인들의 평생 능력개발을 위해 대학이 비전일제 교육과정, 비학위 과정, 온라인 과정, 파트타임 등록, 개방형 모집 등 비전형적인 양식을 적절히 활용할 수 있도록 국가는 관련 제도들을 정비해야 한다. 아울러, 기존에 활용되고 있는 고용보험기금의 직업능력개발 지원금과 더불어 국가장학금을 성인들의 평생 능력개발을 위해 활용하는 방안도 검토해볼 만하다.

성인들의 평생 능력개발 체계에 대학들이 참여하게 되면 자연스럽게 기존의 민간 직업훈련 학원들과 경쟁하는 구조가 형성될 것이다. 직업능력개발 수요자들의 입장에서 교육훈련 과정의 다양성 증가는 바람직하다. 자신이 원하는 능력개발 과정을 민간 학원이 개설하고 있다면 학원을 활용하고, 대학이나 전문대학이 개설하고 있다면 이들 기관을 활용하면 된다. 능력개발 과정을 공급하는 두 유형의 기관들 사이의 경쟁은 자연스럽게 수요자들의 후생을 증가시킨다. 새로운 평생 능력개발 체계에서 대학의 위상을 높이는 제도적 혁신은 우리나라 직업훈련 부문의 전반적인 품질과 경쟁력 그리고 국민들의 만족도를 향상시킬 것으로 기대된다.

대학 학사제도의 유연화 및 다양화와 더불어 전체 대학 부문을 재구조화하는 거시적인 제도 개혁도 필요하다. 대학의 사정에 따라 연구에 강점을 가진 대학이 있는 반면, 교육에 강점을 가진 대학이 있다. 각 대학이 가진 강점을 잘 활용해 발전할 수 있도록 국가가 지원하는 제도가 필요하다. 전체 고등교육기관을 연구 집중 대학집단과 교육 집중 대학집단으로 이분하고, 두 집단 사이에 상이한 입학전형, 학사관리, 교육과정 등록방식을 적용하는 방안을 고려해볼 수 있다.

연구 집중 대학의 경우에는 전통적인 방식대로 고등학교를 졸업한 20대 청년을 대상으로 하는 전통적 입학전형과 학사관리 방식을 유지한다. 그러나 교육 집중 대학에는 전통적인 방식과 더불어 다양한 비전통적 입학전형과 학사관리 방식을 도입해 20대 청년들뿐만 아니라 성인 학습자들을 대상으로 교육 프로그램을 운영할 수 있도록 허용한다. 새로운 제도적 틀 아래에서 개별 대학은 자신의 고유한 상황과 비교우위를 고려해 자유롭게 연구 집중 트랙과 교육 집중 트랙 중 하나를 선택한다. 국가는 개별 대학이 선택한 트랙에 적용되는 고유한 규칙들을 정하고 그에 따라 입학전형, 학사관리를 시행할 수 있도록 허용하는 방안을 생각해볼 수 있다. 이때 임의의 한 대학이 연구 집중 트랙과 교육 집중 트랙 중 어느 트랙을 선택하든 그 대학의 재학생 정원 규모는 법정 최저 교육 여건을 충족하는 범위 내에서 대학이 자유롭게 결정하도록 허용할 필요가 있다. 4차 산업혁명 시대에는 기술 변동의 속도도 빠르고 방향도 예측하기 어렵다. 이런 상황에서 정부가 규제 중심으로 대학 운영에 개입하는 것은 효과적이지 않다. 대학이 자신의 비교우위와 경쟁력을 기반으로 최적의 운영방식과 학생 구성을 선택하도록 최대한 자율성을 보장하는 제도적 혁신이 필요하다.

전체 대학 부문이 연구 집중 집단과 교육 집중 집단으로 나누어지면, 우리나라 인적자원개발 체계 내에서 적절한 분업 관계가 형성될 것으로 기대된다. 4차 산업혁명의 시대에 대학은 혁신적인 기술을 생산하는 선도자이자 국민의 직업능력개발을 책임지는 교육자로서의 이중의 역할을 부여받는다. 정부는 연구 집중 대학집

강창희(중앙대학교 경제학부 교수)

단에서 4차 산업혁명 시대를 선도할 기술 혁신이 이루어지도록 아낌없이 지원할 필요가 있다. 그와 동시에, 정부는 교육 집중 대학 집단에서 평생 능력개발을 통해 국민이 4차 산업혁명 시대에 적절히 적응하도록 지원하는 역할도 담당해야 한다. 이런 의미에서 평생 능력개발을 위한 정부지원금은 교육 집중 대학집단에 주로 투입되도록 제도를 설계할 필요가 있다.

싱가포르 모델

4차 산업혁명 시대 국민의 평생 능력개발 필요성을 인식한 싱가포르 정부는 2015년부터 '스킬스퓨처 운동SkillsFuture Movement'을 추진하고 있다. 싱가포르 정부는 25세 이상의 성인들을 대상으로 500싱가포르 달러(한화 약 42만 원)의 개인 평생학습 계좌를 개설하고 이 계좌의 기금을 사용해 평생 능력개발 강좌를 수강할 수 있도록 제도화했다. 이를 담당하는 기관은 스킬스퓨처 카운슬SkillsFuture Council인데, 교육부 산하의 스킬스퓨처 싱가포르SkillsFuture Singapore와 노동부 산하의 워크포스 싱가포르Workforce Singapore의 업무를 통합해 추진하고 있다. 스킬스퓨처 카운슬에서는 능력개발 희망자에게 직업훈련 및 평생학습 과정에 관한 정보를 제공하는 포털(www.skillsfuture.gov.sg)을 운영하여 훈련자가 희망하는 과목들을 온라인으로 신청해 수강할 수 있도록 돕고 있다.

〈그림 1〉은 싱가포르 '스킬스퓨처'의 웹사이트다. 나는 최근 (2021년 9월 13일) 이 사이트(www.myskillsfuture.gov.sg/content/

〈그림 1〉 싱가포르 스킬스퓨처 웹사이트의 검색 화면

〈그림 2〉 한국 HRD-Net 웹사이트의 검색 화면

portal/en/index.html)에 접속해 싱가포르에서 "머신러닝"을 수강할 수 있는 교육과정들을 검색해보았다. 수강료가 500달러 이상인 강좌들을 검색한 결과가 〈그림 1〉에 제시되어 있다. '니안 폴리테크닉Ngee Ann Polytechnic'이라는 기관이 개설한 '휴먼을 위한 머신러닝Machine Learning for Humans'이라는 강좌가 가장 먼저 검색된다. 이 강좌의 수강료는 650달러이다. 이어서 테마섹 폴리테크닉, 난양 공과대학, 싱가포르 경영대학, 싱가포르 공과대학 등이 개설한 머신러닝 관련 강좌들도 다양하게 검색된다. 머신러닝을 배우고자 하는 싱가포르 국민은 이와 같이 스킬스퓨처의 웹사이트를 활용해서 강좌들을 검색해 수강료를 확인하고, 평생학습 계좌의 기금과 자비를 들여 원하는 강좌를 수강한다.

싱가포르의 평생학습 포털과 유사한 포털이 우리나라에도 있다. 내일배움카드를 사용해 직업훈련을 받고자 하는 국민들을 위해 고용부가 개설한 직업훈련포털 'HRD-Net(www.hrd.go.kr)'이다. 나는 스킬스퓨처 사이트에 접속한 날에 HRD-Net 사이트에 접속해 똑같이 "머신러닝"을 수강할 수 있는 교육과정들을 검색해보았다. 서울시로 지역을 한정해 검색한 결과가 〈그림 2〉에 제시되어 있다. 수강료가 100만 원 이상인 강좌로 한정하면 ㈜솔데스크, 이젠아이티ㅠ아카데미학원, 이젠아카데미평생교육원, ㈜케이지에듀원, 아이티뱅크 학원 등의 기관들이 검색된다.

싱가포르의 스킬스퓨처 사이트와 한국의 HRD-Net 사이트 사이에 어떤 차이가 눈에 띄는가? 스킬스퓨처 사이트에서 검색되는 머신러닝 강좌는 주로 대학 및 전문대학이 개설한 강좌들이다. 반면 HRD-Net 사이트에서 검색되는 머신러닝 강좌는 주로 민간 학원들이 개설한 강좌들이다. 그 이유를 우리는 위에서 살펴보았다. 우리나라에서는 대학과 전문대학이 개설하는 강좌들이 HRD-Net 사이트에 포함되어 있지 않다. 내일배움카드는 교육부 소관의 교육기관에서는 사용될 수 없기 때문이다. 대학이나 전문대학에서 머신러닝을 수강하는 비용은 수강자 스스로 부담해야 한다. 유사한 강좌를 민간 학원에서 수강하면 수강료를 지원받을 수 있는데도 말이다.

물론 머신러닝을 대학이나 전문대학보다는 집 근처의 학원에서 더 잘 배울 수 있을지 모른다. 만약 이것이 사실이라면 우리나라의 대학과 전문대학의 교육과정에 무엇인가 커다란 문제가 있다는 증거이다. 그러나 우리나라의 고등교육기관이 가진 교육 인프라와 교수·강사진의 구성을 생각할 때, 머신러닝 학습의 비교우위는 민간 학원보다는 대학이나 전문대학에 있을 것으로 추측된다. 〈그림 2〉에서 확인할 수 있는 바와 같이, 대학이나 전문대학이 개설하는 교육과정들은 현재 우리나라의 평생 능력개발 체계에서 거의 완벽하게 배제되어 있다. 4차 산업혁명 시대 국가 인적자원 개발 체계에서 대학의 중요성이 높아짐을 생각할 때 이러한 현실은 무척 우려스럽다.

없애야 할 칸막이 2:

교육재정 배분 제도

나는 우리 사회가 4차 산업혁명 시대를 준비하는 데 있어 대학이 좀 더 적극적인 역할을 담당하도록 대학의 위상을 높일 필요가 있다고 주장하였다. 그럼 현재 우리의 대학들은 그러한 미래를 준비하기에 적절한 처지에 있을까?

〈그림 3〉은 OECD 국가들을 대상으로 2017년 기준 학생 1인당 연간 초중등교육비 대비 연간 고등교육비의 비중을 계산한 결과이다. 여기서 교육비란 공식 교육기관에 재학하고 있는 학생들에게 투입되는 공교육비public funds(교육기관의 교육서비스에 대한 공적 지출액), 공공보조 사적 지출액publicly subsidized private funds, 등록금 사적 지출액private spending on tuition fees 등을 모두 합산한 금액이다. 자금의 출처와 상관없이 공식 교육기관에서 학생 한 명을 일 년 동안 교육하는 데드는 총비용이라고 이해하면 된다. 우리나라에 특이하게 존재하는 사교육비는 공식 교육기관에 대한 교육비 지출이 아니므로 위통계의 교육비에는 포함되지 않는다.

4차 산업혁명 시대의 기술은 주로 인공지능, 빅데이터, 디지털 기술 등 컴퓨터와 IT에 기반한 중고급 기술을 중심으로 발전할 전망이다. 이와 같은 기술과 기계의 발전 경향에 사람들이 적절히 대응하기 위해서는 대학의 정규 교육과 평생 능력개발 역량이 강화될 필요가 있다. 그러므로 4차 산업혁명을 적절히 준비하고 있는 국가라면 학생 1인당 연간 초중등교육비 대비 연간 고등교육비의

A. R&D 포함(36개국)

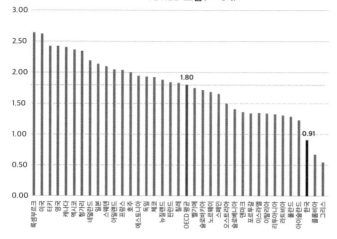

B. R&D 제외(33개국)

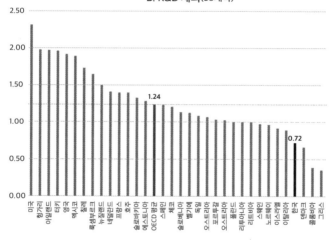

자료: OECD, Education at a Glance, 2020. 자료가 없는 국가는 제외함.

〈그림 3〉 OECD 국가들의 학생 1인당 연간 고등교육비/초중등교육비(2017년)

비중은 1보다 커야 정상이다.

〈그림 3〉의 패널 A는 고등교육비에 R&D 지출액을 포함해 산정한 국가별 학생 1인당 연간 고등교육비/초중등교육비 비율이다.[4] 4차 산업혁명의 기술발전 경향을 반영해 미국, 영국, 캐나다, 네덜란드, 일본 등 OECD 주요 선진국들의 지표 값은 1보다 크고, OECD 국가들의 평균값(1.80)도 1보다 크다. 패널 A의 비교 대상 36개국 중 이 지표가 1보다 작은 나라는 한국, 콜롬비아, 그리스 3개국뿐이다. 한국이 이들 3개국에 포함되어 있고 한국의 지표 값이 0.91이라는 점에 주목할 필요가 있다. 앞서 설명했듯이, 이 지표를 산정할 때 사용하는 교육비에는 한국의 초중등교육 사교육비가 포함되지 않는다. 매년 약 20조 원에 달하는 초중등 사교육비가 1인당 연간 초중등교육비에 포함된다면, 한국의 지표값은 현 수치보다 훨씬 더 작아진다.

이렇듯 열악한 한국 고등교육의 상황은 고등교육비에서 R&D 지출액을 제외하는 패널 B의 경우에도 크게 달라지지 않는다. 전체 교육비가 초중등교육 부문과 고등교육 부문 사이에 배분되는 비율을 놓고 볼 때, 우리나라는 현재 4차 산업혁명보다는 2차 산업혁명을 준비하고 있는 나라에 가깝다. 4차 산업혁명 시대를 준비

---

4 R&D 지출액은 엄밀하게는 학생들을 교육하는 비용이 아니기 때문에 1인당 고등교육비 산정에서 제외할 수 있다. 그러나 R&D가 이루어지는 과정에서 생산되는 연구성과나 재정수입이 학생들의 교육에 반영될 수도 있기 때문에 1인당 고등교육비에 R&D 지출액을 포함시켜야 하는지의 여부는 논쟁적이다.

해야 할 대학의 현재 모습은 그리 희망적이지 않다.

우리나라에서 이런 기현상이 발생하는 이유는 무엇일까? 초중등교육비와 고등교육비를 정하는 제도들이 새롭게 변화하는 상황에 맞게 개선되지 못했기 때문이다. 우리나라 초중고등학교에 투입되는 총교육비의 3분의 2는 "지방교육재정교부금법"에 따라 내국세의 정률(20.79%)로 정해지는 지방교육재정교부금(내국세분)을 통해 조달된다. 경제가 성장함에 따라 내국세 총규모가 증가하기 때문에 지방교육재정교부금의 총규모도 증가한다. 그런데 최근 학령인구가 감소하여 초중고등학생의 총수가 감소함에 따라 초중고등학생 1인당 교육비는 2014년부터 급속히 상승하고 있다.

이와는 대조적으로, 대학생 1인당 교육비는 등록금 규제와 고등교육 정부 예산 동결 등으로 인해 지난 10년 내내 2010년 수준에 정체해 있다. 그 결과 2017년 기준 우리나라의 대학생 1인당 연간 교육비는 초등학생과 중고등학생 1인당 교육비보다 낮은 상황에 이르렀다. 한국의 초등학생과 중고등학생 1인당 연간 교육비는 각각 11,702달러(구매력 기준 미국 달러)와 13,579달러이다. 반면, 학생 1인당 고등교육비는 10,633달러로서, 우리는 대학생을 교육하는 데 초등학생보다도 적은 비용을 사용하고 있다! 2021년 현재의 수치는 2017년보다 더 낮아졌을 것으로 추측된다. 지방교육재정교부금을 대학생들을 교육하는 데에도 사용하면 되지 않느냐고 반문할 수 있다. 그러나 이것은 "지방교육재정교부금법"이 허용하지 않는다. 우리나라의 교육재정 배분구조가 새로운 상황에 대응

강창희(중앙대학교 경제학부 교수)

하지 못한 제도의 문제라고 말하는 이유가 여기에 있다. 우리나라의 전체 교육예산을 굳이 초중등교육 부문과 고등교육 부문으로 엄격히 구분해 배정할 필요가 있는지 질문해야 할 시점이다.

창조적 학습사회를 위하여

이세돌과의 바둑 대국에서 이긴 알파고의 능력은 우리가 미래에 대한 두려움을 갖기에 충분하다. 기계의 성능이 나날이 발전하고 기계가 인간의 고유 영역들을 침범해 들어옴에 따라 기계와의 경주에서 우리가 패배할지 모른다는 암울한 예측이 미래 전망을 지배하고 있다. 그러나 기계와 다르게 인간은 주어진 상황에 적응해 변신하는 능력을 가지고 있다. 18세기 1차 산업혁명 이후 줄곧 기계는 사람들에게 새로운 종류의 두려움을 주어 왔지만, 인간은 그때마다 새로운 방식으로 적응해 기계를 우리의 파트너로 길들여왔다. 4차 산업혁명 시대에 기계와의 경주에서 우리가 승리할지 패배할지는 결국 우리의 하기 나름이다.

진보하는 기계에 맞서기 위해 개인들이 스스로 준비할 것들이 있다. 그러나 기계와의 경주는 개인 혼자 하는 것이 아니라 우리 사회 전체가 함께하는 것이다. 새로운 기술발전의 시대에 맞게 개인이 변신하고 적응해야 하듯이, 사회의 제도와 시스템도 변신하고 적응해야 한다. 스티글리츠가 강조하듯이, 기술이 급속하게 진보하는 현대 지식사회에서 국가는 지식의 생산과 전수 면에서 핵심적인 역할을 담당해야 한다. 이를 위해 국가는 창조적 학습사회를 만들어나가는 데 역량을 기울여야 한다.

국가는 과거의 관행에 묶여 있는 시대착오적인 법과 제도를 개혁하고 국민들이 새로운 시대에 적응해나갈 수 있도록 돕는 역할을 충실히 해야 한다. 이를 위해서는 머신러닝을 이길 수 있는 휴먼러닝의 제도와 국가적 시스템을 만들어나가는 것이 중요하다. 휴먼러닝을 촉진하는 사회 시스템을 만들기 위해 우리에게는 풀어가야 할 숙제들이 많다. 이런 숙제들을 잘 풀고 준비하면 우리에게 기계는 경주에서 반드시 이겨야 하는 경쟁자가 아니라, 우리를 돕는 유능한 파트너가 될 것이다.

소득이 낮고 자산이 적은 계층일수록 집 한 채나 전세보증금, 소액의 은행 예금 밖에 자산이 없는 '자산의 쏠림 현상'이 심각하다.

주식은 장기투자할 경우 경제성장의 과실을 공유하고 착실히 자기 재산을 불리는 가장 좋은 수단이다. 청년층 등 저소득·저자산 계층이 이 기회를 놓치지 않도록 돕는 금융과세체계의 조정이 필요하다.

2023년 시행될 금융투자소득과세를 한 번 더 손봐서, 저소득·저자산 계층이 주식에 투자하고 장기 보유할 수 있게 하자. 과세소득 범위를 확대하고, 거래세는 폐지하고, 보유기간에 따른 소득세율을 차등화하면 된다.

7장 　　포용적 주식시장을 위한 금융과세

허석균(중앙대학교 경영학부 교수)

금융상품 사이에서 고민하는 우리

누구나 일을 해서 번 돈 중 쓰고 남은 돈이 있으면 이를 저축하기 마련이다. 실컷 쓰고 남을 만큼의 돈을 버는 사람은 드물 것이니, 우리 중 대부분은 쓰고 싶은 것을 참으며 저축을 하는 셈이다. 경제학의 소비와 저축에 대한 "생애주기가설"에서는 청·장년기에 일을 하고 번 돈의 일부는 소비하고 일부는 저축하는데, 이렇게 축적된 자산은 노년기에 은퇴하였을 때 생활자금으로 사용된다는 식으로 설명한다.

물론 은퇴 후에도 남은 생 동안 다 쓰지 못할 자산을 축적한 사람도 있겠지만 이는 운 좋은 소수에 불과하며, 대부분은 자신들이 노년의 삶을 의탁하는 집 한 채를 자녀에게 물려줄 수 있음을 위안으로 삼을 뿐이다. 부모 세대의 이런 모습을 목도한 청년 세대는 미래를 위한 저축과 자산형성의 중요성을 잘 인식하고 있는 것으로 보인다. 물론 저축을 위한 종잣돈을 확보할 안정적인 일자리를 확보하는 문제는 여전히 남지만 말이다.

저축하는 구체적 이유는 사람마다 상황에 따라 다르겠지만 어쨌든 이 돈을 불려 나중에 쓸 곳이 있기 때문이다. 저축을 하는 이유가 다양한 만큼 저축을 할 대상(수단)도 다양하다. 주식, 채권, 펀드, 연금과 같은 금융자산뿐 아니라 토지와 주택 같은 실물자산도 저축의 대상이 될 수 있다. 그런데 사람들의 저축 혹은 투자행위, 혹은 투자자산의 선택은 그 투자상품에 대한 조세체계에 영향을 받는다. 당연히 사람들은 과세부담을 고려하여 세후 실질 수익률이 높은 금융상품의 구입 비중을 늘리게 될 것이다.

언뜻 간단해 보이지만 다양한 금융상품 사이에서 세금까지 고려한 실질 수익률을 계산하고 비교하는 것은 매우 어렵다. 그 자체로는 흡사 우리가 축구경기를 할 때, 상대팀보다 공격과 수비 두 가지만 잘하면 이긴다고 말하는 것과 마찬가지로, 공허한 이야기에 지나지 않는다. 기껏해야 은행 예금이나 적금의 경우 앞으로 일정 기간 적용될 금리가 고정되어 있을 뿐이다. 그리고 그 기간이 지난 후 적금금리가 어찌 될지는 그때 가봐야 아는 일이다. 그 외 대부분의 금융상품은 투자한 돈을 되돌려 받을 시점에서 수익률이 어떻게 될 것인지 현재 시점에서 알 도리가 없다. 다만 과거의 자료에 기초하여 대충 어느 범위에서 수익률을 얻을 수 있을 것인지 짐작할 따름이다.

많은 금융상품이 미래 수익률이 확정적이지 않은 위험자산이라는 점, 위험자산에 대한 과세는 이익을 실현했을 때 이루어지기 때문에 과세 시점이 불확실하다는 점, 발생한 손실에 대한 소득감면 혜택의 유무 등 여러 이유로 인해 세후 실질 수익률을 예상하는 것은 쉬운 일이 아니다. 그리고 세후 실질 수익률이 투자 시점에 확정된 경우도 많지 않다. 그래서 사람들은 여러 금융상품 사이에서 고민하게 되는 것이다.

한편, 개인 투자자가 금융자산을 구성하고 보유하는 패턴은 향후 투자의 결과가 쌓임에 따라 자산의 미래가치에 영향을 준다. 만약 금융자산의 과세체계가 개별 투자자들의 경제적 능력의 수준에 따라 자산 구성에 차별적인 영향을 주고 있다면 이는 미래 자산 불평등도를 악화시키는 요인으로 작용할 가능성이 높다. 따라서 단순히 자원배분의 효율성을 벗어나 형평성 차원에서 현재의 금융자산 과세체계가 어떤 함의를 갖는지를 살펴보는 것도 의미가 있을 것이다.

이론과 현실, 시장과 개인

지금까지의 수많은 금융이론 중 가장 지배적인 영향력을 끼친 자산가격결정모형Capital Asset Pricing Model, CAPM에서는 사람들이 미래에 대해 동일한 수준의 정보를 갖고 있다고 가정한다. 또 경제적으로 가치 있는 모든 권리들이 금융시장에서 자산(혹은 금융상품)으로 포장되어 자유롭게 거래된다고 전제한다. 한편 이 세계에 사는 사람들(이 금융시장에서 거래에 참가하는 투자자들)은 모두 위험을 싫어하고 피하려는 성향을 지닌다. 그 성향의 강도를 위험회피도라고 하는데, 사람마다 위험을 싫어하는 정도에 차이가 있기는 하지만 위험하고 불확실한 것을 피하고 싶어 한다는 공통점을 갖고 있다.

따라서 사람들은 높은 성과, 큰 수익을 얻는 것을 좋아하지만 성과의 변동성이 커지는 것은 가급적 피하고자 한다. 이러한 성향의 투자자들은 시장에서 거래되는 모든 위험자산을 적절히 섞어 포트폴리오를 만들어 수익률의 변동성은 낮추는 한편, 기대수익률을 높이고자 할 것이다. '달걀은 바구니에 나누어 담아라'라는 증권가의 격언이 가르치는 바와 같이 여러 위험자산을 섞다 보면 위험이 다른 종류의 위험을 상쇄해 전체의 위험 수준을 낮출 수 있기 때문이다.

그리고 위험한 자산은 위험하지 않은 자산에 비하여 기대수익률이 높기 마련이다. 왜냐하면 위험을 싫어하는 인간의 본성을 거슬러 싫어하는 일(위험을 떠안는 일, 위험 자산을 구입하는 일)을 하도록 만들려면 적절한 보상이 필요하고, 그 보상이 금융시장에서는 안전 자산에 비하여 높은 기대수익률로 주어지기 때문이다. 따라서 CAPM 이론은 시장에서 거래되는 모든 종류의 자산의 가치를 합한 후 이 중 각 자산의 가치가 차지하는 비중대로 그 개별자산에 투자하는 소위 '시장포트폴리오'를 최적의 자산배분 전략으로 지목한다.

물론 현실에서 개인 혹은 개별 가계의 금융자산 보유 비중을 살

피면, 굉장히 다양한 스펙트럼을 볼 수 있을 것이다. 예를 들어 다음 두 명의 투자자를 생각해보자. A라는 사람은 농업에 종사하고 있으며, B는 자동차 회사에 다닌다. 이 둘의 소득은 각각 속한 업종이나 업군의 경기에 따라 변동할 것이다. 그렇다면 A라는 사람은 자신의 자산 포트폴리오를 선택할 때 시장포트폴리오를 그대로 따르기보다는 농업 부문의 비중을 하향 조정할 유인이 생긴다. 이미 본인은 농업에 몸을 담고 있고 이 부분의 위험요인에 노출되어 있기 때문이다. 굳이 시장포트폴리오에 반영된 농업 부문의 비중을 그대로 따른다면 이 위험요인에 과도하게 자신을 노출시키게 된다. 마찬가지로 B 역시 시장포트폴리오에서 자동차 부문의 비중을 줄이는 형태로 자산을 배분하는 것이 타당하다.

그와 동시에 금융시장의 발전에 따라 거래되는 금융상품의 가짓수가 증가하는 추세는 지속적으로 이어지고 있다. 이전에는 상상도 못 하던 경제적 가치에 대한 권리들이 금융시장에서 거래되고 있다는 의미이다. 다시 말해 자본 축적과 아울러 금융시장이 발전함에 따라 거래되는 금융상품의 종류가 늘어나다 보면 현실의 금융시장은 CAPM 세계에 가까워진다. 그리고 현실 금융시장의 종합지수(예: 코스피 지수, S&P지수 등)는 시장포트폴리오에 가까워질 것이다. 따라서 어느 정도 성숙한 금융시장을 가진 경제에서는 시장지수를 따르는 지수펀드가 시장포트폴리오와 대동소이해진다.

한편 시장포트폴리오가 갖는 분배적 함의에도 주목할 필요가 있다. CAPM 세계에서 투자자들은 부wealth의 규모와 상관없이 시장포트폴리오를 선택하는 것이 합리적이다. 따라서 모든 사람이 빈부에 상관없이 동일한 시장포트폴리오를 선택한다면 이들의 부는 정확히 같은 비율로 성장하게 된다. 이 경제에 사는 사람들 간의 자산불평등도는 개선되지도 악화되지도 않을 것이다.[1]

현실의 가계자산구조

현실의 가계자산구조는 시장포트폴리오와는 거리가 멀다. 금융자산에 비해 부동산자산의 비중이 너무 크고, 금융자산 중에서도 안전자산의 비중이 너무 크다. 이는 저소득/저자산일수록 더 심하다. 우리나라의 가계자산구조를 말할 때, 흔히 얘기하던 숫자들이 있다. 이름하여 8 대 2! 이것은 가르마 타는 법이 아니다! 앞의 8은 가계자산에서 주택부동산이 차지하는 비중이 80%임을 의미하고 뒤의 2는 금융자산이 20%를 차지한다는 의미이다. 물론 현재는 이 비율이 조금은 바뀌어 75 대 25라고 보고하는 자료들도 있지만 가계자산의 대부분이 부동산(주택)에 집중되어 있다는 우리나라의 특징을 집약적으로 묘사하는 여전히 유효한 숫자임에는 틀림이 없다. 그리고 나머지 25%의 금융자산도 대부분이 은행예금이나 임차보증금의 형태로 존재한다. 저소득층의 경우 자산 중 가장

---

1   불평등도의 측정방식은 다양하다. 우리가 알고 있는 지니 계수는 다른 측정방식에 비해 더 유명하고 자주 사용되는 것일 뿐이다. 이렇듯 다양한 불평등도의 측정방식 간에도 지켜야 할 최소한의 공통된 성질이 있는데, 그중 하나가 규모 불변scale invariance의 특성이다. 쉽게 말해, 모든 사람의 소득이나 자산이 동일한 비율로 증가하거나 감소하더라도 이들 사이의 소득이나 자산 불평등도의 값은 변하지 않아야 한다는 의미이다.

많은 비중을 차지하는 것이 거주 주택이며, 금융자산은 전월세보증금이 차지하는 비중이 저소득층(혹은 저자산보유층)에게 가장 높게 나타난다.

또한 논의의 중심을 금융자산에 맞추어보면 금융자산의 배분은 지나치게 안전자산에 집중되어 있으며, 위험자산인 주식으로 범위를 좁혀도 주식시장 참가율 및 보유 비중은 전반적으로 낮은 편이다. 그 안에서 자산 혹은 소득 분위에 따라 격차가 심해 저소득 분위가 특히 낮다. 또 주식자산의 배분 비중은 시장 전체의 포트폴리오를 반영하는 주식시장 지수펀드와는 동떨어져 있다. 물론 최근 들어 동(서)학 개미 운동 등으로 가계 금융자산 중 주식의 비중이 20% 언저리까지 상승한 것으로 보이지만, 그래도 여전히 전체 자산 대비 5% 수준에 불과하다($=20\% \times 25\%$). 금융자산 중 20%의 주식보유 비중은 일본에 비해서는 높으나 미국(42% 내외)과 비교해서는 훨씬 낮은 수준이다. 저자산 보유계층의 주식보유 비중이 낮다는 것은 주식의 장기수익률이 다른 자산을 압도한다는 경험적 법칙에 입각할 때, 상위 계층과의 자산 격차 확대가 불가피함을 시사한다.

사실 특정 자산의 다른 자산에 대한 선호도는 해당 자산의 기대수익률과 변동성을 기준으로 결정된다. 그런데 우리는 '부동산 불패, 주택 불패'를 금과옥조인 양 믿는 경향이 있다. 하지만 장기적인 시계에서 가장 누적 수익률이 높은 자산은 주택이 아니라 주식이다. 1986년부터 2017년까지 30년 이상 장기적인 자산가격 추이를 보면, 코스피 지수가 누적 21.4배, 연평균 10.1% 상승한 데 비해 아파트 중 가장 상승률이 높았던 서울 강남의 아파트 가격 상승은 16.7배, 연평균 9.2%에 머물렀다. 그런데도 왜 많은 사람들은 여전히 장기투자수익률이 높은 자산은 주택이나 부동산이라고 믿고 있는 걸까? 그것은 아마도 사람들의 투자계획기간과 관련이 있는 것으로 보인다.

주택의 경우 주식에 비하여 유동성이 떨어져 거래에 많은 비용이 발생한다. 그리고 주택 자산의 일부는 본인의 거주 목적도 겸하는 경우가 많기 때문에 의도한 것이 아니라도 다른 자산 대비 보유 기간이 길 수밖에 없다. 그러다 보니 높은 수준의 누적 수익률을 경험할 수 있게 된 것이다. 반면, 증권은 상대적으로 처분이 용이하다. 따라서 빨리 팔 수 있으니 장기 보유를 하는 사람이 드물다. 그리고 돈 쓸 일이 있으면 주식 계좌에 넣어둔 돈을 꺼내 쓸 생각을 한다. 그러다 보니 주식시장의 높은 장기투자수익률을 실현해 본 사람이 드문 것이다.

주식시장의 참여자 수도 다른 나라와 비교하여 비중이 높지 않다. 한국예탁결제원에 따르면 2020년 국내 증시의 개인투자자 수는 913.6만 명으로 전체 인구의 17.6%에 해당한다. 그나마 2019년 613만 명에서 최근 주가 급등으로 투자자 수가 급증한 결과이다. 그렇지만 이는 영국과 일본이 30%, 미국은 26%(2010년 기준)인 것과 비교하면 높다고 볼 수 없다. 이렇게 낮은 주식시장 참가율은 자산/소득 분위 간의 자산보유패턴의 격차가 큼을 시사한다. 특히 주식시장에 참가하지 못한 그룹의 자산 성장률이 장기적으로는 참가 그룹의 자산 성장률에 비해 크게 낮아지게 될 것으로 예측된다.

자산투자에 대한 우리의 생각도 지금까지 말한 우리나라 가계의 자산구조와 일치한다. 우리가 현재 소득 수준이 낮은 상태라고 간단히 가정해보면, 저축을 하지 못하고 그날그날 하루 벌어 하루 먹는 모습이 연상될 것이다. 하지만 혹시 조금이라도 저축할 돈이 생기면, 일단은 은행에 가서 예금을 가입할지 모른다. 그러다 소득 수준이 오르고 은행예금 잔고가 증가하면, 이 중 일부(혹은 전부)를 주택을 구입하거나 아니면 주식에 투자하는 데 사용하게 될 것이다.

사람들 대부분은 아마도 주택과 주식 사이에서 주택을 택하게 될 가능성이 높다. 주택을 구입하기에 부족한 자금을 가지고 있는 사람들은 전세를 전전하며 주택을 살 수 있을 만큼 예금(물론 여기에 전세자금을 합해서)을 늘리거나 주택구입 자금 대출을 받고 이를 장기 상환하는 방식으로 주택을 위한 저축을 지속하게 될 것이다. 이 과정에서 일부는 예금 외에 주식에도 눈을 돌릴 것이다. 일단 살 집을 마련한 사람들은 비로소 주식 투자에 눈을 돌릴 여유가 생긴 자신을 발견하게 될 것이다. 이렇듯 우리가 생각하는 평범한 사람의 생애 주기에서 주식은 자산 선택 순위에서 앞자리를 차지하기는 어렵다.

지금까지의 얘기를 정리해보자면, 우리나라 가계의 자산보유 패턴은 장기적으로는 높은 수익을 얻기 위해 적절한 위험을 취하고 분산하는 전략이 제대로 구사되지 않은 것으로 보인다. 부동산으로의 쏠림이 심하고 금융자산의 구성에서 주식의 편입 비중이 부족한 상태라는 말이다. 특히 많은 자산을 보유하고 있지 못하는 사람일수록 안전자산 편중이 심하다.

이러한 금융자산 보유패턴은 경제성장의 과실이 모든 사람에게 골고루 나누어지지 않는 상황에 놓여 있음을 의미한다. 자산규모가 적거나 없는 사람들은 저축의 총량 자체가 작고 설사 저축을 보유한다고 하더라도 예금에 편중되어 있다. 우리나라의 경우 특히 더 높은 기대수익을 얻을 수 있는 위험자산(주식) 보유의 불평등이 절대적 그리고 상대적으로도 심각한 수준이다. 자산의 불평등은 소득의 불평등보다 항상 심각하며 장기적으로는 소득불평등도를 심화시키는 배경으로 작용한다. 따라서 성장의 과실이 골고루 나누어지는 사회를 위해서는 가계자산 중에서 주식에 대한 비중이 늘어나야 한다. 물론 이는 소수 종목에 대한 단기적·투기적 투자를 주장하는 것이 아니라, 시장포트폴리오의 장기적 보유를 전제로 한 것이다.

한편, 저자산 계층의 주식시장 참여가 저조한 이유에 대해 이들이 고자산 계층에 비해 금융시장이나 개별자산에 대한 정보력이 부족하기 때문이라는 지적이 있어왔다. 물론 그와 같은 측면을 간과할 수는 없을 것이다. 하지만 이를 감안하더라도 '위험자산시장 전체를 보유'하는 시장포트폴리오의 선택이 단순히 안전자산에 집중하는 것보다 장기적으로 우월하다는 사실에는 변함이 없다. 따라서 청년층을 포함한 저자산 계층이 자산 중에서 주식의 편입 비중을 늘리고 장기 보유를 유인할 수 있는 구조로 금융자산 과세 체계의 개선이 이루어질 필요가 있고 이를 감안하여 현재의 금융 자산 과세체계에 대한 논의를 진행해야 할 것이다. 물론 과세체계 의 효율성을 높이기 위한 노력도 중요하다. 또한 세금을 통한 접근 이 아니라도 저자산 계층의 주식보유를 유인하는 정책프로그램의 발굴도 필요하다.

현재의 금융상품 과세체계

자산에 대한 과세는 과세근거를 어디에 두는가에 따라 크게 세 가지 종류로 나눈다. 이 중 첫 번째가 재산세로, 과세근거를 자산 의 가치에 두는 것이다. 두 번째인 소득세는 자산을 보유하는 기 간 발생하는 현금흐름에 대하여 과세를 하는 것이다. 물론 여기에 는 자산을 매각해 매입 시점의 취득원가와 비교하여 발생하는 자 본이득에 대해 과세하는 양도소득세도 포함된다. 그리고 세 번째 는 자산을 취득하는 시점에 매입가의 일정 비율을 세금으로 내는 취득세이다. 현재 우리나라에 존재하는 모든 종류의 자산 중 이 세 가지 형태의 과세가 모두 적용되는 것은 무엇일까? 바로 부동산이 다. 그 외의 자산들은 위 세 가지 유형의 과세 중 두 가지 혹은 한 가지의 형태로만 소유자가 납세의 의무를 진다. 금융상품의 경우 주로 보유 기간 발생하는 소득에 대한 과세나 취득 시점 매입액의 일정 비율을 부담하는 거래세 형태로 과세가 이루어진다.

한편 금융상품으로부터의 소득은 이자, 배당, 양도차익의 형태로 발생하며, 현재의 자산소득세 체계는 이를 과세기반으로 삼는다. 연간 금융소득이 합산하여 2,000만 원 미만인 경우에는 금융소득에 대해서는 14%의 세율로 분리과세를 하지만, 2,000만 원 이상인 경우에는 종합소득에 합산하여 누진세율로 과세하게 된다. 다만 주식의 양도차익에 대해서는 과세가 제한적으로 이루어지고 있다. 대신 코스피 주식을 거래할 때 증권거래세(0.10%)와 농어촌특별세(0.15%)를 내도록 하고 있다. 그리고 지금부터 2023년까지 순차적으로 증권거래세는 줄어들어 사라지고 농특세(0.15%) 부분만 남게 될 것이다. 소득세만 부과되는 채권이나 예금과는 달리 증권에 대해서는 거래세도 같이 부과된다는(될 것이라는) 점에 주목할 필요가 있다.

앞서 언급한 바와 같이 (현재는 아니지만) 소액투자자의 상장주식 양도차익에 대한 과세는 2023년부터 금융투자소득 과세에 의거하여 이루어진다. 여태까지 비과세대상이던 주식과 채권의 양도차익에 대해 소득세가 부과된다는 의미이다. 물론 현재에도 상장기업의 대주주나 비상장주식의 주식양도 차익에 대해서 부과되고 있지만, 금융투자 과세가 시행되면 일반 소액주주의 상장주식 거래까지 과세 대상이 확장된다는 점에서 소위 개미투자자들의 주목을 받고 있다.

효율적인 금융상품 과세체계를 위하여

2021년 현재 우리나라의 금융자산에 대한 과세체계는 이자와 배당에 대해서는 과세체계의 효율성을 고려한 일관된 기준이 어느 정도 적용된 것으로 보인다. 하지만 이자와 배당과는 달리 주식의 양도차익에 관한 과세는 아직 일반적으로 적용되지 않은 바, 이 점에서 조세 부담의 균등화라는 원칙은 지켜지지 않고 있다. 물론 2023년부터는 소액주주의 상장주식 거래에 따른 양도차익에 대한 일반적인 과세가 이루어질 것이지만 그 내용을 반영하더라도 조세부담의 균등화 원칙이 제대로 구현될 것이라 보기는 어렵다.

정부가 2020년 7월에 발표한 세법개정안에 따르면 금융투자소득 과세는 "금융투자상품 간 손익통산 및 이월공제 불가 등 불합리, 금융투자상품별 과세방식 차이로 인한 투자결정 왜곡 등 발생"을 막고자 하는 취지에서 비롯된 것이다. 물론 이 입법 취지는 금융자산 간 조세부담의 균등화라는 원칙에 부합하므로 필자 역시 전적으로 공감하지만, 2023년부터 시행될 해당 과세제도가 이 취지와 얼마나 부합한지에 대해서는 의구심이 존재한다.

금융투자소득 과세는 원칙적으로 금융자산에 대한 양도차익과세이다. 그리고 가장 확실하게 자산 선택의 왜곡을 막을 수 있는 금융투자 과세체계는 개별 금융자산에 대한 실질 세부담이 동일하도록 보장하는 것이다. 또한 금융자산에 대한 과세는 거래액보다는 이익규모에 근거하여 과세하는 것이 시장의 자유로운 거래에 도움이 된다. 세수보전 차원에서 증권거래세와 주식양도차익 과세가 병립하는 형태로 전환되는 지금의 시점에서 증권거래세와 금융투자 과세 간의 대체관계는 중요한 의미를 갖는다. 이러한 원칙론을 근거로 2023년 시행될 금융투자소득 과세를 살펴보니, 필자는 다음과 같은 점에서 현재의 과세체계에 대한 보완이 필요하다는 생각에 이르렀다.

금융투자소득세는 자본시장법상 금융투자상품(원금 손실 가능성이 있는 증권과 파생상품)으로부터 실현된 모든 소득을 과세 대상으로 삼는다. 구체적으로는 주식 및 채권의 양도, 집합 투자기구로부터의 이익, 파생 결합증권, 금융 파생상품의 거래로 발생하는 소득 등이 과세 대상 소득에 포함된다. 이 중 국내 상장주식 등에 대하여는 5,000만 원, 기타 금융투자 소득금액은 250만 원 기본공제를 한 후 과세표준 3억 원 이하는 20%, 3억 원 초과는 25%의 2단계 세율로 세금을 부과하게 된다. 그리고 투자손실이 발생하는 경우 금융투자 소득금액에서 향후 5년간 이월결손금 공제를 허용한다. 한편 금융투자소득 과세가 도입됨에 따라 기존의 증권거래세는 하향조정되지만 완전히 없어지지는 않는다. 이는 증권거래세 중 농어촌특별세 명목으로 부과되던 부분은 여전히 남게 되기 때문이다.

먼저 연간 공제한도 5,000만 원에 대한 하향 조정이 필요해 보인다. 금융투자소득 과세는 투자원금의 손실 가능성이 있는 국내 상장주식, 채권, 공모 주식형 펀드를 합산하여 연간 5,000만 원을 초과하는 소득분에 대해서만 과세를 하게 될 것이다. 하지만 실제로 이를 초과하여 납세 부담을 지게 될 투자자의 비중은 절세행위로 인해 작아져 과세의 실효성이 크지 않을 것이다. 위험자산의 양도차익(차손)의 실현은 투자자의 몫인 바, 조세부담을 줄이기 위해 손실을 본 자산과 이익을 본 자산을 합쳐 5,000만 원 이내에서만 순수익이 발생하도록 노력할 유인이 크기 때문이다. 개정안을 발표할 때 정부가 제공한 과세부담투자자의 비중에 대한 시산은 이러한 투자자의 전략적 행위를 충분히 고려하지 못하였기 때문에 오히려 조세부담에 대해 과대평가를 하고 있을 가능성이 크다.

공제한도의 하향조정과 아울러 과세소득의 범위를 지금보다 확장하여 손익통산의 효과를 키울 필요가 있다. 현재는 원금손실위험이 있는 경우와 원금손실위험이 없는 경우로 나누어 국내주식, 채권, 펀드로부터의 소득은 금융투자 소득세를, 배당금과 이자소득은 금융소득종합과세를 적용하는 방식이다. 문제는 이 두 과세의 과세대상 소득의 범위와 세율이 다르다는 점이다.

우선 안전자산과 위험자산에 다른 세율이 적용되는 셈이니 투자자의 자산 선택에 왜곡을 초래할 것이며, 배당과 자본차익에 대해 차별적인 소득세율이 적용될 것이니 기업의 배당금 지급 정책이 영향을 받을 것이다. 또한 과세대상 소득의 범위가 다르기 때문에 안전자산으로부터 번 1원의 수익과 위험자산으로부터 번 1원의 손실이 상계가 되지 않는 문제가 발생한다. 이런 왜곡의 가능성을 줄이기 위해서 과세소득의 범위를 늘리는 방향으로 조정이 이루어져야 할 것이다. 가장 이상적으로는 종합소득세제 아래에서 주식양도 차익과 이자 및 배당소득이 근로소득 혹은 사업소득과 합산 과세되는 것이겠으나, 일단은 금융투자소득세와 금융소득종합과세의 과세대상을 합치는 방안을 추천한다.

세 번째로 주식양도 차익이 과세됨에 따라 증권거래세가 하향 조정되기는 하지만 여전히 농특세 0.15%가 거래세의 형태로 남는 부분이다. 거래세는 가격변동에 대해서 거래를 동결하는 효과를 갖는다. 이를 근거로 거래세가 가격안정화 효과를 가진다는 시각이 존재하기는 하지만 거래의 동결이 오히려 효율적인 시장가격의 형성을 저해하는 측면도 부정할 수 없다. 기왕 소액투자자의 상장주식 양도차익에 대한 과세를 실시하기로 한 마당에 굳이 증권거래세를 유지할 필요는 없을 것이다. 물론 증권거래세수에 의존하는 농특세 부분의 재원을 어디서 메꿀지는 조세 당국의 현명한 대안이 필요한 부분이다.

이외에도 현재의 금융투자소득 과세가 장·단기 투자에 구분을 하지 않고 있는 점, 조세 절약을 위해 동일 자산을 매각 후 즉시 구입하는 세탁매매방식wash-sale prohibition[2]을 금하고 있지 않은 점 등도 금융투자소득 과세의 개선을 위해 추가로 논의해볼 만한 점이다.

효율적인 금융 과세≠분배친화적인 금융 과세?

효율적인 금융상품 과세를 위해 앞서 제시한 바와 같은 방향으

---

[2] 세탁매매방식은 손실이 예상되는 주식을 매각한 후 즉시 매입하는 행위이다. 그러면 동일한 양의 주식을 보유하면서도 세금 당국으로부터 손실×세율만큼의 세금감면을 받으니 이익이 된다. 이러한 허점을 막기 위해 30일 이내에 손실을 보고 매각한 주식을 다시 사지 못하도록 하는 규정이 미국에 있다. 이를 세탁매매금지규정wash sale rule이라고 한다. 하지만 매각한 기업과 최대한 비슷한 기업(이를테면 베타 값이 같은 기업)을 찾아서 그 주식을 매입하는 전략으로 투자자들은 이 규정을 회피하고자 한다.

로 세제 개선이 이루어진다면, 어떤 일이 벌어질까? 아마도 가장 눈에 띄는 것은 주식에 대한 투자 비중이 현재보다 증가하게 될 것이다. 증권거래세를 없애고 대신 주식양도차익 과세를 세수중립적으로 도입한다는 전제 아래 일단 주식 투자자의 부담은 이전과 비교하여 증가하지 않을 것이다.

증권거래세에서 주식양도차익 과세로의 완전 전환과 아울러 연간 공제한도를 충분히 내리는 대신 과세소득의 범위를 확장하거나 아예 종합소득에 합산하는 방식을 사용한다면, 주식투자에서 얻을 수 있는 손실에 대한 보험의 역할을 투자자에게 제공하는 셈이 된다. 따라서 투자자는 이전에 비하여 주식의 비중을 늘릴 유인을 갖게 될 것이다. 물론, 모든 종류의 주식에 대해 동일한 세제가 적용될 것임으로 이들 간의 적절한 조합을 구성하는 문제는 기존의 CAPM 모형에서 제시하는 것과 별반 다르지 않을 것이다. 모든 투자자가 시장포트폴리오를 선택할 것이라는 이론적 예측과는 현실적으로 거리가 있을 것이나, 이전에 비해서는 가계의 금융자산 중 위험자산의 비중이 증가할 것이고 위험자산의 다각화가 이루어질 것으로 기대된다. 그리고 이러한 변화된 모습은 상대적으로 자산보유 규모가 작은 청년층 가계의 자산보유 패턴에서 더욱 두드러지게 나타날 것이다.

여기서 다시 한번 상기할 점은 우리가 애초에 효율성 제고를 목표로 검토한 금융자산 과세가 최소한 분배 중립적일 수 있다는 것이다. 가장 이상적으로 모든 사람이 시장포트폴리오를 선택하는 경지에 이른다면 동일한 자산 구성(규모는 다를지라도)을 가진 투자자 집단으로 이루어진 사회의 자산불평도는 어떤 경우에도 불변일 것이다. 하지만 현실과 이상의 괴리를 생각하면, 아마도 앞에서 제시한 바와 같이 금융투자소득 과세체계가 보완된다면, 적어도 자산불평등도가 불변은 아닐지라도 악화되는 속도를 늦추는 데 도움이 될 것이다. 자산불평등도의 심화가 소득불평등도에 의해 영향을 받은 측면은 분명히 있다. 그리고 그 부분의 영향을 금융투자소득 과세체계로 다 해소할 수는 없는 노릇이다. 하지만 현재처럼 작은 자산규모를 지닌 청년층이 주택 혹은 안전자산으로 쏠리는 현상[3]이 미래의 자산불평등도 악화의 불쏘시개가 되는 부분을 어느 정도 막을 수 있을 것이다.

또한 자산불평등도의 악화를 늦춘다는 소극적인 목표를 뛰어넘어 분배친화적인 금융과세를 생각한다면 이는 금융투자소득 과세보다는 종합소득세제의 누진도를 조정하는 방식으로 해결해야 할 것이다. 지금처럼 괜히 금융투자소득 과세 내에서 어정쩡하게 누진적인 요소를 도입하는 것은 오히려 자산 선택에 왜곡을 초래할 가능성이 존재한다. 따라서 소득재분배에 대한 정책당국의 관심은 종합소득세제 내에서 해소하는 것이 타당할 것이다.

지금까지 이 글에서는 금융자산으로 대상을 한정하여 현실 가

---

3   최근 들어 청년층이 주식이나 가상화폐에 대한 '영끌 투자'가 세상의 이목을 끈 것은 사실이다. 하지만 여전히 이들의 관심은 자기 집을 갖는 것이며 이를 위해 안전자산이나 전세자금의 형태로 돈을 모으는 것이 불가피하다.

계의 자산구조와 바람직한 자산구조를 비교하고 양자 간의 괴리를 없애는 차원에서 금융자산 소득체계가 어떤 역할을 할 수 있는지를 이야기해보았다. 하지만 주택과 부동산 등의 실물자산을 포함하더라도 논의의 방식과 결과는 변치 않을 것이다. 현실에서 청년층은 주택이나 안전자산의 보유 비중이 자산보유 규모가 큰 장년층 혹은 노년층에 비해 높으며, 여전히 주식과 같은 위험금융자산의 보유 비중이 낮다는 점에는 변함이 없기 때문이다.

부동산 정책의 초점은 투기 방지보다 무주택자의 내 집 마련을 돕는 데 두어야 한다. 이들에 대한 공적 주택담보대출을 늘리고, 토지임대부 주택 공급을 확대하자.

서울의 주택 공급을 늘려야 한다. 재개발·재건축 규제 완화, 도심 용적률 인센티브 부여, 비주택의 주택 용도로의 전환, 국공유지 활용 등 쓸 수 있는 방법 다 쓰자. 광역교통망 확충도 도심 주택수요 압력을 줄여준다.

'공공' 임대에만 집착하지 말고 사회주택, 등록임대주택까지 포함해 저렴하고 안정적인 '민간' 임대주택 재고를 확보해야 한다. 특히 사회주택, 리츠, 주택임대관리회사 등으로 '사회적' 임대인을 육성해야 한다.

리츠와 같은 간접부동산투자상품을 활성화해서 가계에게 투기가 아닌 투자의 수단을 제공해야 한다.

8장 　 부동산 문제, 어떻게 해결해야 하나

이상영(명지대학교 부동산학과 교수)

문재인 정부 전반기 주택정책의 흐름

문재인 정부 들어 수도권 아파트를 중심으로 주택 가격이 급등함에 따라 부동산 문제가 최대 경제 현안이 되고 있다. 현재의 부동산 문제가 시장의 병폐에서 기인한 것인지, 아니면 정부의 정책 실패에 의한 것인지를 살펴보지 않고, 그 해결방안을 논하기는 어렵다. 이러한 문제의식 아래 이 글에서는 지금까지 주택정책의 내용이 무엇이었고, 이런 정책에 시장이 어떻게 반응했는지 살펴본다. 이와 함께 외국의 부동산 문제 해결 방안들을 참고해 부동산 정책이 어떤 방향으로 나아가야 할지 생각해본다.

우리나라에서 부동산 문제는 주택 분야가 중심이고 주택 문제 중에서도 주택가격 상승과 투기에 관심이 집중되어왔다. 투기를 막고 주택가격을 안정시키는 것을 정책의 지상목표로 여기는 인식이 강하다. 2017년 출범한 문재인 정부도 투기적 목적의 다주택 소유가 가격불안을 야기한다고 보고 가격안정을 위한 투기 억제와 같은 수요규제 정책에 초점을 맞췄다. 이에 따라 다주택자에 대한 부동산 세제를 강화하고 주택대출을 규제하는 정책 처방이 이루어졌고, 그 결과 단기적으로 주택가격이 안정되는 듯했다.

그렇지만 2018년 하반기 이후 주택가격이 급등하면서 수요관리 정책은 한계에 부딪쳤다. 그러자 정부는 이때부터 3기 신도시를 비롯해 다양한 주택공급정책을 검토하기 시작했고, 2021년 2월까지 총 205만 호에 달하는 대규모 주택공급 방안을 내놓았다.

되돌아보면 문재인 정부는 이전 보수 정부의 부동산 패러다임을 바꾸겠다는 입장에서 실수요자를 우대하고 다주택자를 규제하는 수요관리 정책을 구사했다. 공급은 충분하기 때문에 다주택자로 하여금 여분의 주택을 시장에 내놓게 해서 무주택자가 이를 구입하게 하고, 주택구입이 어려운 저소득층에게는 공공임대주택 공급을 확대하겠다는 것이 정책의 핵심이었다. 이런 맥락에서 정부 출범 초기에 5년 내 100만 호의 공공주택 공급과 50조 원 규모의 도시재생 뉴딜 정책을 내세웠다.

이와 더불어 2017년 말에는 주택임대사업자 등록을 촉진하기 위해 등록 사업자에게 각종 세제혜택을 확대하는 정책을 실시했다. 기존 임대주택사업자들을 관리하기 위한 법은 2015년에 입법한 민간임대주택특별법(민특법)인데, 이 법에 따라 4~8년간 의무임대기간 중 정부가 정한 임대료 상한을 지키는 사업자에게 세제

혜택을 부여했다. 개인 간 계약에 의해 관리되는 비제도권 임대주택과 달리, 민특법상에 등록한 주택임대 사업자는 정부의 가이드라인에 의해 중장기적으로 규제할 수 있다고 판단한 것이다. 당시 모든 주택임대계약에 적용되는 주택임대차보호법에서는 2년간 5% 이내 임대료 상한에 대한 규제만 가능했다는 점과 비교하면 민특법을 통해 임대주택사업에 대해 정부 개입을 강화한 셈이다. 이러한 정책적 판단에 따라 민간의 임대주택 등록이 급증해 2017년 말 이후 2020년 8월 제도 변경 때까지 약 90만 호가 추가 등록되어 제도 변경 전까지 등록호수는 160만 호에 달했다.

한편 정부는 초기부터 부동산 보유세 강화 방침을 갖고 있었지만, 2018년 재정개혁에서도 종합부동산세는 이전과 큰 차이 없이 유지되었다. 반면 재개발·재건축 규제는 크게 강화되어 서울 지역 주택 공급부족은 더욱 심화되었다. 그런데도 2018년 하반기 이후 서울을 중심으로 부동산 가격이 급등하자 정부는 좀 더 강력한 수요규제 정책을 사용하였다.

2018년 이후 정부가 민간임대주택 등록촉진 정책을 도입할 때 간과했던 부작용이 드러나면서 혜택이 일부 철회되기도 했다. 임대사업자로 등록한 다주택자들이 세제혜택을 누리려면 4~8년간 임대를 유지해야 했는데, 그 결과 정부 의도와 달리 고가 아파트 중 일부도 임대주택으로 묶이면서 일종의 매물 잠김 현상이 가속화된 것이다. 이처럼 다주택자의 매물이 시장에서 줄어들면서 주택시장에서 매물 공급 부족 현상은 오히려 심화되었다.

특히 일부 다주택자의 경우는 이 제도를 이용해서 세금부담을 덜 수 있다는 점에서 등록임대주택으로 전환해 혜택을 보는 사례가 증가하게 되었다. 결국 2018년 하반기에 아파트 중심으로 등록임대사업자 혜택을 축소하고 부동산 규제지역을 확대하는 조치가 이루어졌다.

공급 문제에 대해서도 부분적인 정책 전환이 이루어져 정부는 그동안 신도시개발을 하지 않겠다는 입장에서 신도시 건설 추진으로 방향을 선회했다. 다만 기존 재개발·재건축 규제는 완화하지 않은 채 신도시 건설에만 중점을 두고, 2018년 말 서울 인근 경기도 지역에 3기 신도시를 건설한다는 계획을 발표했다.

코로나 위기 속 주택가격 상승세 지속

2019년 이후에도 시장 안정이 쉽게 이루어지지 않았기 때문에 2019년 12.16대책에서는 대출규제 강화, 종합부동산세 및 양도세 부담 강화, 분양가 상한제, 전매제한 등 매우 강한 수요관리대책을 내놓았다. 이후 2020년 2.20대책에서 조정대상지역 등을 확대하고, 규제지역에서의 규제 강도도 더 강화하면서 시장의 하강 분위기가 정착되는 듯했다. 특히 2020년 들어서면서 코로나 위기가 본격화되자, 주택가격은 안정되었고 주택 거래량도 급감했다.

그렇지만 4~5월경부터 저금리와 통화량 팽창 등을 배경으로 서울 강남 재건축 아파트 가격이 다시 상승하기 시작했다. 핀셋 규제로 제외된 외곽에서 주택가격이 폭등하는 풍선효과도 계속되었다. 이에 정부는 6.17대책을 발표하고, 전세보증금을 이용한 갭gap 투자 및 법인의 임대주택투자 금지, 규제지역 확대, 토지거래허가 제 시행, 재건축 실거주요건 강화 등 전례 없이 강력한 수요 억제 책을 내놓았다. 이때 정부는 전체 주택매입의 50%를 전세금을 이용한 갭 투자로 추정하고, 전세를 레버리지leverage로 이용한 주택매 입을 사실상 금지하는 조치를 취했다.

이러한 일련의 정책에도 가격상승이 지속될지 모른다는 우려가 팽배해지자, 정부 출범 이후 큰 변화가 없었던 종합부동산세, 양도 소득세, 취득세 등 부동산 관련 세금을 대폭 인상하는 법안을 7월 에 통과시켰다. 여기에 더하여 4년 단기 민간임대주택 임대업을 폐지하고, 매입 임대 아파트의 경우 임대사업 대상에서 제외하는 조치까지 취했다. 8월에는 임대인이 전월세 가격 인상으로 부동산 관련 세금을 임대료에 전가하지 못하도록 전월세신고제, 임대료 상한제, 계약갱신청구권 등을 포함한 주택임대차 3법을 도입했다.

공급부족에 대해서는 서울과 수도권을 중심으로 대규모 공공주 택 공급을 확대하는 8.4대책을 내놓았다. 8월 임대차 3법 개정 후 전월세 가격 급등과 전세매물 품귀 현상이 벌어지자, 11.19 서민주 거안정지원 대책을 내놓으면서 2022년까지 총 11.4만 호의 전세형 주택을 공급하기로 했다.

코로나 위기와 강력한 부동산 규제책에도 불구하고, 2020년 하 반기 이후 서울-수도권 주택 매매가격이 급상승했고 전월세 가격 마저 폭등했다. 이렇게 되자 정부는 수요관리 정책만으로는 시장

안정이 어렵다는 판단 아래 공급확대로 정책기조를 완전히 전환했다. 2021년 2.4대책에서는 2020년 8.4대책 등 이전에 수립한 수도권 127만 호 아파트 공급에 더해 전국적으로 83만 호의 주택을 추가 공급하는 안을 내놓았다. 그 결과 총 205만 호에 달하는 신규 주택을 2025년까지 공급하겠다는 정책 목표가 정해졌다.

문재인 정부 후반기 공급확대 정책으로의 전환

이처럼 문재인 정부 부동산 정책이 정부 전반기(2017~2018) 수요관리에서 후반기(2019~2021) 공급확대로 전환한 것을 어떻게 이해해야 할까? 문재인 정부는 출범 초기부터 실수요자에게 돌아가야 할 주택물량을 다주택자들이 투기적 동기로 축적한 것이 문제라고 보았다. 이런 관점에서 다주택자의 신규 주택구입을 막고 기존 보유주택을 시장에 내놓게 하는 것이 정책의 최우선 과제였다.

그러나 강력한 규제와 양도세, 종부세 등 부동산 관련 세금부담 증가에도 다주택자들은 여분의 주택을 시장에 내놓지 않고 있다. 오히려 등록임대사업자로 전환해 세제혜택을 받거나 자식에게 증여하는 방법을 선택했다. 이로 인해 정부의 의지와 달리 다주택 보유 현상은 형태를 달리해서 점점 심화되고 있다. 즉, 실수요자들은 규제 때문에 대출이 어려워 수도권 내에서 주택매입에 어려움을 겪는 반면, 고소득층과 자산가는 높은 신용을 기반으로 자금을 조달하거나 부를 이전받아 주택을 매입하고 있다. 주택시장이 정책 의도와 정반대로 작동하고 있는 셈이다.

더 큰 문제는 수요관리 정책을 펴는 동안 서울-수도권의 신규 공급이 정체되었다는 점이다. 민간의 재개발·재건축 사업이 각종 규제로 원활하지 않아 서울에서 신규 주택공급은 그만큼 더 어려워졌다. 임대시장도 불안하다. 2020년 8월에 주택임대차 3법 개정을 통해 2년에서 4년으로 임대계약 기간이 연장되었지만, 전월세시장 안정에 기여하지 못하고 있다. 갱신거절 사유로 집주인 거주를 인정함으로써 자가 및 직계가족의 실거주를 촉진하는 결과도 나타났다.

여기에 신규 임대료는 임대료 상한 대상에서 제외됨으로써 시장에서 임대물건 부족과 임대료 폭등이 더 심화되었다. 현재 임대시장에서는 5% 이내 계약갱신계약, 5% 제약을 받지 않는 신규임대계약 그리고 임대인과 임차인의 합의에 의한 5% 이상으로 해서 신규임대료의 60~80% 수준으로 이루어지는 재계약임대계약이 나타나고 있다. 동일한 임대물건에 소위 3중-4중의 임대료가 존재하고 있다. 기존 임차인이 신규임대료의 폭등에 따라 임대료에 추가적인 프리미엄premium을 지급하는 일종의 암시장이 형성되는 지경이 된 것이다.

시장실패인가, 정부실패인가

정부는 부동산 대책을 내놓을 때마다 시장실패에 대한 정부개입이라는 점을 강조했다. 주택가격 폭등은 저금리에 따른 유동성 증가와 세대 분화로 주택수요가 폭발한 데 따른 현상으로, 정부실패가 아닌 시장실패로 보아야 한다는 입장이다. 뒤늦게 제시한 공급확대 정책도 민간보다는 공공임대를 비롯한 공공 주도 공급정책이 되어야 한다고 주장한다.

그렇지만 시장실패를 주장하기에는 정부정책의 문제점이 너무 많다. 우선 주택 공급문제를 해결하지 못하면서 다주택자의 수요관리에만 집중한 한계가 있다. 그나마 다주택자를 세제와 금융으로 관리하는 것은 큰 틀에서는 가능하지만, '핀셋 규제'라는 국지적 규제방식으로는 투기를 막기 어렵다. 해당 지역 주변의 '풍선효과'를 동시다발적으로 발생시키기 때문이다. 정부의 핀셋 규제대로 시장수요자가 따라올 것이라고 믿는 것은 주택시장의 복잡성을 과소평가한 것이다.

그 결과 지난 수년간 실수요자 위주의 시장재편을 원하는 정부의 의도는 관철되지 못했다. 오히려 이 과정에서 금융조달에서 비교적 여유가 있는 고소득층, 자산가들에 의해 부동산 자산 축적이 가속되어 가계자산의 양극화가 더 심화되었다. 수요관리 중심의 정부정책이 대출이나 전세보증금에 의존하는 실수요자보다는 자기자금 동원이 가능한 고소득층이나 자산가들이 주택을 마련하기 쉬운 시장구조를 만들어낸 것이다.

뒤늦게 정부는 공급확대 정책으로 전환했지만, 여전히 민간보다는 공공이 공급과정을 주도해야 한다는 입장이다. 즉 2021년에 나온 2.4대책은 민간이 참여하는 재개발·재건축보다는 공공이 주도적으로 진행하는 주택공급을 계획하고 있다. 다주택자들에게 유리한 투자환경을 조성하는 민간주도 시장을 공급에서도 원천적으로 배제하기 때문이다.

결국 정부는 수요관리 정책의 실패를 공급확대 정책으로 만회하려 하지만 공공 주도로는 한계가 있다. 공급정책이 성공하려면 민간 참여자의 자발적 참여를 유도해야 한다. 그런 내용이 포함되지 않은 현재의 공급정책은 실질적 정책전환이라고 보기 어렵다.

2.4공급대책의 내용과 문제점

2.4공급대책의 목표는 주택공급을 획기적으로 늘려 주택시장을 안정시키는 것이다. 2.4대책에서 주택공급 유형은 크게 세 가지였다. 첫째는 역세권, 저층주거지, 준공업지대에서 시행하는 '도심공공주택 복합사업', 둘째는 도시정비사업에 의한 '공공 직접시행 복합사업', 셋째는 도시재생의 실행력을 강화한 '주거재생혁신지구'이다. 이들 사업에서는 공급물량을 최대한 늘리고 사업을 신속하게 추진하기 위해 용적률 상향, 역세권 범위 확대, 기부채납 제한, 용도지역 변경, 사업기간 단축 등의 인센티브를 부여하고 재개발에 필요한 주민동의율도 완화할 계획이다. 그런데 시장 상황을 보면 이러한 공급방식으로 정부가 단기간에 성과를 올리기는 어려워 보인다.

가장 큰 문제는 주택공급 규모가 너무 크다는 점이다. 지역적으로 보면 2025년까지 서울지역에 32.5만 호, 수도권에 61만 호로 전국에 83만 호를 공급할 계획이다. 이미 계획한 수도권 아파트

127만 호를 더하면 5년 안에 순물량으로 205만 호에 달한다. 이 물량의 대부분을 공공 주도로 공급하는 것은 어려운 과제이다. 더욱이 인구감소 추세 등을 고려할 때 5년 후 수도권 주택시장에서 이 정도의 공급물량은 공급과잉을 초래할 수도 있다.

도시계획의 관점에서도 주거 기능에만 초점을 두고 역세권, 저층주거지, 준공업지구를 전부 주택지역으로 개발하는 것은 바람직하지 않다. 또한 이들 지역에서 공공사업자가 민간소유 부동산을 수용할 때 사유재산권 침해 논란이 일어날 수 있다. 사업과정에서 임차인들의 주거나 생존권 문제도 제기될 수 있어 사회적 갈등의 요소가 매우 크다.

추진체계의 측면에서 보면 신규 주택공급은 공공주택법, 도시 및주거환경정비법, 도시재생법, 소규모주택정비법을 개정해서 LH와 같은 공기업 주도로 진행할 계획이다. 이처럼 중앙정부가 도심 내에 대규모 주택단지를 공급하겠다는 계획은 지방자치 원리에 역행하는 방식이고, 해당 지역의 도시 발전에 해악이 될 수 있다. 주택공급만을 목적으로 도심을 개발하다가는 전형적인 난개발이 될 수도 있다. 역세권 등 개발 대상지들에서 중장기적으로 도심의 산업적, 상업적 기능을 동시에 확충해주어야 한다. 이는 해당 지자체와 충분한 논의가 필요한 사안이므로, 기존 도시관리계획과 이번 주택공급사업을 어떻게 조화시킬 것인지 충분한 시간을 가지고 고민해야 한다.

또한 민간이 소유한 토지를 공공 주도로 개발하는 과정에서 상

이상영(명지대학교 부동산학과 교수)

당한 어려움이 예상된다. 토지 및 건물 소유주에게 줄 인센티브에 합의하는 것은 쉽지 않은 일이다. 나아가 주민동의율을 완화해서 동의하지 않은 주민이 많은데도 강제로 토지나 건물을 수용하는 방식이 지금 같은 시대에 바람직한지 의문이다. 이 문제를 해결하려면 개발이익을 공정하게 배분하는 방안을 마련할 필요가 있다. 소유주를 포함한 사업 참여자와 지자체의 수입이 얼마나 되는지, 환수된 수익으로 무엇을 할 것인지, 기존 임차인의 주거문제를 어떻게 해결할 것인지 사전에 합의할 필요가 있다.

선진국의 부동산 문제 해결방안

부동산 문제의 해법을 찾는 데에는 선진국의 경험이 참고가 된다. 이들은 문제 해결을 위해 두 가지 방향에서 접근하고 있다.

첫째는 내 집 마련을 촉진해 자기 집을 가진 중산층을 형성하는 것이다. 이를 위해 저금리의 장기(20~30년) 주택담보대출을 제공한다. 그 결과 자가주택 보유율은 대부분 선진국에서 60~70% 수준에 이른다. 자가주택 소유를 장려하므로 주택대출 규제는 주택매입 규제가 아니라 대출기관의 대출 위험관리 차원에서 이루어진다. 주택 관련 세금도 구입을 촉진하기 위해 감면하는 경우가 많다. 주택대출 원리금 상환금에 대해 소득공제를 해주고, 보유단계 재산세의 소득공제나 자본이득세 과세의 감면, 이연 등도 이루어진다.

2000년대 전반 저금리 아래 주택구매가 급증한 결과 2008년 금융위기와 같은 폐해가 나타나기도 했다. 당시 금융위기를 극복하기 위해 미국 정부는 주택저당증권Mortgage Backed Securities, MBS 보증기관을 국유화해 미국의 주택금융체제를 유지했다. 동시에 정부는 비우량 주택담보대출subprime mortgage이나 파생금융상품으로 인한 부실 위험을 해결하는 데 주력했다.

미국에서도 전통적으로 주택대출 시 총부채상환비율Debt to Income Ratio, DTI 규제 등을 통해 대출자의 신용을 점검하지만, 한국처럼 대출 규제를 투기 억제 정책으로 사용하지는 않는다. 내 집 마련이 개인적인 자산축적의 가장 중요한 수단이라는 점을 고려하기 때문이다. 공공임대 비중이 높은 북유럽에서도 내 집 마련 자체는 규제 대상이 아니다. 오히려 이들 국가에서도 주택 소유율은 전체적인 평균보다 높은 편이다.

둘째는 저소득층을 위한 저렴주택Affordable Housing 공급에 주력하는 것이다. 저렴주택을 제공하는 국가 중 북유럽 국가들은 보편주의라고 해서 무주택자가 원하면 누구나 공공임대주택에 거주할 수 있게 제공하는 방식으로 주거복지를 구현하고 있다. 이렇게 하기 위해서는 적어도 전체 주택 재고의 20~30% 정도의 공공임대주택을 보유해야 한다. 반면 이러한 수준의 공공임대주택 재고를 확보하지 못한 국가들은 선별주의를 선택하며, 이 경우 저소득층에게는 공공임대주택을 공급하거나 주택 바우처Housing Voucher를 제공하고, 중간소득 이상의 계층은 민간 임대시장이나 자가시장에서 주거문제를 해결하도록 하고 있다.

보편주의 노선을 대표하는 북유럽 사회민주주의 주거복지체제의 경우 공공임대주택이 전체 임대주택의 대부분을 차지한다. 이들 국가는 19세기부터 노동자들의 주택문제를 해결한다는 국민적 합의에 따라 사회주택Social Housing 개념에 기초해 주거복지체제를 구축했다. 무주택자의 경우 사회주택에 입주하는 데 제한이 없으며, 전체 주택 재고의 20~30% 수준에 달하는 사회주택 재고를 확보함으로써 누구나 원하면 저렴주택에 사는 것이 가능하다.

선별주의 국가에는 두 가지 유형이 있는데, 보수주의 주거복지체제의 국가처럼 공공임대체제가 중심인 경우가 있고, 자유주의 주거복지체제처럼 민간시장의 자율에 의존하는 경우가 있다. 특히 공공임대 비중이 5% 이하인 자유주의 주거복지체제 국가들은 개인보다는 리츠Real Estate Investment Trusts, REITs나 임대전문회사가 직접 소유하거나, 개인이나 법인으로부터 위탁, 운영하는 것이 일반적이다.

보수주의 주거복지체제를 가진 독일, 프랑스 등 서유럽의 경우는 북유럽의 사민주의 국가에 비해서는 공공임대 비중이 상대적으로 낮다. 그 대신 민간에 대한 규제를 강화해서 공공과 민간의 차이를 최소화하고 있다. 이들 국가에서는 임대료 상한제를 실시하고 '정당사유제'로 계약갱신 청구권을 보장하는 경우가 많다. 정당사유제란 임차인이 계약갱신 청구를 할 때 임대인에 비해 사회적으로 해당 임대주택에 거주할 필요성이 더 있는 경우에 법원이 이를 허용하는 제도를 말한다.

반면 미국, 일본, 호주의 경우는 자유주의 주거복지체제로 공공주택은 많지 않고 주로 저소득층에게 제공된다. 공공임대주택은 전체 주택 재고의 3~5% 수준에 불과하며, 일부 국가는 임차료를 보조하기 위해 주택바우처를 제공하기도 한다. 대부분의 임차인이 거주하는 민간임대주택의 경우에는 리츠나 기업형 임대관리회사가 공급과 관리의 주체가 되고 있다. 다만 이 경우에도 순수 영리회사만이 아니라 비영리의 사회적 임대인social landlord을 육성하여 저렴주택 공급을 촉진하는 정책을 사용하고 있다.

자유주의 주거복지체제 국가들은 1차 세계대전이나 2차 세계대전 시에 임대료 상한제를 도입한 경우가 많았지만 1980년대에 대부분 이 제도를 폐지했다. 임대료 상한제로 인해 민간임대주택 공급이 부진하고 주택의 질이 열악해지는 현상이 나타났기 때문이다. 그 대신 계약갱신을 요구할 수 있는 정당사유제가 남아 있는 경우가 있지만, 2000년대 이후 미국식으로 계약 기간 내에서만 임차권을 인정하는 방식으로 전환되고 있다.

결과적으로 자유주의 주거복지체제 국가들은 임대료가 높은 민간임대주택의 경우 리츠와 같은 부동산 펀드가 투자자 자금을 받아서 운영하는 방식을 택하고 있다. 그리고 리츠의 주식은 은퇴 가구들의 노후자금을 마련하기 위한 수단으로 이용되는 것이 일반적이다. 2000년대 이후 리츠나 MBS 등 증권화된 금융상품은 노후세대의 중요한 재테크 수단으로 배당이나 이자 수입을 통해 노후생활자금을 조달하는 형태로 정착되고 있다.

이들 국가에서 상대적으로 저렴한 개인소유 임대주택은 기업형 임대관리회사에 위탁하는 것이 일반적이다. 이에 따라 임차인의 입장에서 보면 민간임대주택은 개인 대 개인의 계약이 아니라 개인 대 법인의 계약에 따라 관리되는 형태로 전환되고 있다. 따라서 개인 소유의 민간임대주택조차도 실제 시장에서 관리는 임대전문 관리회사가 맡는 것이 일반적이다.

보편주의 모형은 우리나라의 주거모형이 될 수 있을까?

선진국의 주거복지정책 중 일부가 우리나라 주거문제 해결을 위한 대안으로 거론되어왔다. 하나는 계약갱신청구권과 임대료상한제이고, 다른 하나는 보편주의 모델의 사회주택이다. 계약갱신청구권과 임대료상한제는 이미 2020년에 임대차 3법의 형태로 부분적으로 도입되었다. 보편주의와 관련해서는 노무현 정부에서 문재인 정부까지 이상적 주거복지 모델로 언급되어 왔지만 본격 도입되지는 않았다.

현재 우리나라 주거복지체제는 자유주의에 가깝고, 북유럽의 보편주의와 다른 선별주의 방식에 해당한다. 우리나라에서 주거복지 정책은 소득 1~4분위의 저소득층을 주 대상으로 삼고 있다. 공공임대주택 재고는 현재 전체 주택의 8% 수준으로, 2025년까지 이를 10% 수준으로 끌어올리는 것이 목표이다. 따라서 북유럽식 보편주의에 입각한 공공임대주택 재고를 제공하려면, 최소 10% 이상의 공공임대주택 재고를 추가로 늘려야 한다. 규모로 보면 약 500만 호 수준으로, 여기에 도달하려면 장기간 대규모 공공임대주택 투자가 불가피하다.

공공임대주택의 대규모 공급에서는 재원조달 가능성이 결정적인 문제가 된다. 우리나라에서는 2019년 현재 총자산 182조 원에 달하는 주택도시기금의 출자와 융자를 이용할 수 있지만, 이 경우 주택도시기금 손실과 청약자 자금인 주택도시기금 회수의 문제가 발생하게 될 가능성이 크다.

또한 공공임대주택 건설자금과 이후 유지보수비용 등을 고려하면 기존의 선별적 공급방식만으로는 어렵고, 결국 공공임대주택의 임대료 인상이 불가피하다. 개별 가계 입장에서는 이 경우 저렴한 임대료가 아닐 수 있다. 즉 임대료 부담을 줄이면 재정 부담이 늘게 되고, 반대로 임대료 부담을 올리면 공공임대주택의 취지가 퇴색하는 딜레마가 있다.

북유럽의 사민주의 국가들은 정부가 아닌 주택협회 등 비영리법인들이 주도해 사회주택을 공급하고 있다. 이들 비영리법인은 이윤보다는 사회적 가치를 추구하는 새로운 조직 성격을 가지고 있다. 이에 비해 우리나라에선 공공임대주택 공급을 국가 내지는 지자체, 또는 공기업이 주도할 수밖에 없다. 이러한 조건에서 북유럽식 사회주택 모형을 그대로 도입하게 되면 공공주택의 새로운 유형 추가에 그칠 가능성도 있다. 이러한 실패 사례로는 최근 몇 년간 공급물량이 수천 호에 그친 서울시 사회주택을 들 수 있다.

이상의 선진국 주택정책을 참고할 때 우리나라 주택문제 해결책은 다음과 같은 방향으로 찾아야 할 것이다.

첫째, 무주택자의 내 집 마련을 위한 금융·세제혜택을 파격적으로 제공해야 한다. 저리의 장기주택대출을 통해 내 집을 마련하고 이를 은퇴 전 상환할 수 있게 해야 한다. 이를 위해서는 주택대출 상환에 따른 원리금 소득공제 등 세제혜택과 보유 시 재산세 감면, 양도 시 양도소득세 감면 등 다양한 지원책이 필요하다.

둘째, 임차인을 위해서는 공공임대만이 아니라 사회주택, 등록 임대주택까지 포함해 저렴하고 안정적인 민간임대주택 재고를 축적해야 한다. 민간임대주택의 안정성과 저렴성을 확보하기 위해 사회주택이나 리츠, 주택임대관리회사 등을 사회적 가치에 부합되는 사회적 임대인으로 육성할 필요가 있다.

내 집 마련을 위한 주택금융

이제 주택문제 해결을 위한 여러 방법을 하나씩 구체적으로 생각해보자. 먼저 주택금융은 투기 억제보다는 무주택자나 생애최초 구입자의 주택구매 여력을 높여주는 데 초점을 맞춰야 한다. 주택대출을 지렛대(레버리지)로 삼아 지속적으로 무주택자들이 내 집을 가진 중산층으로 전환되도록 해야 한다.

지금처럼 대출규제가 전면적으로 적용되면 실수요자들이 그만큼 레버리지를 이용하기가 어려워진다. 전세 세입자의 경우 잠재적 주택 매수자로서 주택구입 가능성이 높은 편이다. 그렇지만 최근 주택대출 규제로 주택구입 여력이 감소하고 있다. 반면 신용도가 높고 현금 동원력이 좋은 고소득층이나 자산가 계층은 주택을 구입하거나 증여를 할 수 있어 세대 간 부의 이전이 더 가속되는 결과가 나타나고 있다. 가계자산 양극화를 막으면서 임대차 시장을 안정시키려면 이 문제를 반드시 해결해야 한다.

우리나라는 청약을 위한 주택도시기금이 대규모로 조성되어 있고, MBS 발행을 통해 주택채권 유동화도 잘 이루어지고 있다. IMF 위기 이후 오랜 기간 주택대출을 위한 유리한 제도적 배경이 조성되어 있다. 그런데도 이러한 자금을 이용한 저리의 공적 주택담보대출은 크게 부족한 상태였다. 따라서 공적 주택담보대출을 대폭 늘려 무주택자를 비롯한 실수요자가 주택을 손쉽게 구입할 수 있게 해야 한다. 생애최초 구입자들이 은퇴 시점 이전에 대출금을 상환하고 내 집을 완전히 소유해서 노후자금으로 주택을 이용할 수 있는 금융구조를 만들어야 한다. 노후에 주택으로 인한 어려움을 겪지 않고, 주택연금 등을 통해 노후생활 안정을 도모할 필요가 있다.

다만 주택 공급가격 자체가 높아서 구입이 어렵다는 문제점을 감안하여 보완적인 자금마련 방법과 주택 공급가격 자체를 낮게 만들 수 있는 토지임대부 주택을 고려할 필요가 있다. 우선, 생애소득이나 자산 부족으로 완전한 주택소유가 어려운 경우에는 차선책으로 일부 지분equity 또는 공공기관 소유대출을 수익 공유형으로 제공할 필요가 있다. 레버리지를 충분히 제공하고, 이후 주택으로 발생하는 수익 일부를 공공이 공유하는 방식을 통해서라도 내 집에 대한 실질적인 소유권을 행사할 수 있도록 지원하자는 것이다.

유럽식 토지임대부 주택도 고려할 수 있다. 토지는 공공부문이 가지되 건물은 거주자가 소유하고 거래하는 방식이다. 이 경우 토

　이상영(명지대학교 부동산학과 교수)

지를 보유하는 공공부문이나 토지주가 토지 임대료를 저렴하게 책정해 거주자의 부담을 줄이는 것이다. 우리나라의 경우 토지임대부 주택의 부지를 제공하는 보유자(사실상 공공이 중심)에게 유리한 세제가 마련되어 있지 않기 때문에 토지 제공을 꺼리는 경우가 많다는 점에서 부담을 경감하는 제도 개선이 선행되어야 한다.

주택임대차보호법의 개정과 관리체계 재정비

우리나라의 주택임대 관련법은 민법의 특별법인 주택임대차보호법, 사업자법인 민간임대주택특별법(민특법) 그리고 공공주택법으로 구성되어 있다. 2020년 이전까지 주택임대차보호법은 임차인 보호가 주목적이고, 민특법은 민간 임대사업자를 규제하기 위한 법이었다. 그런데 2020년 주택임대차 3법을 개정하면서 주택임대차보호법에 의무임대기간 연장과 임대료상한제를 규정하게 되었다. 전월세 신고제도 제정했으나 준비 부족으로 2021년 6월부터 적용하고 있다. 또한 당시 민간임대사업자에 대한 민특법을 별도로 개정하면서 이들에 대한 각종 혜택을 대폭 축소했다.

이러한 법 개정은 임대주택 관련법 체계에서 민법과 사업자법 간의 역할 분담이나 상호관계를 충분히 검토한 후에 이루어지지 않았다. 그 결과 민특법이 임대사업자에게 특혜를 주고 있다는 이유로 사실상 폐지됨에 따라 임대사업과 관련된 규제가 전적으로 주택임대차보호법으로 대체되어야 하는 상황이다.

그러나 주택임대차보호법이 이 역할을 대체하기에는 상황이 매우 어렵다. 특히 '집주인의 갱신거부권'을 법안에 삽입함으로써 임차인들의 계약갱신권이 무력화되는 결과가 나타났다. 즉 집주인이 직접 거주하겠다고 할 경우 임차인은 이를 거부할 수 없어 계약갱신이 되지 않고 있다. 이런 문제를 해소하려면 집주인과 임차인 간 분쟁이 발생할 경우 이를 해결할 수 있는 수단을 법에 명시할 필요가 있다. 나아가 각종 분쟁을 조정하기 위해 전국적으로 강제 조정기능을 가진 주택임대차분쟁조정위원회를 신설해야 한다.

이렇게 개선을 하더라도 근본적으로 주택임대차보호법이 정부가 의도하는 것처럼 임대료를 통제하고 임차인의 주거를 안정시키기를 기대하기는 어렵다. 오히려 민특법을 정비해 민간임대주택을 공급하고자 하는 사업자를 지속적으로 관리하는 것이 바람직하다. 주택임대차보호법만으로는 연간 수백만 건에 이르는 민간의 임차계약을 관리하기가 현실적으로 어렵기 때문이다.

중앙집중형 주택정책에서 지역별 맞춤 주택정책으로의 전환

서울과 수도권을 중심으로 한 국지적인 가격 급등락은 주택문제가 전국적인 문제가 아니라 지역별로 차별화된 문제임을 잘 보여준다. 따라서 그 대책도 지역맞춤형으로 나와야 한다. 지역별 공급량과 수급관계, 가격동향을 모니터링 해서 지역맞춤형 주택정책을 마련할 필요가 있다.

지역맞춤형 주택정책이라고 해서 규제를 지역적으로 하라는 의미는 아니다. 오히려 중앙정부가 핀셋 규제로 규제지역을 운영하면 풍선효과를 촉발한다는 점에서 이런 세부적 규제방식은 바람직하지 않다. 그보다는 광역 지자체 또는 광역경제권을 중심으로 주택정책을 운영하는 것이 바람직하다.

무엇보다도 지역맞춤형 주택정책이 필요한 것은 지역별로 수급을 조절하는 것이기 때문이다. 예컨대 서울지역은 주택 노후화와 주택 부족률을 고려할 때 신규 우량주택 공급 확보방안을 마련해야 한다. 그렇지만 중앙정부가 공공 중심으로 공급을 결정하면서 지역별 우량주택 공급대책이 부진한 상황이다. 민간의 재건축·재개발 수요를 충분히 반영하면서 필요한 공공주택을 공급하는 균형 감각이 필요하다. 반면에 지방에서는 호황기 분양된 아파트가 경기후퇴기에 입주하면서 물량이 급증하는 현상이 심화되고 있다. 이렇게 때문에 서울-수도권과 지방에는 전혀 다른 정책이 필요한 것이다.

우선 서울의 주택부족 문제를 해소하기 위해서는 재개발·재건축을 비롯한 각종 규제 완화, 도심의 용적률 인센티브 부여, 비주택의 주택 용도로의 전환, 국공유지 활용 주택공급 등을 통해 물량을 확보해야 한다. 이를 위해서는 도심 안의 국공유지나 공공기관 이적지, 장기 미집행시설 등을 활용해 1~2인 가구, 직장인, 노인가구 등 다양한 부동산 수요에 대응하는 주택을 도심에 공급해야 한다.

이때 도심의 높은 토지가를 상쇄하는 것이 중요하다. 저렴한 토지비용을 가능하게 하려면 결국 공공용지를 활용하는 것이 가장 바람직하다. 동시에 주택도시기금과 같은 공적자금을 투입해 공적지원 임대주택, 공공안심상가, 사회주택 등 다양한 유형의 저렴주택 및 양질의 분양주택을 공급할 필요가 있다. 또한 복합개발방식을 통해 상대적으로 수익성이 좋은 상업시설에서의 수익을 활용하여 주거비를 낮추는 정책을 병행할 필요가 있다.

교통망 확충을 통한 주거비 절감

교통망 확충은 도심 내 저렴한 주택을 공급하는 것만큼 중요한 정책이다. 교통비가 저렴해지는 만큼 도심 내 직장으로 이동하는 부담이 감소해 주택수요의 분산이 가능해지기 때문이다. 일반적으로 수도권 및 서울의 주거비에 교통비를 추가할 경우 직접적인 주거비만을 고려할 때보다 그 부담이 크게 증가한다.

현재로서는 수도권에서 서울로 출퇴근하는 경우 발생하는 교통비용과 통근시간을 고려할 때 도심 내에서 사는 것이 훨씬 유리하다. 따라서 광역교통망의 개선 없이 수도권 외곽 신도시의 주거문제를 해결하기 어렵다. 신도시 개발과 동시에 교통망을 확충하거나, 적어도 기존 교통망이 좋은 지역에 주택공급을 집중해야 하고, 기존 신도시의 경우는 교통망을 획기적으로 개선할 필요가 있다.

이를 통해서 서울-수도권의 광역 도시구조가 갖는 한계를 극복할 수 있다. 기존 수도권 주거지역과 도심 연결을 위한 대중교통 투자를 늘려 장거리 출퇴근에 따른 통근시간과 비용의 부담을 완화하면 그만큼 도심의 주택수요 압력을 줄일 수 있다. 따라서 새로운 주거지를 개발할 때 반드시 교통문제를 사전에 해결하도록 개발계획을 잘 수립해야 한다.

주택 관련 세제의 개편

주택 관련 세제는 보유세 강화, 거래세 인하를 동시에 추진하는 방향으로 개편할 필요가 있다. 특히, 주택매각을 통한 출구전략이 가능하도록 양도소득세를 감면하는 정책이 수반되어야 한다. 물론 부동산 관련 세제만으로 부동산 문제를 해결할 수는 없지만, 전체 부동산 수급정책의 보조적 수단으로 세금정책을 사용할 수 있다.

그런데 세금은 세율만이 아니라 과세표준에 따라서도 그 부담이 크게 달라진다. 그렇기에 60~70% 수준인 주택 과표 현실화율을 제고하는 것도 중요한 정책이다. 다만 현실화율을 너무 빨리 높이면 조세부담이 급격히 증가한다는 문제가 있다. 현재 정부가 추진하는 주택가격대별 차등적 과표 현실화율 90% 목표는 매우 자의적이고 그 속도도 지나치게 빠르다. 주택 공시가격 간 격차를 해소하면서 보유세를 강화하되 과표 현실화율은 시간을 갖고 장기적으로 올리는 것이 바람직하다. 또 주택 유형이나 가격대와는 무관하게 동일 수준을 목표로 속도를 조절하면서 과표 현실화를 추진해야 한다. 동시에 과표 현실화 속도를 높일 경우 그만큼 세율을 인하해 조세부담이 급격히 증가하지 않도록 조율할 필요가 있다.

사회주택의 획기적 공급확대

정부의 주거복지 로드맵에서 장기공급계획을 보면 공공임대주택 재고 목표는 2018년 148만 호(7.1%)에서 2022년 200만 호(9%),

2025년 240만 호(10%)로 빠르게 올라간다. 2025년까지 재고율이 10%로 올라가면 전국 무주택 임차 가구 4가구 중 1가구 이상이 공공임대주택에 거주할 수 있게 된다.

그러나 공공임대만으로 저렴한 임대주택을 늘리는 데에는 한계가 있다. 당연히 민간을 활용해 저렴한 임대주택 공급을 획기적으로 늘릴 필요가 있다. 이를 위해서는 유럽이나 미국에서 운영하는 사회주택과 유사한 사회임대주택 공급 촉진방안이 필요하다.

현재 정부의 사회임대주택 정책은 너무 소극적이어서 큰 변화를 기대하기 어렵다. 사회임대주택 제도의 전면적 개편 없이 공급목표만 설정하는 것은 의미 없는 정책이 되기 쉽다. 기존 사회주택의 토지임대부 리츠나 리모델링형을 보완하여 사회임대주택의 새로운 자금조달 방안과 운영구조를 마련할 필요가 있다.

현재 토지임대부 임대주택 리츠 중 토지를 빌려주는 토지지원 리츠는 공시가격의 2% 수준에서 토지임대료를 받고 있다. 기존 법체계에서 공공기관이 보유한 상태에서 토지임대부로 토지를 빌려주는 경우 받는 토지임대료는 1%인데, 주택도시기금을 이용한 리츠 소유 토지의 지대가 2배나 되는 것이다. 결국 리츠 방식으로 토지임대부를 제공할 때 비용부담이 증가하면서 임대주택 공급자에게 토지임대료가 전가된 것이다.

이러한 부담을 줄이려면 주택도시기금과 공공기관 출자, 토지의 현물출자 방식 등을 통해 기존보다 상대적으로 저렴한 토지임대부 임대주택의 자금조달이 가능해야 한다. 소규모 주택사업의 경우는 리츠보다는 증권형 크라우드 펀딩과 같은 새로운 자금조달 방안도 적극적으로 활용할 필요가 있다.

도심 내의 장기 미집행시설이나 국공유지와 공공기관이 이전한 종전 부동산부지 등을 저렴 임대주택 부지로 활용하는 방안도 있다. 현재 기업형 리츠로 투자가 일어나고 있는 공적지원 임대주택의 경우에도 사회적 경제주체와 같은 사회적 임대인을 적극 참여시키는 방법을 고려할 수 있다. 이를 위해 민간임대주택특별법상 사회주택을 공적지원 임대주택의 한 유형으로 지정하는 방안이 있다. 중장기적으로는 '사회주택특별법' 제정을 통해 적극적으로 사회주택을 육성하는 정책을 추진할 필요가 있다.

부동산 자산시장 구조변화

부동산 유동화 상품은 리츠나 MBS와 같은 유동화 상품으로 2000년대 초부터 우리나라에서 제도화되었다. 부동산유동화제도는 부동산 자체가 고가의 상품으로 거래가 활성화되기 어렵고, 개인들이 소액으로 보유하기 어려운 상태에서 이를 주식이나 채권으로 전환하여 손쉽게 투자하고, 처분하도록 하는 제도로 IMF 위기 이후 우리나라에 도입되었다.

그렇지만 90년대 말 2000년대 초 도입 이후 상당 기간 기관투자가 위주의 사모펀드 방식으로 유동화 상품들이 이용되었다. 그 결과 고수익의 부동산을 사실상 기관 간에 독과점하면서 수익을 나누어 왔지만, 2020년 이후 리츠의 공모상장 붐이 일면서 이 분야가 새로운 국면을 맞고 있다.

리츠 상품의 경우는 1960년대 미국에서 시작되었을 때부터 소수기관들에 의해 독점된 대형 상업용 부동산을 다수의 일반 국민이 소유하도록 해서 은퇴계층의 노후자금을 조달하는 수단으로 정착되었다. 1990년대 이후 미국만이 아니라 주요 선진국, 최근에는 아시아 국가들까지 리츠 붐이 일면서 대부분의 국가에서 은퇴자의 주요 수입원으로 리츠 상품이 기능하고 있다.

우리나라는 미국, 일본과 달리 부동산 자산이 전체 가계자산의 80%를 차지하고 있다. 그런데 이 중 자가주택 비중은 40% 수준으로 미국이나 일본과 비슷하다. 다만 미국이나 일본은 나머지 40%가 금융자산으로 되어 있고, 이 중 부동산 유동화 자산이 상당 정도 포함되어 있다. 일본은 우리나라의 개인종합자산관리계좌ISA와 같이 세제혜택이 부여되는 계정인 개인저축계좌NISA에서 리츠 ETF를 구매하여 노후자금을 운영하는 것이 일반적이다. 즉 개인이 투자 시 세제혜택을 보는 금융계좌들이 정책적으로 제공되고, 노후자금을 이러한 금융계좌를 통해 운영하는 것이다. 이에 따라 일본 정부는 리츠 주가 하락을 막기 위해 매년 일본은행으로 하여금 리츠 주식을 매입하도록 예산을 배정하고 있다.

이러한 맥락에서 우리나라는 향후 자가주택이 아닌 상가나 임대주택과 같은 수익형 부동산이나 토지 등 가계가 소유한 직접 부동산을 선진국과 같이 간접 부동산 자산으로 바꾸는 정책이 장기적으로 필요하다. 이를 위해서는 증권시장에 다양한 공모상장 리츠가 필요하다. 현재와 같은 저금리 아래에서 자금 유동성이 높은 상황에서는 시중 유동자금을 부동산 유동화 상품 시장으로 유입시키는 정책이 바람직하다. 이를 투자할 때 ISA 계좌와 같은 금융계좌를 통할 경우 세제혜택을 확대할 필요가 있다.

주택 분야에서는 임대주택을 대상으로 하는 부동산 유동화 상품(리츠, 부동산펀드, 부동산채권 등)을 개발해서 공급할 필요가 있다. 부동산 유동화 상품을 개발, 운영할 수 있는 우량한 자산관리회사Asset Management Company, AMC, 임대관리회사Property Management Company, PMC를 지원 육성하는 방안도 필요하다. 아직은 사모 형태인 공적지원임대주택이 리츠의 주요 투자대상이다. 이 경우도 은퇴계층이 쉽게 투자할 수 있도록 공모 상장하는 전략이 필요하다.

리츠 등 부동산 유동화 상품으로 주택자금을 조달할 때 도심 내 토지를 어떻게 확보할 것인가에 따라 핵심 경쟁력이 달라진다. 만약 도심 내 토지를 공공이 보유한 경우라면 토지지원 리츠나 토지임대부 임대주택으로 활용할 수 있다. 이때 토지임대료가 부담이 되므로, 이보다 저렴한 방식으로 토지의 현물출자방식을 이용할수 있다. 현물출자를 하는 토지 소유주가 공공인 경우 출자금 회수 없이 장기운영이 가능하다는 점이 토지임대부보다 유리한 방식이 된다. 이를 위해 향후 국공유지를 리츠를 활용한 임대주택으로 개발하는 방안을 본격적으로 검토할 필요가 있다.

4부

바뀌는

세상을

앞으로 닥칠 인구 고령화는 과거 출산율 하락의 결과이지 지금 출산율을 높인다고 해결될 문제가 아니다.

중요한 질문은 출산율의 높고 낮음이 아니라 국민의 전반적인 삶의 질이 향상되고 있는가이다.

단순히 출산 장려에 집착하는 인구정책의 틀에서 벗어나 사회적 평등과 공평한 기회를 보장하는 사회정책을 추진해야 한다.

특히 여성에게 과도한 자녀양육 부담을 사회와 남성이 더 감당해야 한다. 그동안 가려져 있고 숨어 있던 남성을 호출해야 할 때다.

9장　저출생에 대한 오해와 진실

김정호(아주대학교 경제학과 교수)

명확하지 않은 공포-인구소멸론

"한국 인구는 2100년까지 현재 수준 대비 42% 감소할 것이다"(UN, 〈세계인구전망 2019〉), "현재의 출산율이 지속된다면, 한국 인구가 2750년에는 소멸할 것이다"(국회입법조사처, 2015) 등의 얘기를 들으면 섬뜩하다. 심각하다는 저출생 현상의 의미가 구체적으로 다가온다. 인구가 줄면 소비와 생산활동도 줄고 따라서 경제 규모도 줄어들 것이다. 이 나라에 거대한 위기가 오고 있는 듯한 느낌이다. 그런데 과연 이러한 상황을 문제라고만 할 수 있을까? 물론 700년 후라고 하더라도 인구가 소멸하는 극단적인 상황은 피해야 하겠지만, 인구감소가 나쁜 면만 있는 것은 아니다. 인구가 줄어들면 경제 전체 소득은 감소하더라도 1인당 소득은 늘어날 수 있기 때문이다.

일찍이 토마스 맬서스Thomas Malthus는 《인구론》(1798년)이라는 저작을 통해 전통적인 농업 경제 아래에서 인구와 소득 사이에 어떠한 관계가 있는지 설명하였다. 활용할 수 있는 토지에 비해서 인구가 적으면 개개인이 풍족한 생활을 할 수 있을 것이고, 따라서 출산도 많이 하게 될 것이다. 이렇게 인구가 증가함에 따라 1인당 소득수준은 감소하게 된다. 반대로 토지에 비해 인구가 많으면 개인에게 돌아가는 산출물이 적어 출산도 적게 하게 될 것이다. 이렇게 인구가 줄어들면서 1인당 소득수준은 증가하게 된다. 이러한 인구의 조절 작용에 따라 한정된 자원에 적정한 규모의 인구가 유지된다.

결국 인구 규모는 한정된 자원에 의해 제약을 받는다고 볼 수 있는데, 맬서스는 이러한 제약을 "현실적 억제"라고 불렀다. 여기까지는 토끼나 사슴과 같은 동물 개체 수의 변화 원리와 동일하다. 그러나 맬서스는 인간은 동물과 달리 이성의 힘으로 출산을 조절할 수 있다고 생각했고, 이를 "예방적 억제"라고 불렀다. 그러니까 인간이 적극적인 피임을 통해 출산을 줄이면 개개인의 평균 소득수준을 높일 수 있다는 것이다.

산업혁명 이전 인류의 생활수준이 지역이나 시기에 따라서 크게 다르지 않았다는 사실은 맬서스 이론을 뒷받침한다. 그러나 맬서스의 이론은 근대 이후 경제발전 과정에는 잘 맞지 않는다. 지난 2세기 동안 전 세계 인구는 약 7배로 증가하였는데, 1인당 소득은 감소하지 않고 오히려 약 11배로 증가하였기 때문이다. 주목할 만한 점은 산업혁명 이후 경제의 가장 중요한 생산요소가 토지에서

김정호(아주대학교 경제학과 교수)

자본으로 바뀌었다는 사실이다.

자본이란 인간의 생산력을 높여주는 기구를 의미하는데, 쟁기부터 인공지능까지 다양한 형태가 존재한다. 자본의 축적이 경제성장의 원동력이 됨에 따라 인구 규모보다 인구증가율이 더 중요한 세상이 된다. 왜냐하면 개개인이 소비만 하는 것이 아니라 투자를 통해 자본을 생성하는 데 기여하기 때문이다. 1인당 소득은 1인당 자본량에 의해 결정되는데, 인구증가율이 높아지면 1인당 자본량을 줄이는 효과가 발생하기에 1인당 소득이 감소한다. 실제로 1975년부터 2009년까지의 자료를 이용한 국제 비교 결과, 과거 인구증가율이 1퍼센트 높으면 현재 1인당 소득이 40퍼센트 낮은 상관관계가 나타났다.

맬서스의 주장과 현대 경제성장이론은 이후 많은 국가에서 인구정책의 근거로 활용되었다. 우리 정부는 1960년대부터 1980년대까지 "덮어놓고 낳다 보면 거지꼴을 못 면한다"와 같은 표어를 내세우며 피임기구를 보급하는 등 강력한 인구억제정책을 시행하였다. 홍콩, 싱가포르, 베트남, 이란, 인도 등의 국가에서는 가구당 출생아 수를 2명으로 직접적으로 제한하거나 강한 유인을 제공하는 '2자녀 정책'을 시행하였고, 중국에서는 1980년부터 35년간 '1자녀 정책'을 시행하였다.

즉 전통적 농업 경제에서는 출산이 줄면 1인당 토지가 늘어나서, 근대 자본주의 경제에서는 인구증가율이 떨어지면 축적되는 1인당 자본량이 늘어나서 개인의 소득은 오히려 높아질 수 있다.

그렇다면 왜 한때 그렇게 출산 억제를 외쳤던 우리 정부가 갑자기 저출생 현상을 걱정하는 것일까?

너무 높은 출산율과 너무 낮은 출산율

사랑하는 사람을 만나 결혼하고 자녀를 낳는 일은 지극히 개인적인 사안이다. 그런데도 국가가 출산을 억제하거나 장려하는 이유는 무엇일까? 경제적 관점에서 찾을 수 있는 정부 개입의 근거는 개인의 선택이 남에게 영향을 미치기 때문이다. 이러한 영향을 '외부효과'라고 부르는데, 외부효과가 존재하는 경우에는 사회적으로 비효율적인 상황이 발생한다. 예를 들어, 일행 5명이 식당에 가서 모든 비용을 똑같이 부담하기로 했다고 하자. 그런데 다들 만 원짜리 국밥을 먹는데 한 사람이 5만 원짜리 요리를 시키면, 자신은 만 원만 부담하고 다른 사람들이 그 부담을 나누어 가지게 된다. 이 경우 한 사람의 주문은 다른 일행에게 비용을 발생시키므로 부정적인 외부효과를 동반한다.

사회구성원 수가 늘어나는 경우에도 한정된 자원을 나눌 사람이 늘어난다는 의미에서 부정적인 외부효과가 발생한다. 출산으로 인해 국립공원이 좀 더 붐빌 것이고, 개개인에게 할당되는 지하자원이나 수산자원이 줄어들며, 대학 입학 경쟁률도 높아질 것이다. 가족 내에서도 신생아는 일정 기간 돌봄과 물질적 자원을 필요로 하므로 다른 구성원에게 돌아갈 자원량을 줄인다.

한편 출산으로 인해 긍정적 외부효과도 발생한다. 정부는 모든 국민을 위해 국방, 치안, 도로, 공항, 일기예보 등 기본적인 공공서비스를 제공하는데, 한 명이 더 태어난다고 해서 비용이 더 들지도 않고 다른 사람들이 누리는 혜택이 줄어들지도 않는다. 이러한 재화를 공공재라고 하는데, 새로운 구성원의 출현은 공공재에 대하여 개개인이 부담해야 할 비용을 낮춰준다. 세대 간 이전이 이루어지는 사회보험도 외부성이 생기는 통로가 된다. 단순하게 말하자면, 건강보험이나 국민연금은 올해 일하는 세대로부터 보험료를 받아서 지원이 필요한 수급자에게 의료비나 연금을 지급하는 재정 구조를 갖는다. 지금의 신생아는 20여 년 후에 경제활동인구에 편입되므로 미래의 사회보험 재정에 기여한다. 요즘처럼 인구 고령화가 빠르게 진행될 때는 더 많은 출산을 통해 세대 간 이전구조가 안정화되는 긍정적인 외부성이 상당히 커질 수 있다.

우리나라의 출생아 수는 1960년에 110만 명이었는데, 2020년에는 27만 명으로 줄었다. 이는 2020년생의 1인당 공유자원이 1960년생의 네 배가 됨을 의미한다. 이는 긍정적인 측면이라고도 할 수 있다. 그렇지만 반대로 출생아 수가 늘어나야만 나타나는 긍정적인 외부성은 크게 줄어들었다는 얘기이기도 하다.

이와 같은 출산으로 인한 부정적인 외부효과와 긍정적인 외부효과를 모두 합한 순효과는 얼마일까? 한 연구는 2005년 기준으로 1명의 출산으로 인해 다른 국민에게 돌아가는 국유재산이 388만 원 감소하고, 지하자원과 수산자원이 각각 63만 원과 6만 원어치 감소하는 반면, 공공재 비용 부담이 876만 원 줄어들고 세대 간 이전에 따른 부담도 41만 원 감소한다고 추정하였다. 모두 합하여 출산은 459만 원만큼 다른 사람을 이롭게 한다는 것이다. 이 수치가 정확하다면, 정부가 출산을 장려하는 것이 맞다. 이론적으로 가장 효율적인 방법은 모든 신생아에게 459만 원의 보조금을 지급하는 것이다. 그러면 개개인이 출산으로 인한 사회적 혜택과 비용을 정확히 인식하여 합리적인 결정을 할 것이기 때문이다.

그렇지만 현재 상황을 기준으로 계산된 출산의 외부효과 추정치는 정확하지 않을 수도 있다. 우선 이러한 계산에 사용되는 토지, 삼림, 문화재 등 국유재산의 가치가 정확히 산정되지 않았을 가능성이 있다. 기술 수준과 사업성에 따라 채굴 가능한 지하자원은 늘어날 수도 있다. 향후 인구 고령화 속도에 따라 세대 간 이전에 따른 외부효과의 계산도 달라질 수 있다. 더 큰 문제는 빠진 항목들이 있다는 점이다.

인구가 늘면 경제 전체의 소비가 늘어나므로 경기가 활성화될 수 있다는 점에서 출산의 또 다른 긍정적인 외부효과가 존재한다. 수요 증가가 경제성장과 고용 확대로 이어지고 다시 수요 증가로 이어지는 선순환의 고리가 작동하기 때문이다. 그 반대의 사례가 1990년대 이후 일본 경제의 장기 불황이었다. 인구증가율의 감소와 고령화로 인한 수요 감소가 장기 불황의 중요한 원인이었다.

또한 계상되지 않은 부정적인 외부효과 중 가장 큰 것은 기후변화에 미치는 영향이다. 지구 온난화의 주범인 온실가스 배출은 인구와 소득에 비례한다. 2016년 한 해 동안 우리나라 국민 한

명이 평균적으로 11.85톤의 이산화탄소를 배출하였고, 미국인은 15.52톤을 배출하였다. 우리나라와 미국인의 배출량은 각각 케냐인의 36배와 47배에 해당한다. 아마도 케냐 사람들은 우리나라의 저출생 현상을 반길 것이다.

그런 의미에서 출산과 관련되는 외부효과를 정량적으로 산정해서 개인에게 적절한 경제적 인센티브를 제시하면 사회적으로 바람직한 수준의 출산율을 달성할 수 있다는 식의 접근은, 말은 그럴듯하지만, 인간의 복잡한 의사결정을 너무 단순화하는 접근이고 경제 이론적으로도 빈틈이 많은 방식이다.

우리 사회의 최적 출산율을 찾아서

제한된 정보로 인한 불확실성이 존재하기는 하지만, 출산의 순외부효과가 긍정적이라는 추정 결과는 출산장려정책을 펴는 하나의 근거로 활용될 수 있다. 그러나 정부가 출산을 장려하기 위해 얼마나 그리고 어떻게 지원해야 하는가에 대한 답을 구하기 위해서는 무엇보다 먼저 우리 사회에서 적정한 출산율이 얼마인가에 대한 합의가 필요하다.

평균적으로 한 여성이 생애에 걸쳐 낳을 것으로 예상되는 출생아 수를 합계출산율이라고 한다. 인구 규모를 일정하게 유지하는 합계출산율 수준을 대체출산율이라고 하는데, 대략 2.1명이다. 이 경우 부모세대의 인구 규모와 자녀세대의 인구 규모가 같을 것으로 기대할 수 있다. 우리나라의 합계출산율은 1970년에는 4.53명에 달했으나, 이후 급격히 하락하여 1983년에 2.06명으로 대체출산율을 기록하였다. 이후 1990년대에는 약 1.6명을 유지하다가 1990년대 말 하락하여 2001년 이후 1.3명 이하에 머물렀고, 최근 5년간 더 하락하여 2020년에는 0.84명으로 역대 최저 수준을 기록하였다. 만약 출산율과 평균수명이 이대로 한 세대의 생애(약 80여 년) 동안 유지된다면, 인구가 절반 이하로 줄어들 것이다.

최적 출산율을 산출하기 위해서는 사회의 목표가 필요하다. 그런데 그 목표에 합의하기가 어렵다. 누군가는 인구 규모를 일정하게 유지하는 것이 무엇보다 중요하다고 생각할 수 있다. '최대 다수의 최대 행복'을 주창하는 공리주의자는 대체로 사회구성원의 평균 소득수준 또는 소비수준을 높일 수 있는 출산율을 기준으로 제시한다. 한편 '무지의 장막'을 강조한 존 롤스John Rawls의 추종자는 우리 사회에서 가장 불우한 사람의 행복을 극대화해야 한다고 생각할 것이다. 이를 위해서는 사회안전망을 대폭 강화해야 하고 재정 지속성을 확보할 수 있는 출산율을 모색할 것이다. 어떠한 목표를 추구할 것인지를 다수결로 결정할 수 있을지는 몰라도 모든 사람이 합의할 만한 목표를 찾기는 불가능하다.

만약 모든 사회구성원이 극적으로 목표에 합의하였다고 하면, 목표에 부합하는 최적 출산율을 구하기 위해서는 다시 인구, 생산, 소비, 투자, 소득분배 등 여러 경제 변수 사이의 관계에 관한 가정과 방대한 자료가 필요하다. 예를 들어, 저명한 국제학술지인 〈사이언스Science〉에 실린 한 연구는 우리나라가 장기적으로

1인당 소비수준을 극대화하기 위해 필요로 하는 합계출산율이 1.25~1.55명 수준이라고 추정하였다. 이 연구는 나름대로 엄밀한 분석을 수행하였으나, 앞서 언급한 출산의 다양한 외부효과가 충분히 반영되지 않았고, 모형의 가정에 따라 결과가 달라질 수 있다는 한계가 있다.

여러 제약을 극복하고 드디어 우리가 원하는 최적 출산율을 구하고 사회가 이에 합의했다고 가정하자. 이제 무엇을 할 것인가? 그동안 정부는 저출생 대책으로 다양한 정책을 내놓았는데, 그럼 앞으로 출산율이 최적 출산율보다 낮으면 그러한 정책을 적극적으로 시행하고 출산율이 최적 출산율보다 높으면 반대로 예전의 가족계획 정책으로 돌아가는 것이 바람직할까? 뭔가 첫 단추가 잘못 끼워진 느낌이다.

문제의 근원은 출산율에 대한 집착이다. 마치 출산율이 시험 성적이라도 되는 것처럼 받아들이면, 최적 출산율이 필요하게 된다. 그런데 최적 출산율이란 개념 자체가 상당히 제한적이고 불안정하므로, 특정한 출산율을 너무 낮은 출산율이라고 판단하는 것도 한계가 너무 많은 얘기다. 원래 출산의 외부효과를 교정하기 위해 정부가 개입해야 한다는 주장의 근저에는 개인이 체감하는 혜택과 비용을 각각 사회적 혜택, 비용과 일치시킴으로써 경제의 효율성을 높이자는 이야기가 들어 있다. 그렇지만 그 기준이 정확하지도 않을뿐더러 사람마다 다르다면, 과연 효율성이 개선된 것인지 누구를 위한 효율성인지 의문이 생기기 마련이다.

인구 고령화의 파급효과

그렇다면 이제 출산율을 높이거나 낮추겠다고 접근하기보다 저출생이 지속되었을 때 어떤 사회경제적 변화가 나타나는가에 더 집중해보자. 지금 출산율이 하락하면, 당장은 유소년 인구 비중이 줄어들고 20여 년 이후에는 청장년층 비중이 줄어든다. 경제의 생산활동에 참여할 수 있는 인구를 생산가능인구라 하고 보통 15~64세로 정의한다. 그 외의 인구를 부양인구라고 하는데, 유소년 인구(0~14세)와 노인 인구(65세 이상)로 구성되어 있다. 생산가능인구 100명당 유소년 인구수와 노인 인구수를 각각 유소년부양비와 노년부양비라고 하고 두 수치를 합하여 총부양비라고 한다. 단순하게 말하면, 총부양비는 일하는 인구 100명이 몇 명을 먹여 살려야 하는지를 나타낸다.

흥미롭게도 한국은 지난 50년과 앞으로의 50년 기간 중 현재의 총부양비가 가장 낮은 수준이다. 통계청에 따르면 총부양비는 1967년의 88.3명에서 계속 하락하여 2017년에는 36.7명을 기록하였고, 향후에는 그 방향을 바꾸어 상승으로 돌아서 2067년에는 120.2명이 될 것으로 예측된다. 그러니까 50년 전에는 성인 10명이 9명을 먹여 살리는 구조였고, 현재는 그 부담이 줄어들어 4명만 부양하고 있으며, 향후 50년 후에는 다시 12명을 책임져야 하는 상황이 되는 것이다. 그런데 지난 반세기 동안 부양인구는 대부분 유소년 인구였던 반면, 앞으로의 부양인구는 대부분 노년 인구이다. 인구의 연령구조가 이렇게 극적으로 변한 데에는 출산율이 한 세대도 안 되는 기간 동안 4~5명 수준에서 1~2명 수준으로 하락했고 동시에 기대수명은 빠르게 높아졌기 때문이다. 즉, 적게 낳고 오래 살게 된 것이다.

여기서 알 수 있는 것은 지금까지는 총부양비가 낮아져 경제성장이나 1인당 소득 증가에 유리하게 작용해왔는데, 앞으로는 그것이 높아지면서 성장에 불리하게 작용한다는 점이다. 전체 인구 중 생산가능인구의 비중이 증가하면 직접 생산활동에 참여하는 인구가 늘고, 저축률 증가로 자본 축적이 활성화되어 경제성장을 촉진하는 효과가 발생한다. 이를 인구배당효과demographic dividend라고 부르는데, 한 연구는 1965년부터 1990년까지 기간 동안 우리나라를 포함한 동아시아 국가들이 경험한 경제성장률의 약 3분의 1이 인구구조의 변화에 기인하였다고 추정한 바 있다.

앞으로 반세기 동안은 인구배당효과의 정반대가 예상된다. 인구 고령화로 인해 노동을 공급할 수 있는 인구의 비중이 줄어들고, 경제활동을 하는 인구 중에서도 20대, 30대보다는 40대, 50대의 비중이 늘어날 것이다. 또한 노인인구의 저축률이 낮으므로, 경제 전체의 투자활동도 위축될 것이다. 나아가 돈을 벌어 세금을 내는 사람의 수가 줄어드니 직접적으로 정부의 재정을 악화시키고 생산가능인구의 조세부담은 늘어날 것이다.

물론 부정적인 효과만 있는 것은 아니다. 미래의 생산가능인구는 지난 세대와 비교하여 더 많은 지식과 기술을 갖고 있을 것이고, 미래의 노인인구도 과거에 비해 더 건강하여 더 오랜 기간 생산활동에 참여할 수 있다는 점에서 인구 고령화가 성장에 미치는 부정적인 파급효과는 일부 상쇄될 것이다.

인구 고령화는 경제성장뿐만 아니라 소득분배 측면에서도 영향을 미치는데 주로 부정적인 영향을 미친다. 일반적으로 가구소득이 중위소득의 50%에 미치지 못하면, 상대적 빈곤 가구로 분류한다. 통계청에 따르면, 2019년 우리나라 전체 가구 중 상대적 빈곤 가구의 비율이 16.3%인데, 노인가구의 경우 그 비율이 41.4%로 전체 평균의 2.5배가 넘는다. 고령화로 노인가구가 늘어나면 상대적 빈곤가구도 늘어날 수 있다는 얘기다. 우리나라는 노인인구의 자살률이 다른 연령층에 비해 훨씬 높은데 이는 노인가구의 높은 빈곤율과 관계가 있다. 인구 십만 명당 자살자 수로 산정하는 자살률이 전체 인구의 경우 26.9명인데, 70대와 80대 이상 인구의 경우에는 각각 46.2명과 67.4명이다.

인구 고령화에 대응하기

출산율이 대체출산율보다 낮은 수준을 유지하는 현상은 인구 고령화를 더욱 가속화한다. 이 지점에서 저출생 현상이 인구 고령화와 거의 동일한 현상, 또는 동전의 양면처럼 인식되는 경향이 있다. 우리나라 인구정책의 토대가 되는 '저출산·고령사회기본법'의 명명에서부터 그러한 인식을 확인할 수 있다. 그러나 출산율 하락이 1983년 대체출산율 수준에서 멈추었더라고 하더라도, 앞으로의 고령화 추세는 예정된 상황이었다. 통계청의 장래인구추계에 따르면, 미래의 합계출산율이 기본 시나리오(1.27명) 대비 약 0.2명 높게 상승하는 경우 2067년의 총부양비는 120명에서 116명으로 소폭 하락할 뿐이다. 저출생 문제가 완화된다고 해서 고령화 문제가 사라지는 것은 아니라는 이야기이다. 따라서 우리는 저출생과 인구 고령화를 구분하여 생각할 필요가 있다.

우리나라 인구의 기대수명 변화는 전 세계에서 가장 가파른 축에 속한다. 출생 시 기대수명이 백여 년 전에는 35세 전후였는데, 50년 전에는 62세였으며, 현재 83세이다. 이러한 변화는 분명히 빠른 경제성장과 사회발전의 성과이자 축복이다. 고령화 자체가 축복이고 출산율을 높인다고 해서 그 추세가 크게 달라지는 것이 아니라면, 문제는 인구 고령화 자체가 아니라 그로 인한 부정적인 파급효과를 어떻게 줄일 것인가라고 할 수 있다.

인구의 고령화는 부양비를 높여 잠재성장률을 둔화시키며, 소득불평등 정도를 악화시킴으로써 경제의 지속가능성을 위협한다. 따라서 경제의 효율성을 개선하여 잠재성장률을 높이고 형평성을 개선하여 소득불평등을 완화하는 경제정책의 일반적인 과제는 고령화 속도가 빠른 우리나라의 경우에는 특히 더 큰 중요성을 갖게 된다.

동시에 인구 고령화로 인해 생산가능인구가 줄어들면, 자연스럽게 임금이 상승하여 노동시장의 조정이 이루어지고 산업의 고부가가치화가 강제될 것이다. 우선 정부는 이 과정이 보다 원활하게 이루어지도록 지원하고 제도를 정비함으로써 산업의 고부가가치화를 촉진해야 한다. 생산가능인구의 감소 속도를 늦추기 위해서는 여성과 고령자가 노동시장에 참여할 수 있는 여건도 개선할 필요가 있다. 또한 외국인 노동자를 도입하는 체계를 정비하여 노동 수요의 급속한 변화에 신속히 대응하는 수단으로 활용해야 한다. 아울러 교육의 질적 수준을 높여 장기적으로 노동의 생산성을 높여야 할 것이다.

고령 사회에서의 소득분배 수준을 개선하는 일도 중요한데, 특히 세대 내 형평성 개선뿐 아니라, 세대 간 형평성을 함께 추구해야 한다. 노인 인구의 소득불평등도는 다른 연령계층의 경우보다 더 심한 경향이 있으므로, 이를 줄이기 위해서 국민연금, 기초노령연금 등 노후소득보장 체계를 강화해야 한다. 누구나 건강하고 보호받는 노후생활을 보장하기 위해 의료와 돌봄 서비스 등에 대한 접근도도 높여야 한다. 또한 급격한 부양비의 상승은 조세 부담에 있어서 세대 간 불평등도를 높일 수 있다는 점에도 유의해야 한다. 이를 완화하기 위해 자신이 적립한 연금으로 급여를 받는 구조를 공적 연금 체계에 점진적으로 도입하고, 생애주기 전체에 걸쳐 공평한 교육의 기회를 보장할 필요가 있다.

인구정책에서 사회정책으로

출산율에 집착하면 목적과 수단이 뒤바뀌는 끔찍한 일이 일어난다. 가족계획정책이란 사람들이 임신을 조절하고자 하는 욕구를 충족시키기 위해 다양한 피임기구와 생식 건강에 대한 정보를

김정호(아주대학교 경제학과 교수)

보급하는 정책을 말한다. 1970년대와 1980년대 정부는 전방위적으로 출산율을 낮추기 위한 인구정책을 추진하였는데, 예를 들어 남녀평등을 강화하는 가족법 개정도 그 일환으로 간주하였다. 출산율이 높은 이유 중 하나가 당시의 남아선호사상이었고, 여성의 사회적 지위를 높여야 한다는 여론이 조성되었던 것이다. 그 결과 1977년 가족법 개정을 통해 비로소 딸도 아들과 동등하게 유산을 상속받을 수 있게 되었다. 그 이전에는 딸의 상속분이 아들 상속분의 절반으로 한정되어 있었다. 또한 1989년 개정을 통해 여성도 가구주가 될 권리가 보장되었고, 이혼 시 배우자의 재산분할청구 권리가 명시되었다. 인구정책의 관점에서 보자면, 출산을 억제하기 위해 여성에 대한 법적 차별을 철폐해왔던 것이다!

현재 시행되는 인구정책도 이상한 목적과 수단을 가지고 있기는 매한가지이다. 우리나라 인구정책의 근간은 저출생·고령사회 기본계획으로 2006년 이래 5년 단위로 계획을 세워 시행되고 있다. 저출산·고령사회 기본계획은 크게 저출생 대책, 노후보장 대책, 성장동력 확보라는 세 부분으로 구성되어 있는데, 제1차와 제2차 계획에서는 저출산 대책의 목표로 OECD 국가 평균 수준의 출산율 달성을 명시하였다. 2000년대 이후 OECD 국가의 평균 합계출산율은 1.6~1.7명 사이를 유지하고 있는데, 이는 이미 당시 우리의 현실(1.3명 이하)과 너무 동떨어져 있을 뿐 아니라, 이 수준이 우리나라의 최적 출산율이라는 근거는 전혀 없다.

또한 저출산·고령사회 기본계획의 저출생 대책으로 예산 비중이 초기부터 가장 컸던 항목은 영유아 아동의 보육 및 유아교육 지원과 육아휴직 지원이다. 이 두 정책은 자녀의 양육비용을 줄이고, 부모가 직장 생활을 포기하지 않으면서 자녀를 돌볼 수 있도록 지원한다는 점에서 출산에 긍정적인 영향을 미칠 것으로 예상되었다. 그렇지만 만일 출산율이 충분히 높았다면, 이러한 정책을 펴지 않았을 것인가?

최근 연구에 따르면, 생애 초기의 사회경제적 조건이 장기적으로 개인의 인지적 및 비인지적 능력에 상당한 영향을 미친다. 즉 저출생 대응을 위해서가 아니라도 모든 아동의 잠재력을 충분히 개발하고 공평한 교육 기회를 제공하기 위해서 보육 및 유아교육 지원은 필요하다. 또한 가구 내에서 자녀 양육의 부담이 여성에게 비대칭적으로 부과되는 현실에서 자녀 양육에 대한 사회적 지원은 여성에 대한 차별을 교정하는 기능을 한다. 출산율을 높이기 위해서가 아니라도 원래 펼쳤어야 하는 정책이라는 얘기다.

다행스럽게도 2016년부터 시행된 제3차 저출산·고령사회 기본 계획에서는 정책의 목표를 "삶의 질 향상", "성 평등 구현", "인구 변화 적극 대비"의 세 가지로 수정하였다. 그러나 정책 내용은 이전 계획과 비슷하다. 출산과 자녀 양육에 있어서 사회적 책임을 늘리고, 노후소득을 보장하기 위해 공적체계를 강화한다는 정책 방향에 반대하는 사람은 거의 없을 것이다. 하지만 이러한 정책은 저출생이나 인구 고령화가 아니더라도 현대의 복지국가가 담당해야 할 마땅한 기능에 포함된다.

저출생 대응의 모범 사례로 꼽히는 스웨덴의 사회정책 모델은 사회평등과 양성평등의 목표를 달성하기 위해 노동정책, 복지정책, 경제정책을 포괄적으로 연계한다. 이러한 정책의 기본 방향은 1930년대에 수립되었다. 대공황을 겪으면서 출산율이 대체출산율 이하 수준으로 하락하였는데, 이를 정부는 국가체제의 지속가능성을 위협하는 중대한 요소로 간주하였다.

노벨경제학상 수상자인 군나르 뮈르달Gunnar Myrdal이 주도하는 위원회는 여성의 노동시장 참여와 자녀 양육의 병행 지원, 출산장려정책과 사회정책의 통합적 시행, 현금보다는 서비스의 보편적 지원 등의 원칙 아래 자녀돌봄, 출산휴가 등 일련의 정책을 제안하였다. 뮈르달이 제안한 모델은 이후 사회적 연대를 통한 표준 임금결정, 적극적 노동시장 정책, 산업의 구조조정을 통한 복지와 성장의 선순환 구조로 발전하였다. 1970년대 오일쇼크로 인한 경제위기를 겪으면서 스웨덴의 출산율은 다시 대체출산율 이하로 하락하였다. 이에 대해 스웨덴 정부는 육아휴직의 기간과 급여를 늘리고 남성의 육아휴직 참여를 유도하는 등 양성평등 증진의 관점에서 정책을 추진하여 오늘날의 스웨덴 사회정책 모델을 완성하였다. 여성의 노동시장 참가율과 노조 가입률이 상대적으로 높았던 스웨덴에서 노동시장에서의 성평등을 추구하는 정책이 추진된 것은 자연스러운 결과였다.

프랑스 역시 출산장려정책의 성공사례로 거론된다. 프랑스 가족정책의 목표는 1세기에 걸쳐 출산장려에서 빈곤퇴치, 평등성 강화 그리고 개인의 선택권 존중으로 전환되었다. 프랑스는 전통적으로 국력이 인구에 비례한다는 인식과 가톨릭 가치관을 따라 가족이 중요하다는 인식 아래 가족에 대한 지원을 해왔다. 이러한 경향이 1960년대 이후 가구 내 성평등을 강조하는 더 넓은 의미의 가족주의로 발전하였다.

2차 세계대전 이후 1960년대 중반 시기에는 자녀 양육비용에 대한 보상을 사회보장으로 간주하고 보편적 가족수당을 제도화하였다. 1960년대 후반 여성운동과 여성의 사회참여가 확대되면서 가족정책의 이념이 전통적 가족주의에서 개인의 선택을 중시하는 개인주의로 전환되었다. 아울러 지원방식도 보편적 지원에서 소득수준에 따른 차등적 지원으로 선회하였다. 1970년대 오일쇼크로 인한 경제위기를 겪으면서 가족정책의 초점이 평등과 빈곤퇴치로 이동하였다. 이에 따라 저소득 가구와 다자녀 가구에 대한 지원이 강화되었다. 1980년대 중반 이후의 가족정책은 노동정책과 결합하여 부모의 일과 가정의 양립을 지원하는 방향으로 수정되었다. 이에 따라 영유아수당, 양육부모수당, 주택보조금 등 현대의 지원 체계가 수립되었다.

스웨덴과 프랑스가 부러운 이유는 출산율이 높아서가 아니라 평등과 공평한 기회의 보장이라는 가치를 나름의 방식으로 구현하는 과정을 통해 저출생 문제에 대응하고 있기 때문이다. 물론 스웨덴의 길과 프랑스의 길이 우리에게 모범 답안일 리 없다. 코로나19로 인한 보건위기 아래에서 전 세계가 K-방역에 주목한 이유는

'모두를 위한 자유'라는 가치를 새로운 방식으로 구현했기 때문이다. 이제 저출생 대응에 있어서도 먼저 우리가 원하는 원칙과 가치가 무엇인지 물어야 한다.

불편한 진실 두 가지, 남성을 호출할 때다

해마다 저출생 대책 무용론이 제기된다. 저출산·고령사회 기본계획에 따르면, 2006년부터 15년간 저출생 대응으로 투입된 예산은 총 225조 원이었는데, 그사이 출산율은 오히려 감소했다는 것이다. 그러나 소위 '저출생 예산'이라는 것은 뜯어보면 출산장려를 목적으로 하는 예산이 아닌 경우가 대부분이다. 예를 들어 청년 및 신혼부부 주거비 지원과 임대주택 공급을 위해 지난해 18조 원이 편성되었는데, 이는 이른바 저출생 예산의 45%에 해당한다. 고교 무상 교육, 고용보험 사각지대 해소 등의 사업도 저출생 대책으로 포함되어 있다. 정부가 저출생 현상을 심각하게 받아들이고 적극적으로 대응한다는 취지에는 불만이 없다. 그러나 결혼, 출산, 자녀양육에 간접적으로라도 연관된 모든 사업을 저출생 대책으로 묶어 선전하는 것은 정부의 생색내기일 뿐만 아니라 개별 사업의 목표도 왜곡하여 국민의 수용성도 떨어뜨리는 결과를 초래한다. 이미 출산장려정책과 관련한 국제 비교를 위해서는 가족지원예산이라는 지표가 있다. 2017년 기준으로 OECD 국가의 평균 가족지원 예산은 GDP 대비 2.34%였는데, 우리나라의 경우 1.30%에 불과했다. 따라서 이제는 명확하지도 않고 유용하지도 않은 저출생 대책이나 저출생 예산과는 결별할 때가 되었다.

저출생 현상의 원인으로는 자녀 양육비용의 상승과 같은 금전적인 요인도 있으나, 남녀 간의 가사부담 관행이나 가치관의 변화 등 비금전적인 요인도 있다. 지난 15년간 저출생·고령사회 기본계획은 전자에 초점을 두어 정책을 시행하였다. 출산을 돈으로 보상한다는 것이었다. 대표적으로 영유아에 대한 보육과 유아교육을 무상으로 지원하게 되었고, 육아휴직자에게 지급하는 급여도 임금의 80%까지 증액되었다. 그 결과 여성의 고용률은 지속적으로 상승하였으나, 출산율은 완만한 하락세를 이어갔다. 그러니까 여성이 자녀양육과 경제활동을 동시에 영위하기 어려운 사회적 여건은 크게 변하지 않았던 것이다. 일례로 통계청의 2019년 생활시간조사에 따르면, 돌봄가구의 여성은 하루 중 돌봄활동에 1시간 56분을 쓰는 데 비해 남성의 돌봄 시간은 40분에 그쳤다.

이제 변화가 필요하다. 그동안 정부는 사회규범이나 제도가 출산에 미친 영향을 과소평가하는 경향을 보였다. 지금부터라도 양성평등을 구현하기 위한 제도 개선을 사회적 관행과 가치관의 변화를 유도한다는 관점에서 적극적으로 추진할 필요가 있다. 구체적으로 아빠에게 할당된 육아휴직의 도입은 그 기간이 길지 않더라도 남성도 육아의 책임자라는 사회적 인식 확산에 기여할 것이다.

또한 장시간 근로 관행은 우리나라 노동시장의 고질적인 문제로 거론되고 있는데, 여성에게 더 큰 부담으로 작용하는 것이 현실이다. 여성이 집에서도 가사부담을 더 많이 지기 때문이다. 성평등 실현을 위해서도 실질적 근로시간의 단축이 필요한 이유가 여기에 있다. 우리가 누구에게나 공평한 기회를 보장하려고 한다면, 오랫동안 여성에게 과도하게 지워졌던 자녀양육 부담의 일부분을 사회와 남성이 감당해야 한다. 그동안 사회에 가려져 있던 남성을 호출해야 할 때다.

중국의 사회주의와 세계의 시장경제가 과연 조화될 수 있겠느냐가 문제의 본질
이다.

선진국들이 중국의 국가주도적 경제체제를 견제하는 과정에서, 세계화 시대
가 퇴조하고 중국견제의 시대가 시작된다.

미국 편이냐 중국 편이냐가 아니라, 동아시아 제조업 선진국이라는 우리의 경제
적 정체성을 전략의 출발점으로 삼자.

중국 국가주도적 경제체제가 만드는 불공정성에는 반대하되, 동아시아 생산네
트워크의 개방성과 효율성은 지켜내야 한다.

10장   중국견제 시대와 한국의 대응

지만수(한국금융연구원 선임연구위원)

냉전과 신냉전

미국과 중국이 신냉전을 시작했다. 1991년 소련의 해체와 함께 구냉전이 끝난 지 한 세대만이다. 두 강대국이 서로 직접 전쟁을 하지 않아도, 체제대결을 선언하고 동맹을 규합하고 타국에 개입하면 그게 바로 냉전이다. 트럼프 정부는 2020년 5월 20일 '중국에 대한 전략적 접근'이라는 보고서를 통해 미중관계를 "두 체제 간의 장기적 전략적 경쟁 관계"로 규정하고, 이에 경제, 외교, 군사, 사회, 교육 등 전 분야에서 범정부적 대응이 필요하다고 천명했다. 경제적 경쟁을 넘어 체제의 대결로 번지고, 여기에 정치적·군사적 수단까지 활용되기 시작한다면 그것이 바로 냉전이다. 바이든으로 미국 대통령이 바뀌었어도 이 인식은 변하지 않고 오히려 강화되고 있다.

신냉전 시대를 살게 되었으니 지난 세기 미국과 소련의 냉전 시대에는 대체 무슨 일이 있었는지 한 번쯤 돌이켜볼 필요가 있다. 상기해야 할 것은 50년 냉전이 진행되는 동안 미국과 소련은 서로에게 핵무기를 겨누고 있었을지언정 양국의 군인들이 상대를 쏘거나 죽이는 일은 벌어지지 않았다는 것이다. 오히려 그 냉전에 빙의하거나 편승한 중국에서, 그리스에서, 인도차이나에서, 아프리카와 중동에서 총성이 울리고 사람들이 죽었다. 한국전쟁의 당사자인 남북 간에는 아예 그 구조가 고착, 박제되어 있다.

미중 신냉전 시대가 달갑지 않은 것은 특히 우리나라가 과거의 냉전에 고통스럽게 연루된 경험이 있고 또다시 연루될 수 있는 구조가 여전히 남아 있기 때문이다. 그런 의미에서 결코 구냉전과 똑같지는 않겠지만, 아마도 꽤 유사한 양상으로 오래 이어질 미중 신냉전 시대를 이해하는 것은 우리에게 중요한 일이다. 무엇보다 미중 대결의 구조가 왜 시작되었고 어떻게 진행될 것인지 잘 알고 있어야 한다. 이를 잘 이해하지 못한 채 또 한 번 남의 싸움에 빙의하여 편승한다면, 뼈아픈 경험을 되풀이할지도 모르기 때문이다.

시진핑이 당긴 체제대결의 방아쇠

2013년 중국 시진핑 정부 출범 이후 중국은 자신의 경제체제에 대한 인식을 근본적으로 바꾸었다. 그리고 이 인식의 전환이 미중 관계를 체제대결과 신냉전으로 이끄는 데 근본적인 원인을 제공했다. 그런 의미에서 신냉전의 방아쇠를 당긴 것은 트럼프가 아니라 시진핑이었다.

시진핑이 집권한 직후 열린 2013년 18기 3중전회에서 통과된 "개혁의 전면적 심화를 위한 몇 가지 중대한 문제에 관한 결정"은 시진핑 집권 시기의 국가운영 방향을 제시하는 중요한 문서였다. 그 문서에서 시진핑은 이른바 "중국특색 사회주의"라는 오랜 개념을 재정의하여 새롭게 부활시켰다.

원래 "중국특색의 사회주의"란 개념은 1978년 "개혁개방" 이후 1982년 덩샤오핑이 사용하기 시작해 지난 40년간 개혁개방과 함께 가장 오랫동안 지속적으로 사용되어온 개념이기도 하다. 원래 이 개념은 개혁개방 초기에 국민들에게 주는 충격을 "사회주의에도 다양한 형태가 있다"는 논리로 완화하면서, 동시에 1990년대 이후에는 급진적인 사유화나 공산당 통치의 해체가 일어났던 구소련 및 동구권의 현실과 중국의 상대적인 안정성을 대비시키기 위해 활용되었다.

그런데 시진핑은 중국특색의 사회주의를 수동적이고 방어적인 개념이 아니라 적극적이고 확장적인 개념으로 사용하기 시작했다. 즉 세계 2위의 시장경제로 부상한 중국이 자기 앞에 놓인 미래의 과제인 "어떤 시장경제(경제체제)를 건설할 것인가"라는 문제에 대해 내린 답이 바로 중국특색 사회주의라는 얘기다.

즉 중국은 자신의 경제체제를 더는 계획경제에서 시장경제로 전환하는 과도기에 놓인 불안정한 체제이자 지속적인 개혁의 대상으로 보지 않는다. 오히려 중국 경제체제가 갖는 장점과 경쟁력

이야말로 활용하고 발전시켜야 할 경제성장의 수단이라고 보기 시작했다. 이때 중국의 경제체제가 다른 나라와 구별되는 고유한 특징은 무엇보다도 국유기업이 큰 비중을 차지하고 정부가 경제 전반에 적극적으로 개입하는 국가주도적 성격이다. 이는 과거 사회주의 체제가 남긴 유산이라고 볼 수 있다는 점에서 일반적인 개도국의 성장 과정에 나타난 국가의 적극적 역할과는 다른 것이다.

중국이 시진핑 시대에 '중국특색 사회주의'라는 비전을 중국의 길이자 꿈의 하나로 제시함으로써 중국의 경제체제가 개혁개방, 즉 시장화(개혁)와 세계화(개방)를 통해 언젠가는 선진 시장경제에 수렴할 것이라는 기대는 힘을 잃었다. 동시에 이는 개혁개방 이래 중국이 풀어야 할 오랜 숙제였던 '사회주의와 시장경제의 조화'를 드디어 달성했다고 최소한 중국 공산당의 전략 내에서는 판단했다는 뜻이기도 하다. 이른바 "중국의 꿈", "중국의 길"의 내용을 중국경제의 양적 부상을 의미하는 "중화민족의 위대한 부흥"이라는 목표로서만이 아니라, 나름의 경쟁력과 장점을 가진 새로운 시장경제의 모델로서 중국특색 사회주의를 발전시켜 세계에 보여주겠다는 질적 측면의 비전으로 제시한 것이다.

결국 시진핑 집권 이후 미국과 중국이라는 글로벌 경제 1, 2위 국가는 서로 다른 체제를 지향하기 시작했다. 비로소 체제대결이 시작될 수 있는 여건이 조성된 것이다. 물론 과거에도 양국의 체제는 달랐다. 중국의 경제가 사회주의적 성격을 가지고 있었던 것은 어제오늘의 일이 아니다. 그렇지만 중국 스스로가 자신의 경제체제가 개혁의 대상이라고 생각하는 동안에는 미국이 중국에 대해 체제대결을 선언할 수도 없고, 그럴 필요도 없었다.

시진핑은 이 상황을 변화시켰다. 그는 구냉전과 사회주의 시기의 유산인 국가주도적 경제체제, 특히 국유기업이 중심이 되는 경제체제를 활용하고 발전시켜 새로운 경제체제를 완성하는 것이 중국의 길이라고 선언해버렸다. 그런 의미에서 중국이 먼저 체제대결의 빌미를 주고 방아쇠를 당겼다.

일구양제一球兩制가 던져놓은 문제

어떤 나라의 체제가 특수하다고 해서 곧바로 체제대결로 이어지는 것은 아니다. 문제는 중국이 현재 글로벌 경제 내에서 2위의 경제규모를 가지고 있고 앞으로 10년 안에 1위로 부상할 것이라고 전망되는 나라라는 데 있다. 그런 나라가 다른 나라들과는 매우 다른 경제체제를 지향한다는 것은 앞으로 세계가 '일구양제'의 상황에 처하게 된다는 뜻이다.

그런데 1990년 냉전 종식 이후 세계화 시대를 거치면서 세계경제는 글로벌 가치사슬을 통해 어느 때보다 긴밀히 연결되어 있다. 중국이 세계 1위의 제조업국이자 수출국으로 성장할 수 있었던 것도 2001년 WTO 가입을 계기로 글로벌 가치사슬에 긴밀히 결합하고 이를 활용하였기 때문이었다.

그런데 이 속에서 중국이 '중국특색의' 경제체제를 지향하자 두 개의 체제가 공존하면서 글로벌 가치사슬 내에서 경쟁하는 일구양제 상황이 펼쳐졌다. 과거 미국과 소련 사이의 냉전은 경제적으로도 두 개로 분리된 진영 사이의 대결이었다. 그렇지만 미국과 중국은 하나의 글로벌 가치사슬 속에 자리 잡고 있다. 두 체제가 공존하면서 경쟁하게 됨에 따라 글로벌 시장경쟁의 공정성이 보장될 수 있느냐라는 중요한 문제가 제기되었다.

원래 자유무역과 다자체제의 기초 위에 구축된 글로벌 가치사슬은 각국이 이른바 최대한 '평평한 운동장' 위에서 경쟁할 때 효율적이고 공정하게 작동한다. 평평한 운동장은 국경을 넘어 무역과 투자가 오가는 국제통상질서 속에서도 실현되어야 하지만 각국의 국경 내에서 산업과 기업이 성장하고 제품이 생산되는 경제환경 면에서도 실현되어야 한다. 예를 들어 WTO에 가입하는 요건으로 해당국 내의 시장경제 수준을 엄격하게 평가하는 것은 그 때문이다.

그런데 중국이 개혁을 통해 국가주도적 체제를 약화시키는 것이 아니라, 오히려 중국특색의 길로서 더욱 강화시킨다면, 글로벌 가치사슬 내의 공정성이 침해될 가능성이 크다. 가령 중국의 기업들은 2020년 포춘이 선정한 500대 기업 중 124개를 차지하며 미국(121개)을 앞질렀다. 미국 국제전략연구소CSIS에 따르면 이 중 91개 기업(73%)이 국유기업이며, 이들이 124개 기업의 자산에서 차지하는 비중은 84%에 달한다. 이들이 금융, 에너지, 원자재, 건설, 제조업 등 많은 영역에서 해당 글로벌 시장의 중요 기업으로 부상해 각국의 민간기업들과 경쟁하고 있다.

물론 중국의 국유기업들은 대부분 주식회사화되어 있고, 공식적으로는 일상 경영에 정부가 개입하지 않는다. 정부는 주주로서 경영진 임명 등의 권리를 행사하는 정도로 권한을 행사할 뿐이며, 국유기업 중 상당수는 전력망 등 내수 인프라 분야에 종사하는 기업들이라서 수출입을 통해 글로벌 가치사슬에 깊이 관여되어 있는 것은 아니다.

그렇지만 국유기업은 위기에 직면하거나 사업확장이 필요한 경우 정부로부터 증자 등의 형태로 손쉽게 자금을 지원받을 수 있으며, 파산의 위험이 높지 않기 때문에 신용등급이 높아 낮은 비용으로 자금을 조달할 수 있다는 이점을 갖는다. 또한 마치 하나의 기업집단 안에 속한 기업들처럼 국유은행과 국유기업 그리고 국유기업 상호 간에 밀접한 소통과 협력이 이루어질 수 있는 구조상 이점도 가지고 있다. 그 결과 조달과 납품을 통해 연결된 기업들 사이에서는 안정적이고 호혜적인 거래관계가 구축되기 쉬우며, 내부거래를 통한 상호지원이 일어날 가능성도 크다.

나아가 정부의 전략적이고 공격적인 산업정책은 글로벌 시장에서 경쟁왜곡과 과잉설비를 유발할 수 있다. 이미 '중국제조 2025' 등 장기적 산업정책을 통해 반도체 등 주요 산업에서 중국기업이 국제경쟁력을 확보하고 세계산업을 주도하도록 만들겠다는 계획이 선진국들의 경계심을 유발한 바 있다. 중국의 해외투자 또한 때로는 유전과 철광 매입 등 자원확보로, 때로는 첨단기술 기업에 대한 인수합병으로 중국경제의 필요와 전략에 따라 일사불란한 움직임을 보여왔다. 또한 중국정부는 '일대일로' 계획과 같은 별도의 대규모 해외협력 및 인프라 구축 사업을 주도하며 민간기업의 해외 진출과 시장개척을 지원하고 있다.

때문에 국가주도적 경제체제 아래에서 중국의 산업과 기업이 마치 하나의 거대한 회사처럼 행동하면서 국제경쟁력을 갖추게 된다면 글로벌 경쟁에서 공정성을 훼손하게 될 것이라는 우려를 낳고 있다. 사실 그 가능성과 개연성만으로도 중국기업과 경쟁하는 외국의 민간기업들은 부담을 느끼고 위축된다. 중국기업과의 경쟁이 공정하지 않다고 느끼는 것이다.

즉 중국이 중국특색 사회주의를 선언하면서 국내적으로는 사회주의와 시장경제를 조화시키는 데 성공했다고 생각하는지 몰라도, 과연 중국 사회주의와 세계 시장경제가 조화롭게 공존할 수 있느냐는 문제는 아직 해결되지 않았다.

그런데 WTO로 대표되는 기존의 국제통상질서는 중국의 급부상이 가져온 새로운 잠재적 불공정성의 문제에 효과적으로 대처하지 못했다. 2001년 중국이 WTO에 가입할 당시만 해도 경제규모가 작았고, 글로벌 가치사슬 내에서의 지위도 저임금을 바탕으로 노동집약적 조립공정을 수행하는 수준에 머무는 정도였다. 그 때문에 당시 중국의 WTO 가입 협상은 주로 시장과 투자환경을 신속하게 개방하는 데 주안점을 두었다. 더 나아가 당시 중국은 스스로 체제개혁을 지속하고 있었기에 WTO 가입이 개혁을 더욱 촉진할 것이라는 기대가 컸다. 따라서 중국의 장기적 체제 이슈는 본격적으로 다뤄지지 않았다. 문제는 중국의 경제규모가 커지고 국가주도적 경제체제가 중요한 잠재적 불공정성의 원천이 될 수 있다는 점이 드러나기 시작한 다음에도 WTO는 이 문제를 효과적으로 다루지 못했다는 점이다.

2차 세계대전 직후에 만들어진 GATT(관세와 무역에 관한 일반협정)를 계승한 WTO의 기존 무역규범은 중국과 같이 거대한 나라가 국가주도적 경제성장을 하며 글로벌 시장에 적극적으로 참여할 경우 생길 수 있는 문제를 효과적으로 통제하는 규범체계를 갖고 있지 않았다. 또한 WTO가 새로운 규범을 도입하기 위해서는 164개 회원국 사이 만장일치에 가까운 합의를 이뤄낼 수 있어야 하는데, 이러한 의사결정 구조 아래에서는 각국의 이해관계가 대립하는 이슈에 대해 새로운 합의를 이루기가 어려웠다. 중국이 반대하면 중국을 견제하는 WTO 규범이 만들어지기는 어렵다는 것이다.

트럼프의 종목 바꾸기, 배구에서 이종격투기로

중국의 국가주도적 체제가 내포하는 불공정성 문제를 정면으로 제기한 것은 2017년에 취임한 미국의 트럼프 대통령이었다. 트럼프 정부가 처음부터 체제문제를 본격적으로 주장한 것은 아니었다. 취임 초기에는 중국과의 무역 불균형이 미국의 일자리를 빼앗는다고 주장하며 이 문제를 국내 정치적으로 활용하는 정도였다. 그러던 트럼프 정부가 점차 매우 전략적으로 중국의 국가주도적 체제의 문제점을 지적하고 중국의 체제 자체를 문제 삼기 시작했다. 미중 무역협상 과정에서 미국 무역대표부는 무역 합의를 이행하기 위해서는 중국의 체제문제가 다루어져야 한다고 주장했다. 화웨이의 5G 통신망에 대한 대응에서 보인 것처럼 경제적 이슈를 적극적으로 민주주의, 인권, 안보, 기술패권 경쟁 등 비경제적 이슈와 연결시키기도 했다. 중국의 경제체제가 기존의 세계질서나 미국이 지향하는 가치와 어긋나며 따라서 중국의 체제 자체에 대한 문제 제기가 불가피하다는 주장을 무역분쟁 과정에서 점진적으로 이슈화한 것이다.

2020년 5월 발표된 백악관 명의의 중국전략 보고서는 그 정점이었다. 이 보고서는 미중관계를 "두 체제 사이의 장기적 전략적 경쟁"으로 규정하고 정치, 외교, 군사, 사회, 교육 등 전 분야에서 범정부적인 대응이 필요하다고 천명했다. 양국관계를 경제적인 경쟁관계가 아니라 더 근본적인 체제대결이라고 해석하고, 앞으로 미국이 가진 비경제적 수단까지 총동원해서 중국이 경제적·정치적 영향력을 확대하는 것을 막겠다는 얘기다. 체제를 놓고 전면적 대결을 펼치는 냉전 시기의 구조를 미중관계에 새로 도입한 셈이다.

다만 이 신냉전은 과거 미국과 소련이 각기 다른 체제와 진영을 구축하고 핵전쟁 위험을 포함하여 군사적으로도 심각하게 대립하던 미소 냉전과는 다르다. 비록 중국이 경제규모 면에서 2030년을 전후하여 미국을 추월할 가능성이 있다고 하지만, 정치, 외교, 군사, 과학, 문화 등 경제규모 외의 분야에서는 미국에 크게 뒤져 있다. 미국과의 체제대결을 원하지도 않는다. 중국은 소련과 달리 상대의 체제를 부정하는 것이 아니라, 자신의 국가주도적 경제체제를 미국이

　　지만수(한국금융연구원 선임연구위원)

인정해주기를 바랄 뿐이다. 그런 의미에서 신냉전은 미국이 일방적으로 중국의 부상을 견제하기 위해 활용하는 논리이자 수단이다.

실제로 트럼프 정부는 중국의 경제적 부상을 억제하는 데 있어 기존 국제통상 규범의 틀을 완전히 깨는 새로운 수단들을 동원했다. 애초부터 트럼프는 중국의 체제변화를 확실하게 보장할 수 없는 상태에서 2001년 중국이 WTO에 가입하도록 허용한 것이 미국의 가장 큰 큰 실수였다고 주장해왔다. 나아가 WTO가 중국의 국가주도적 경제체제가 야기하는 불공정성을 해결하는 데 무력하다고 판단하고 있었다. 대신 트럼프 행정부는 미국의 직접적이고 일방적인 제재를 통해 중국을 견제하는 방식을 선택했다. 그리고 이를 레버리지로 양자협상을 통해 중국을 변화시키려고 시도했다.

트럼프 재임 기간 실시된 중국산 제품에 대한 일방적인 관세부과, 중국기업의 대미투자 제한 조치, 특정 중국기업들에 대한 수출제한 조치 등은 WTO가 표방하는 최혜국대우나 내국민대우 원칙을 완전히 무시한 조치였다. 미국은 중국 상품에 대해서 가격의 적절성이나 미국 산업에 주는 피해 정도를 따지는 개별적 평가 없이, 대미수출 품목 전반에 고율의 추가관세를 부과하고 이를 확대하였다. 중국기업의 미국에 대한 투자 심사를 엄격히 함으로써 사실상 중국기업의 대미 투자를 중단시켰다. 또한 수백 개의 중국기업에 대해 개별적 설명 없이 단지 '미국의 안보와 정책이익을 침해'한다는 막연한 이유로 수출제한 기업으로 지정했다. 나아가 이들 수출제한 대상 기업과 거래하기 위해서는 미국 기업뿐 아니라, 미국의 기술이나 부품을 사용하는 외국기업들도 미국 정부의 수출 허가를 받도록 했다. 이러한 조치들에 대해 중국도 유사한 수단을 도입하는 등 보복에 나섰다. 미국 제품에 보복관세를 부과하였고, 외국기업의 투자를 심사하거나 '신뢰할 수 없는' 외국기업을 제재하는 제도를 도입하기도 했다.

이러한 수단들은 안보나 패권을 구실로 삼는 일종의 보호무역 조치로서, 기존의 국제통상규범 안에서 정당화되기는 어렵다. 하지만 미국은 중국과의 관계를 체제대결이라고 선언함으로써 이를 정당화하고 있다. 미중 사이에 기존과는 다른 규칙을 적용하겠다는 것이다. 말하자면 일종의 '경기 종목 바꾸기'라고 할 수 있다. 미국은 자유무역과 다자체제라는 기존 국제통상규범 아래서는 중국의 부상을 효과적으로 저지할 수 없으며, 따라서 중국의 부상을 저지하기 위해서는 미국이 압도적인 우위를 가진 정치, 군사, 과학, 문화, 동맹 등 비경제적 권력을 모두 동원해야 한다고 보는 것이다. 이를 통해 중국의 부상을 저지할 수 있는 새로운 국제통상규범을 만들어내는 것이 미국의 목표이다.

기존의 미중경쟁이 자유무역과 다자체제라는 네트를 가운데 두고 벌이는 배구였다면, 이 종목은 더는 미국에 유리하지 않다. 오히려 그동안 배구의 규칙을 더 잘 활용해온 것은 중국이었다. 미국으로서는 자유무역 체제 아래에서의 산업경쟁력을 넘어, 현재 미국이 가진 다양한 힘을 충분히 발휘할 수 있는 새로운 게임, 가령 이종격투기로 게임의 규칙을 바꾸는 것이 이익이다. 미중 간 게임의 종목을 배구에서 이종격투기로 바꾸는 것, 이것이 중국과의 체제대결을 선언하고 신냉전 구조를 구축하는 미국이 추구하는 목표이다.

이 과정에서 미국이 중국과의 경제적 관계를 의도적으로 축소하는 미중 간 디커플링Decoupling(탈동조화)이 진행되고 있다는 해석도 등장했다. 그러나 미국기업들이 중국의 시장이나 생산능력을 활용하기 어렵게 만드는 것은 미국에도 이로울 게 없다. 미국이 추구하는 것은 미국과 중국 사이의 디커플링이라기보다는 중국과 글로벌 가치사슬 사이의 디커플링이다. 즉 중국이 글로벌 가치사슬을 활용하는 비용을 높임으로써, 그 안에서 빠르게 위상을 높이지 못하도록 하는 것이 미국의 의도라는 것이다.

우선 미국은 25%라는 고율의 추가관세를 중국 제품에 부과했고, 미국과 자유무역협정을 맺은 나라들이 중국과 자유무역협정을 맺는 것도 막았다. 이는 미국시장에 대한 중국의 주력 수출품이라고 할 수 있는 노동집약적 제조업 제품의 가격경쟁력을 떨어뜨리고 중국이 새로운 시장을 개척하는 비용을 높인다. 또한 중국을 생산거점으로 활용하는 기업들이 중국을 떠나도록 유도하는, 이른바 탈중국 압력도 된다. 실제로 미국시장에서 중국제품의 점유율이 떨어지고 베트남, 대만, 한국 등 다른 나라들이 그 자리를 대체하고 있다.

동시에 글로벌 가치사슬 내에서의 중국의 상향이동을 적극적으로 저지하고 있다. 중국은 정부의 전폭적인 지원과 선진국의 기술, 장비, 투자를 활용하여 국유기업이 주력을 이루는 중화학 장치산업을 성장시키고 있다. 미국은 중국의 중화학 장비산업의 추격 속도를 늦추고자 국가주도적 산업지원, 불공정한 기술이전 및 유출 압력, 첨단기술 기업에 대한 전략적 인수합병을 막기 위한 다양한 조치들을 도입하고 있다.

대표적인 사례는 반도체 산업이다. 중국은 그동안 반도체 산업 육성을 위해 막대한 투자를 계획하고 참여 기업을 지원해왔다. 외국기업의 생산설비 이전을 유도하여 기술흡수의 기회로 삼기도 했다. 미국은 이를 국가주도적으로 산업을 육성하여 선진국에 도전하는 대표적인 사례라고 보고 다양한 압력을 통해 견제하고 있다. 특히 우방국을 설득하고 수출제한 조치를 동원하여 중국에 대한 반도체 장비의 수출을 차단하고 있다. 소수 선진국 기업이 관련 기술과 설비를 독점하고 있는 상황에서 미국의 이러한 조치는 효과적으로 중국 반도체 산업의 추격을 억제할 수 있다. 유사한 방식으로 조선, 철강, 석유화학, 자동차 등 다른 중화학 장치산업의 추격 속도도 둔화시킬 수 있다.

한편 5G 등 신산업에서는 중국이 새로운 글로벌 가치사슬을 주도하지 못하도록 다각도로 노력을 기울이고 있다. 신기술·신산업 분야는 아직 산업과 시장의 주도권이 분명하지 않기에 차세대 통신, AI, 빅데이터 등 분야에서 중국이 먼저 산업화와 시장조성에 성공하면 중국 중심으로 새로운 글로벌 가치사슬이 형성될 가능성도 배제할 수 없다. 이는 지금까지 미국이 누려온 기술패권에 대한 직접적인 도전이 될 수 있다. 트럼프 정부가 5G 통신망에서 기

　지만수(한국금융연구원 선임연구위원)

술 및 공급망을 선도하던 화웨이에 대해 안보상의 우려를 강력하게 제기한 것은 그러한 우려의 산물이다. 미국은 동맹국을 설득하여 화웨이 장비의 사용을 막았을 뿐 아니라, 화웨이를 수출제한 대상 기업으로 선정하여 5G 장비용 반도체를 조달하지 못하도록 차단하고 있다.

EU가 게임체인저, 중국견제 시대의 개막

미중 간의 대결 양상은 바이든 대통령 출범을 전후하여 빠르게 바뀌고 있다. 특히 EU 등 선진국 그룹이 중국에 대한 견제에 동참함으로써 본격적인 중국견제의 시대가 시작되고 있다.

바이든 대통령은 중국과의 체제대결이 필요하다는 트럼프 시기의 인식을 계승하였다. 트럼프 시기를 거치면서 미국인들과 미국 정치권이 이를 지지하고 있기 때문이다. 동시에 바이든은 동맹국들과 협력하고 기존 다자체제를 활용하겠다고 강조하고 있다. 여기에 EU가 장단을 맞추었다.

미국의 전통적인 동맹인 EU는 트럼프 재임 기간 중 미국이 다자체제를 무시하고 일방주의적 무역정책을 펴는 것에 비판적이었다. 미중 간 체제대결에 대해서도 명확한 입장을 표명하지 않았다. 대신 EU는 중국 문제에 대한 자신의 접근원칙과 내부의 공감대를 형성하는 데 주력했다. 2019년 3월 EU 집행위원회는 중국 문제에 대한 전략보고서에서 EU와 중국의 관계를 공동의 목적을 추구하는 협력동반자, 이익의 균형을 추구하는 협상파트너, 기술주도권을 둘러싼 경제적 경쟁자, 상이한 체제를 추구하는 체제 라이벌이라고 다층적으로 규정했다. 협력의 중요성과 함께 체제 사이의 대결이 존재한다는 것을 명시한 것이다. 이 보고서는 2020년 10월 27개 회원국의 공식 추인을 받았다.

바이든이 당선된 직후부터 EU는 적극적으로 미국에 공조를 제안하였다. 미 대선 직후인 2020년 12월 2일 EU는 앞으로 중국의 도전에 대해 EU와 미국이 공동대응하자는 내용을 담은 EU 공동성명을 발표하였다. 앞으로 중국 문제에 대해서 EU-미국 간 대화체를 만들어 전략을 조율하자고도 제안했다. 미국이 제안한 민주주의 정상회의나 인도-태평양 전략에 대한 지지도 분명히 했다. 특히 중국의 국가주도적 경제체제를 견제하는 글로벌 규범을 만들기 위해 미국·EU·일본 3자가 산업보조금 규제 강화를 위한 WTO 개혁에 협력한다는 내용도 담았다.

2021년 2월에는 다시 EU 신통상전략을 발표하였다. 여기서는 보다 명시적으로 중국의 국가주도적 경제체제를 견제하기 위한 강력한 규범을 도입하자고 제안했다. 먼저 EU는 폐쇄적이고 국가주도적인 중국이 야기하는 경쟁왜곡에 그동안 WTO가 적절히 대처하지 못한 것이 WTO가 직면한 위기의 핵심 원인이라고 진단한다. 그리고 대규모 정부 보조금이 낳는 과잉설비와 경쟁왜곡을 방지하고, 국유기업이 초래하는 시장왜곡이나 기술이전 강제 등에 대해 대응할 수 있는 새로운 통상규범을 마련해야 한다고 주장했다. 트럼프 정부가 중국 국가주도적 경제체제와의 대결을 선언했던 것과 같은 맥락이다.

　나아가 EU의 신통상전략은 또 하나의 획기적인 제안을 하고 있다. WTO의 의사결정구조가 변화할 필요가 있다고 주장한 것이다. 즉 그동안 WTO는 전체 회원국의 합의에 기초한 일괄타결 방식을 통한 의사결정을 추구해왔다. 그렇지만 EU는 이러한 방식이 지난 25년간 새로운 협상 성과를 낳는 데 실패했다고 평가하면서, WTO의 협상 기능을 회복하기 위해서는 이른바 '개방적 복수국간 협정 방식'을 적극적으로 수용해야 한다고 주장했다. 이 방식에 따르면, 특정한 규범이나 개혁안에 회원국 모두가 합의하기 어려운 경우 우선 합의한 국가들끼리 새로운 협정을 출범시키고 점진적으로 이에 동의하는 회원국을 추가할 수 있다. EU는 "WTO가 이를 수용하지 못하면, WTO 밖에서 관련 규칙을 추진할 수밖에 없다"고 말하며 WTO 의사결정구조의 개혁을 압박하기 시작했다.

　이 두 가지 제안은 중국을 견제하는 데 있어서나 WTO 미래를 전망하는 데 있어 매우 중요한 의의를 가진다. 각기 규범의 내용과 의사결정의 형식을 담은 두 가지 제안이 상승작용을 일으킬 수 있기 때문이다. 기존 WTO의 의사결정 구조 안에서는 중국의 국가주도적 경제체제를 강력하게 견제하고자 해도 합의에 이르기 어렵다. 중국이 반대할 뿐 아니라 산업화를 추진하는 상당수의 개도국도 반대할 것이기 때문이다. 그런데 EU가 제안한 '개방적 복수국간 협정' 방식이 활성화될 경우 설사 중국 등 상당수 국가가 특정 개혁안에 반대하더라도 여전히 WTO 틀 안에서 선진국들 중심으로 그 규범을 반영한 새로운 협정을 출범시킬 수 있게 된다. 이 과정에서 그동안 중국의 경제적 부상을 뒷받침했던 WTO가 앞으로 선진국들이 중국에 대한 견제를 규범화하는 수단이자 전장이 될 수도 있다.

바이든 정부가 동맹과 다자체제를 활용한 중국견제에 나서고 EU 등 선진국이 이에 동참함으로써 트럼프 재임 시기에 형성된 미중 사이의 양자대결 국면은 이제 선진국들이 공동으로 중국을 견제하는 집단적 중국견제 시대로 전환된 것이다.

시간과의 싸움, 중국의 비용

물론 중국도 이런 움직임에 대응하고 있다. 미중 양자관계에서는 확전을 회피하고, 다자체제 내의 논의로 이슈를 유도하며, 국내적으로는 최악의 상황에 대비하고자 한다.

미중 양자관계에서 중국은 미국의 행태를 일방주의적이고 보호주의적이라고 비난하면서도 확전을 최대한 회피하고 있다. 미중 간의 실력 차이가 큰 상황에서의 전면적 충돌은 중국에 전혀 유리하지 않기 때문이다. 중국은 미국이 중국제품에 관세를 부과하면 동일한 수준으로 미국제품에 관세를 부과하고, 미국이 중국기업의 투자에 대한 심사를 강화하면 중국도 유사한 투자심사제도를 도입하고, 미국이 중국기업에 블랙리스트를 만들어 거래를 제한하면 중국도 유사한 블랙리스트 제도를 도입하는 식으로 대응하고 있다. 그렇지만 이러한 대응은 미국의 압력에 굴하지 않는다

지만수(한국금융연구원 선임연구위원)

는 국내정치적 메시지에 가까운데, 추가관세를 부과한 것을 제외하면 중국은 보복수단이 될 수 있는 제도를 도입하면서도 이를 실제로 사용하지는 않고 있다.

중국은 그 대신 WTO 등 다자체제를 복원하고 그 틀 안에서 논의하자는 주장을 적극적으로 펼치고 있다. 물론 이러한 주장은 중국의 국가주도적 체제에 대한 논의보다는 기후변화나 디지털 경제 등 좀 더 글로벌한 이슈에 초점이 맞춰져 있다. 미중 간의 논의를 다자체제로 끌고 감으로써 중국에 대한 직접적 압력을 회피하고 지연하며, 미중 갈등과 상대적으로 관련성이 낮은 기후변화 등 글로벌 이슈를 선점함으로써 주요국과 공동의 리더십을 발휘하는 모습을 보여주고 싶은 것이다. 다자체제 안에서는 신흥국을 중심으로 우군을 만들 수 있다는 기대도 섞여 있다.

하지만 국내적으로는 최악의 상황까지 염두에 두고 대비하고 있다. 여기서 최악의 상황이란 중국의 국가주도체제에 대한 견제가 더욱 강화되면서 글로벌 가치사슬에 대한 접근이 매우 어려워지는 경우를 말한다. 2020년 14차 5개년계획(2021~2025년)을 준비하면서 제시한 이른바 국내외 이중순환(쌍순환) 전략이 바로 그 잠재적 위험에 대한 대응이다. "국내대순환을 위주로 하면서, 국내·국제 이중순환을 상호촉진"한다는 내용이다. 이 전략의 핵심은 국내대순환에 있다. 글로벌 가치사슬에 대한 접근이 어려워지는 경우에도 자립자강自立自强할 수 있는 경제구조를 만들겠다는 것이다.

물론 이 말이 이미 2010년부터 시행해온 내수시장 위주의 성장

전략을 반복하자는 것은 아니다. 국내대순환이 가지고 있는 차별성이자 핵심은 이른바 "높은 수준의 수요가 높은 수준의 공급을 촉진하는" 수요·공급 간 선순환 구축에 있다. 중국견제의 시대가 지속될 경우, 중국이 가장 우려하는 것은 수요측면에서 해외시장이 위축되는 것이 아니다. 중국 내수시장은 충분히 크다. 하지만 해외의 첨단기술과 자본이 원활하게 유입되지 않고, 해외의 첨단시장을 겨냥한 국내기업의 고도화 노력이 약화된다면 장기적으로 공급 측 성장동력을 잃을 수 있다는 게 중국의 걱정이다. 어떻게 보면 중국 입장에서는 수출둔화로 인한 일시적 성장둔화보다 더 심각한 위험요인일 수도 있다. 자신의 경제체제를 유지하는 관건은 혁신능력을 유지하는 데 있다는 것은 중국 스스로도 잘 알고 있기 때문이다.

전략적으로 신기술, 신산업, 첨단산업, 첨단제품에 대한 높은 수준의 국내수요를 적극적으로 창출한다면, 기업들이 이 새로운 수요에 대응하는 과정에서 혁신과 산업고도화가 촉발될 수 있다. 중국 정부는 혁신적 수요가 발생할 수 있는 5G, 신에너지 충전망, 고압전력망, 새로운 교통망, 빅데이터 등의 인프라를 제공하는 역할을 하려 한다. 이는 정부가 직접 기업의 연구개발이나 산업고도화를 장려하고 지원하는 것보다 훨씬 시장친화적 방식이다. 일단 중국에서 혁신적인 산업과 시장의 생태계가 형성되면 외국기업과 외국기술도 중국시장의 매력에 이끌려 들어올 것이고, 그렇게 되면 중국이 말하는 내수시장의 '중력장'이 형성되는 것이다.

미국과의 대결과 선진국들의 집단 견제에 직면한 중국은 대체로

소극적이고 방어적으로 상황에 대처하고 있다. 최악의 경우 고립도 감수하겠다는 각오도 다지고 있다. 미중 대결이 중국에 대한 집단 견제로 변화하는 현실은 중국에 답답한 일이다. 중국을 견제하는 글로벌 규범망이 만들어진다는 것은 앞으로 글로벌 가치사슬에 접근하기 위해 중국이 치러야 하는 비용이 높아진다는 뜻이기 때문이다.

하지만 중국은 시간은 자기편이라고 생각한다. 지난 수십 년간 꾸준히 경제적 위상이 높아져왔던 경험의 산물이다. 하지만 이번에도 시간이 중국의 편일지는 두고 봐야 한다. 중국이 가지고 있는 장기적인 성장동력과 중국이 앞으로 치러야 할 비용 중 어느 것이 더 클 것이냐에 따라 결과는 다를 것이다. 그 비용이 커지면 중국의 다음 지도부는 다시 체제수렴의 속도를 높이는 선택을 할 수도 있다. 혹은 왜 공산당이 '중국특색' 체제를 유지하는 비용을 중국인과 중국기업이 치러야 하냐는 목소리가 내부로부터 터져 나올지도 모른다.

남의 게임이 아니라, 우리의 게임을 하자

시진핑이 '중국특색의 사회주의'를 선언하며 국가주도적 경제체제를 유지하겠다는 뜻을 분명히 했다. 트럼프 대통령은 미중 간의 체제대결을 선언하며, 과연 중국 사회주의가 세계 시장경제와 조화되고 있느냐는 근본적인 문제를 제기했다. 미중 사이에 형성되었던 대결국면은 바이든 당선 이후 EU 등이 미국 편에 참여하면서 중국견제 시대로 변하고 있다. 중국의 국가주도적 경제체제가 글로벌 가치사슬에 접근하는 비용을 높일 수 있는 새로운 통상 질서를 만드는 것이 이들의 목표다. 중국을 견제하는 과정에서 자유무역이 퇴조하고 WTO 체제가 약화될 수도 있다. 우리에게는 방금 언급한 하나하나가 우리 대외환경의 중요한 변화다. 이 변화에 대응하는 우리의 입장과 전략이 필요하다.

지금 형성되고 있는 중국견제 시대는 오래 지속될 것이다. 중국은 국가주도적 경제체제를 양보할 생각이 없다. 선진국들은 중국의 체제와 세계 시장경제가 충돌할 것이라는 인식에 공감하고 있다. 중국을 견제하기 위한 새로운 국제통상질서를 사이에 두고 중국과 선진국 그룹의 대립이 지속될 것이다. 이 과정에서 세계화 시대의 기본 이념이었던 자유무역 질서는 약화될 수도 있다. 그런 의미에서 중국견제 시대는 세계화 시대를 대체하는 위상을 가질 만큼의 패러다임 변화를 동반하는 새로운 시대가 될 것이다.

만일 중국이 이 중국견제 시대 속에서도 장기간 경제적 부상을 지속하고 정치적 안정을 유지한다면 무슨 일이 일어날까? 즉 경제규모 면에서 미국을 추월하고, 나아가 몇몇 신산업 신기술 분야에서 이른바 '자립자강'형 혁신을 수행할 수 있는 국가가 된다면 2030년 이후의 어느 시점을 계기로 중국견제의 시대는 다시 본격적인 미중 패권경쟁의 시대로 바뀔지도 모른다. 그런 의미에서 미중 패권경쟁의 시대는 아직 시작되지 않았지만, 세계화 시대에서 중국견제 시대로의 변화라는 심각한 변화는 이미 시작되고 있다.

한때 한국이 미중 사이에 일종의 양자택일을 해야 하는 딜레마에 빠진 것 아니냐는 우려가 있었다. 가령 트럼프 시기 미중 간의 양자 대립과 대결국면에서는 한국뿐 아니라 많은 나라의 대외적 의사결정이 미중 중 어느 한쪽 편을 드는 결정처럼 해석되는 경향이 있었다. 미국과 중국이 다른 나라에 대해 각각 자신의 입장을 명시적으로 지지해주기를 기대하는 모습도 보였다. 그렇지만 이는 한국만 직면한 딜레마가 아니다. 그동안 한국, 일본, EU를 비롯한 대부분의 나라들은 이 시기에 양자 사이에서 다층적이고 복합적인 관계를 유지했다. 가령 EU는 중국을 협력자이자 경쟁자이고, 동시에 체제의 라이벌이라고 다층적으로 규정하면서 중국과 투자협정을 타결하면서 동시에 중국견제에 적극 동참했다. 일본은 중국과의 정치적 관계가 악화되는 가운데서도 쿼드 등 미국의 인도-태평양 전략에 적극 참여하는 한편, 중국과도 포괄적경제동반자협정RCEP을 통해 자유무역협정FTA 관계를 수립했다. 갈등의 두 당사자인 미중 사이에서도 양자 교역은 2021년 들어 오히려 크게 늘어나고 있는 추세다.

앞으로 펼쳐질 중국견제의 시대에도 다층적이고 복합적인 현실은 변하지 않을 것이다. 그러니 당연히 대응도 다층적이고 복합적이어야 한다. 어느 한쪽을 택하기 부담스러우니 이른바 모호함을 유지하다가 그때그때의 상황에 따라 이익이 되는 쪽으로 행동하자는 얘기가 아니다. 미중 사이의 시비를 따지거나 그 승패를 예측하며 행동하는 것은 양측 모두에서 신뢰를 잃기 쉬운 접근이다.

남의 패와 판세를 읽는 것도 중요하지만 우리의 입장과 원칙을 정하는 것이 우선이다. 그리고 우리의 입장과 원칙은 무엇보다 우리 경제의 정체성과 위상에서 출발해야 한다. 동아시아에 위치한 제조업 선진국이자, 선도국가를 지향하는 G10 급의 경제라는 것이 현시점 우리 경제의 정체성이자 위상이다.

선진국으로서 한국은 중국의 국가주도적 경제체제가 글로벌 시장의 공정한 경쟁을 왜곡할 수 있다는 미국, EU, 일본의 우려에 공감하고 이에 공동으로 대응할 필요가 있다. 중국의 국가주도적 산업 추격에 가장 큰 경제적 압박을 받아온 나라가 바로 한국이기도 하다.

또한 한국은 제조업 수출국으로서 그동안 자유무역과 다자체제의 혜택을 가장 잘 누린 나라이다. 앞으로도 자유무역과 다자체제를 유지하여 글로벌 가치사슬을 더욱 활발하게 활용하는 것이 한국 입장에서는 이익이자 대표적 수혜국으로서의 책임이기도 하다. 따라서 중국의 국가주도적 경제체제에 비용을 부과하기 위한 새로운 국제통상질서가 논의되는 과정에서 자유무역과 다자체제의 기존 정신을 훼손하지 않도록 노력해야 한다.

동시에 동아시아에 위치한 한국은 한국, 중국, 일본, 대만, 동남아시아국가연합ASEAN을 아우르는 동아시아 생산 네트워크의 일원이고 이들과 매우 밀접한 분업 네트워크를 형성하고 있다. 이 동아시아 생산 네트워크를 개방적이고 효율적으로 유지하기 위해 노력해야 한다. 중국을 배제하는 동맹체제나 지역무역협정 등을 통해 동아시아 생산 네트워크의 개방성이 훼손되거나 그 효율성이 깨져서는 안 된다는 것이다.

이러한 입장과 원칙을 지킴으로써 사드 사태 이후 트라우마가 되어버린 중국의 경제적 보복에 대한 우려도 불식할 수 있다. 한국이 미국이 주장하는 중국의 국가주도적 경제체제에 대한 견제에 동참한다면, 그것은 미국과 중국 사이에 하나를 선택한다는 관점에서 중국에 대한 견제에 가담하는 것이 아니라, 선진국의 일원으로서 글로벌 시장경제의 공정성을 유지하기 위한 국제적 노력에 동참하는 것이다. 그 속에서 중국이 한국에 대해서만 악감정을 가지거나 보복에 나설 이유는 없다.

동시에 한국이 일관되게 자유무역 질서와 동아시아 생산 네트워크를 훼손하지 않겠다는 태도를 견지한다면, 중국 입장에서는 이 점에 대해 한국과 공동의 이해관계를 갖게 되는 셈이다. 결국 한국과의 협력을 강화하는 것이 그나마 최악의 고립을 막는 길이라 판단할 것이다. 기후변화 대응과 같이 아직 지정학적 갈등요인이 고착되어 있지 않은 새로운 협력의제에서는 한중 간에 새로운 협력공간이 열려 있다.

한국은 냉전체제의 중요한 전장이자 가장 큰 피해자 중 하나였다. 체제대결과 신냉전의 위험이 다시 높아지고 있다. 이번에는 그 당사자나 전장이 되지 않겠다는 각오와 안목이 필요하다. 남의 주장이나 이익에 빙의하지 않고 자신의 이익과 입장을 견지하는 것이 중요하다. 굳이 다시 한번 험한 냉전 역사의 주인공이 되려 하기보다는, 한켠으로 물러서 자신의 정체성과 이익을 챙기겠다는 태도가 필요한 시기다.

기후위기는 자연 생태계와 미래세대를 위협하는 무책임한 생산과 소비의 성장을 멈추고 혁신적으로 수축하는 지속가능한 자본주의로의 전환점이다.

대전환의 위기는 ESG의 사회적 가치가 소비와 투자의 새 좌표가 되어 '절용節用의 기술혁명'을 주도하는 새로운 경제도약의 기회이기도 하다.

에너지 전환의 비용과 편익을 공정하게 나누는 포용적 전환을 위해 양질의 녹색 일자리 창출과 전환기금의 확충이 필요하다.

대기업이 혁신적 중소기업과 상생협력하는 정의로운 혁신의 기업 생태계가 불공정하고 부패한 한국 자본주의를 선진 자본주의로 업그레이드하는 길이다.

11장 기후위기와 지속가능한 자본주의[1]

주병기(서울대학교 경제학부 교수)

기후위기 시대와 코로나19의 교훈

이제는 기후변화climate change가 아니라 기후위기climate emergency라는 말을 쓴다. 더는 손쓸 수 없이 격변으로 이어질 임계점에 가까움을 강조하는 표현이다. 이미 그 임계점을 넘었다고 말하는 과학자들도 있다.

대기 중에는 태양에서 오는 빛과 지구 복사열이 지구 밖으로 반사되거나 방출되는 것을 막아주는 온실가스가 있어 평균기온이 일정 수준 이상 유지된다. 온실가스가 많아지면 더 많은 열이 갇혀 기온이 상승한다. 자연 상태에서 온실가스의 양은 변동하지만 일정한 범위 안에 있고, 그래서 지구 평균기온도 일정한 범위 안에서

---

1   본 장의 일부 내용은 저자의 〈경향신문〉 정기 칼럼을 수정 및 보완하여 작성되었음을 밝혀둔다.

유지되었다. 이런 지구환경에서 현존하는 생태계와 생명체들이 진화를 거듭해온 역사는 인류가 생겨나기도 오래전으로 거슬러 올라간다.

과학자들은 북극 빙하에서 그 역사의 일부, 적어도 40만 년간 지구대기 중 이산화탄소 농도를 추적할 수 있다는 사실을 발견했다. 과학자들이 온실가스와 지구온난화의 관계에 대한 연구를 시작할 무렵인 1950년을 기준으로 지난 40만 년 동안 지구 평균기온의 상승은 최대치 약 섭씨 2도 이내에 머물렀다. 이것이 북극 빙하에 저장된 정보였다. 최대치의 기온상승은 최대치의 이산화탄소 농도로 발생했고 이런 기온과 이산화탄소와의 관계는 믿고 싶지 않지만, 너무 잘 설명된 과학적 사실이다.

이렇게 오랫동안 유지된 지구 대기와 기온의 균형은 화석연료에 힘입은 인류의 생산 활동이 급격히 팽창하면서 깨지기 시작했다. 땅속에 고체와 유체로 갇혀 있던 대량의 탄소가 해방되어 200년 이상 지구대기에 잔존하는 것이다. 지금 대기 중 이산화탄소의 상당량은 17세기 말 산업혁명 이후 방출된 것이다. 대부분 유럽과 북미 지역에서 이루어진 일이다.

대기 중 이산화탄소 농도는 이미 20세기 초반에 지난 40만 년 동안의 최대치를 넘었고 조만간 그 두 배에 이른다. 이대로 가면, 인류와 지구 생태계는 적어도 지난 40만 년 동안 경험하지 못했던 기온상승을 겪을 수 있는 새로운 모험을 시작하게 된다. 이런 모험을 피하자는 것이 유엔기후변화협약UNFCCC이다. 대부분의 선진국과 후진국들이 참여하여 맺었던 최초의 기후위기에 대한 국제협약이다. 그 실행방안으로 1997년 교토의정서가 탄생했고, 우여곡절 끝에 2020년까지의 기후체제를 담당했다. 교토의정서를 대체하는 새로운 기후체제에 대한 협약은 순조롭지 못했다. 미국의 조지 W. 부시와 도널드 트럼프 정부의 노골적인 반대에 부딪혀 교토의정서는 난관을 맞이했고 후속 기후체제에 대한 협약도 늦어질 수밖에 없었다. 미국이 뒤늦게 참여한 2015년 파리협정은 자발적 감축안에 그쳤고 교토의정서에 버금가는 감축 강제기제는 후속 협약과제로 남겨졌다. 완비된 신기후체제에 대한 합의는 아직도 미지수이다.

다행히 조 바이든 행정부가 들어서고 미국이 다시 참여하게 됐고, EU와 미국의 보다 적극적인 감축안과 탄소중립 목표가 제시되고 있다. 2030년까지 이산화탄소 현 배출량의 50%를 감축하고 2050년까지는 100% 감축하는, 이른바 탄소중립에 대한 공감대가 선진국들을 중심으로 확대되고 있다. 이렇게 평균기온 상승을 섭씨 1.5도 이내로 제한하자는 공감대가 형성된 것이다.

교토의정서 이후 본격적으로 재생에너지 전환에 뛰어들었던 유럽 선진국들이 가장 적극적으로 대처하고 있다. 비협조적이었던 미국도 오래전부터 주 정부를 중심으로 활발히 행동에 나섰다. 캘리포니아의 경우 2005년 대비 80% 배출량 감축이라는 과감한 목표를 세울 만큼 적극적이다.

교토의정서가 2020년 만료되고 새 기후체제가 출범하면서 국제

사회의 온실가스 감축에 대한 행동은 더 적극적이 될 것이고 한국의 감축을 요구하는 압력도 더 커질 수밖에 없다. 이처럼 주요 선진국과 중국이 재생에너지 기술개발과 탈화석연료의 노력에 박차를 가하고 있다. 누가 성공적으로 대처하느냐에 글로벌 경제의 주도권이 달려 있다.

2020년 코로나19 팬데믹으로 찾아온 글로벌 경제위기는 인류가 기후위기와 같은 난제를 극복하고 지속가능한 글로벌 자본주의의 "새로운 정상"을 찾는 길을 제시하고 있다. 지구자원의 인위적 소비를 무분별하게 확대 재생산하는 세계화된 자본주의와 무책임한 소비에 만취한 현대사회가 2년 가까이 멈추어 섰다. 격리된 세계에서 사람들은 새로운 삶의 방식을 경험했고 재난 이전의 정상적인 삶의 방식에 대한 성찰의 기회도 가졌다. 코로나19를 넘어 기후위기라는 거대한 재난에 대비할 수 있는 새로운 정상은 근거리 생산과 소비로도 기본적 필요를 충족할 수 있고 멀리 이동하지 않더라도 최소한의 에너지 소비만으로 일과 생활이 가능한 삶의 방식에서 찾아야 한다. 이런 새로운 정상 속에서 더 깨끗해진 물, 공기, 자연이란 공공선公共善을 향유할 수 있는 새로운 길이 열린다. 이제 새로운 정상으로의 경로전환, 혁신적 수축으로 가치를 창출하는 법을 찾아야 한다.

인식의 전환, 21세기 가치론

지난 반세기, 글로벌 자본주의의 생산과 소비는 폭발적으로 성장했다. 전 세계인들의 비시장적 경제활동(자가생산, 자가소비)의 영역이 시장으로 교체된 것은 물론, 자유방임과 효율성이란 미명 아래 공공부문이 민간부문으로 대체되고 지구촌 구석구석의 공유자산과 자연의 영역이 사유화되며 글로벌 가치사슬 속에 편입되어 왔다. 이렇게 비대해진 21세기 자본주의가 GDP 성장을 극대화하고 있는지 모른다. 그러나 다른 사회적 가치의 희생 역시 상당하다. 국가 내, 국가 간, 지역 간 불평등과 양극화 그리고 지구환경의 위기는 날로 심각해지고 있다. 아직도 세계의 절반에 가까운 사람들은 빈곤, 질병, 천재지변의 위협에 직면하고 있다. 인류의 진보가 이러한 위협들로부터 자유로워지는 것이라 믿는다면, 과연 현대 자본주의가 이런 진보를 앞당긴다고 보기 힘들 것 같다.

2020년 코로나19 사태 속에서 우리는 집 주변 아니면 회사와 집을 오가며 제한된 생활반경에서 생활하며 절제된 소비, 절제된 만남, 절제된 삶을 경험했다. 평소에 돈을 주고 샀던 음식, 물건, 여가를 집에서 자가생산, 자가공급했다. 평소 하지 않던 요리, 청소 그리고 각종 집안일과 같은 노동에 더 많은 시간을 썼고 대단치 않지만 이런 노동의 가치에 대해서도 다시 생각해볼 기회가 됐을 것이다. 이처럼 자가생산이 대체하는 경제활동이 성장률 감소와 실업과 같은 경제위기의 현상일진대 모든 사람이 건강하게 생활하기에 문제없을 만한 식량과 주거만 보장된다면 위기는 그리 대단하지 않을 것도 같았고, 자가생산이 창출하는 가치가 그것이 대체하는 경제활동의 가치보다 작다고만 할 수도 없을 것 같았다. 시장에서는 결코 살 수 없는 귀중한 경험을 함께 소비할 수 있기 때문이다.

우리가 경제발전의 척도로 사용하는 국내총생산, GDP란 지표에서 이런 자가생산의 가치는 빠진다. 이뿐만 아니라 시장이 평가하지 않거나 평가할 수 없는 다른 수많은 가치도 빠진다. 고된 노동과 절망 속에 갇힌 사람들의 삶의 가치, 그들에게서 상실된 인간 존엄의 가치, 산업 재해에 무방비한 노동의 공포와 온갖 부조리와 부당한 차별이 만드는 분노의 가치, 아름다운 자연과 생명의 가치, 깨끗한 물과 공기의 가치, 존경과 신뢰의 가치, 자비와 사랑의 가치, 사회적 연대의 가치, 이 모든 가치를 빠뜨리고 시장의 수요와 공급이 정하는 가격에 따르는 천박한 자본주의의 가치법이 국가 발전과 인간진보를 가늠하는 기준이 되었다. 코로나19 재난은 이런 가치법의 맹점을 여실히 들춰냈다. 많은 선진국이 이룩한 인간진보가 비틀거리는 것을 보면서 이 가치법의 심각한 오류를 발견했다. 방역 현장에서 땀 흘리며 봉사하는 의료진의 헌신, 착한 소비의 확산, 자발적인 방역과 사회적 거리두기를 몸소 실천하는 시민의식을 포함하여, 시장가격이 빠뜨린 다른 모든 가치의 중요성을 다시 깨닫게 됐다.

이렇게 자가생산되거나 사회적으로 얻어질 수 있는 가치의 잠재력은 무궁무진하다. 이 세상 누구라도 굶지 않고 건강하게 생활할 수 있는 약간의 먹을 것, 조그만 공간, 최소한의 기본재만 갖춰진다면 스스로 창출할 수 있는 귀중한 가치들이 가지각색으로 널려 있다. 글로벌 경제라는 넓은 마당에서 고가에 팔리는 명품 못지

주병기(서울대학교 경제학부 교수)

않은 감동을 지역경제 혹은 가족, 친지, 이웃과 어울리는 좁은 마당에서라도 얼마든지 생산할 수 있다. 이처럼 기초적 필요와 그 결핍의 해소를 우선시하는 것은 맹자, 율곡, 다산, 제레미 벤담Jeremy Bentham, 존 스튜어트 밀John Stuart Mill 그리고 현대의 존 롤스, 아마르티아 센Amartya Kumar Sen 등으로 이어지는 사회정의에 대한 수많은 사상과 이론을 꿰뚫고 있는 원칙이다.

사회적 가치와 시장가격

이 세상에는 시장이 평가하지 못하는 무수한 사회적 가치들이 있고 이런 가치들 속에서 코로나19 위기나 기후위기와 같은 대재난을 극복하게 하는 힘의 원천을 찾을 수 있다. 이런 세상에서 기업들이 살아남으려면 사회적 가치를 기업 성과로 내부화해야 하는 것이다. 사회적 가치는 시장과 가격기구를 통해 발생하는 이윤, 소비자와 생산자 잉여뿐만 아니라 고용복지, 환경보존, 취약계층의 복지, 지역공동체에 대한 기여 등과 같이 기업활동이 창출하는 공공의 이익을 모두 포괄하는 것이다.

세계 의류산업의 생산기지, 방글라데시 다카 지역에서 2013년 발생한 의류 공장 '라나 플라자' 붕괴 사고는 현대 자본주의의 비윤리성을 들춰낸 상징적인 사건이었다. 수천 명의 사상자가 발생한 사고 자체도 충격적이었지만 이 지역 노동자들의 열악한 근로환경과 이를 악용하는 다국적 의류기업들의 비윤리성에 세계는 분노했다. 지난 반세기, 자본주의의 글로벌화가 진행되면서 다국적 기업의 비윤리적 경영이 야기한 수많은 문제를 경험했다. 영국 에너지 기업 BP의 유조선이 일으킨 멕시코만 해양오염 사건, 나이키의 개발도상국 공장에서 벌어진 아동노동 착취 등 수많은 기업 범죄와 사건들이 소비자와 시민들을 분노하게 했고 사고를 낸 기업들을 위기에 몰아넣었다.

이런 경험을 통해 국제사회의 자성이 이어졌고 소비자 의식도 높아져, 기업은 단순히 이윤추구만이 아니라 사회가 요구하는 규범과 윤리적 책무를 지켜야 한다는 공감대가 형성될 수 있었다. 무책임한 기업을 처벌하는 소비자와 시민단체의 활동은 기업의 지속가능성에도 영향을 주어 기업들도 자발적으로 사회적 책임CSR에 대한 경각심을 갖게 됐다. 그 결과 지난 20여 년간 유럽과 북미를 중심으로 기업의 사회적 책임을 강조하는 경영이 빠르게 확산됐다. 2000년대에 접어든 이후 미국의 500대 글로벌 기업 대다수가 독립적 부서를 만들어 사회적 책임 경영을 관리하고 있다. 사회적 책임 경영은 이제 글로벌 자본주의 기업경영의 대세가 되었다.

기후위기와 코로나19 위기는 이런 변화를 획기적으로 가속했다. 세계적인 투자회사 블랙록Black Rock의 CEO 래리 핑크Lawrence Douglas Fink는 그가 투자하는 회사들에 보낸 신년 메시지에서 기후변화라는 지구환경문제의 해결과 이에 대한 국제사회의 협력에 기여하는 책임경영을 강조했다. 단기적 수익성에만 몰입하기보다는 회사를 둘러싼 사회의 변화와 이에 대한 책임이 기업의 지속가능성에도 영향을 미친다는 신념이 잘 드러나 있다. 이제 시장에서 매겨지는 가격만으로 기업활동을 평가하는 시대는 지났다. 환경Environmental, 사회Social, 지배구조Governance를 뜻하는 ESG는 기업경영과 투자의 새로운 트렌드로 자리 잡고 있다. 많은 글로벌 기업이 재생에너지만을 이용한다는 'RE100'을 선언하고 나서기도 했다. 환경과 사회의 지속가능성을 위협하는 기업은 소비자와 투자자의 지원을 받기 어려운 시대가 된 것이다.

한국만큼 ESG 성과로 국가와 기업의 가치를 높일 수 있는 나라도 없을 것이다. 불공정한 기업 간 거래가 만연하고 대다수의 노동자들이 열악한 직무환경, 불안정한 고용과 장시간 노동의 어려움속에 있다. 재벌가의 사익편취에 적합하나 기업가치에 반하는 대기업 집단의 지배구조가 일반화됐고, 정부와 공공기관 역시 관료이기주의에 적합한 불투명한 지배구조를 가지고 우리 사회를 부패하게 만들고 있다. 이처럼 부패한 지배구조를 개선하여 높일 수있는 한국의 기업가치, 국가의 가치는 다른 선진국과 비교할 수 없을 정도로 클 것이다.

공공기관과 공기업은 공공의 이익을 추구해야 하므로 그 성과를 적절히 평가하려면 경제적 성과만이 아니라 다른 사회적 가치도 살펴야 한다. 사회적 책임을 강조하는 글로벌 자본주의의 변화의 흐름 속에서 공공기관과 공기업도 사회적 가치를 행정과 기업경영의 중심에 두는 것이 당연하다. 규범적 당위성 때문만이 아니라 해당 기관의 지속가능성을 위해서도 필요하기 때문이다.

2018년 이후 공공기관 경영평가에서 사회적 가치가 큰 비중을 차지했다. 사회적 가치를 구실로 적자 낸 공공기관에 성과급을 준다는 비판도 제기된다. 그러나 재무적 성과(적자)만으로 공공기관의 경영성과를 판단할 수 없다. 공공재 혹은 수도나 전기같이 모든 국민의 생활에 필수적인 재화의 공급을 재무적 성과, 특히 이윤을 추구하는 영리기업이 담당할 때 적정 규모에 미달하는 공급이 이루어지거나 공급 불안정의 문제가 발생한다. 따라서 이런 재화의 공급을 공기업이나 공공기관에 맡기는 것이 일반적이다. 왜냐하면 이들은 이윤보다는 공공성을 우선적으로 추구하도록 운영될 수 있기 때문이다. 사회적 가치는 재무적 성과 이외에 공공기관의 경영성과를 평가할 수 있는 포괄적 기준이 될 수 있다. 일각에선 사회적 가치 비중이 높아지면 경영성과와 생산성을 소홀히 하게 된다는 우려도 나온다. 사회적 가치가 경영성과, 생산성 등과 무관하거나 독립적이라고 보기 때문에 생긴 오해이다.

사회적 가치가 공공기관 경영평가 지표에 포함된 것은 고무적인 일이다. 도입 초기 단계의 혼란이 있더라도 잘 정착시켜서 공공기관이 제 역할을 할 수 있도록 인도하고 평가하는 객관적인 기준이 돼야 한다. 그 이전 평가에서 가장 유사한 지표는 "사회적 책임"인데, 일자리 창출과 채용비리 근절과 같이 매우 제한적인 의미였고 그 배점도 지금 사회적 가치에 할당된 점수의 5분의 1 수준이었다. 사회적 가치는 사회적 책임을 포함할 뿐 아니라, 일자리 창출, 균등한 기회와 사회통합, 안전 및 환경, 상생협력 및 지역발전, 윤리경영 등 포괄적인 기준으로 평가된다. 과거 강조됐던 조직, 인사, 재무관리를 다 합친 것보다 월등히 높은 점수가 사회적 가치에 배정됐다. 실로 큰 변화가 아닐 수 없다. 평가방식과 지표들의 가중치 등 개선해야 할 점들이 많지만, 매우 의미 있는 발전이다. 이제는 이런 사회적 가치에 대한 평가를 보다 체계적인 ESG 평가로 발전시킬 필요가 있다.

소비와 인간진보

나의 총지출에서 과연 얼마만큼이 나의 발전을 위해 꼭 필요한 지출일까? 국내총생산GDP의 얼마만큼이 인간진보의 관점에서 꼭 필요한 걸까? 누구나 불필요한 소비에 헛되이 시간과 에너지를 낭비했다고 후회하는 경험이 있을 것이다. 좀 더 깊이 삶을 돌아보면 이런 경험은 훨씬 더 많을 것이다. 만약 국내총생산을 절반으로 줄여도 인간진보의 관점에서 전혀 문제를 일으키지 않는다면? 그렇다면 우리 경제활동의 절반은 소모적이었다고 비판할 수 있을 것이다. 물론 인간진보만이 전부는 아니라는 시각도 있겠지만 말이다.

주말에 가족과 함께 보는 오락프로그램이 있다. 유명 연예인들이 나와 각본대로 놀다가 우스운 행동이나 실수를 하고 티격태격하는 모습에 감정 이입하여 즐기는 재미로 본다. 출연하는 스타급 연예인들은 편당 웬만한 사람 월급을 훌쩍 넘는 출연료를 받기도 한다. 그만큼 이런 프로가 창출하는 시장가치가 큰 것이다. 이런 생산 활동이 사라지고 이런 프로를 보는 데 시간을 쓰지 않으면 인생의 가치가 떨어질까? 가족들이 그 시간에 일상의 대화를 나누고 생각을 나눌 수 있는 여유를 찾는다면 시장가격으로 매겨지지 않는 훨씬 더 값진 가치가 창출될 수 있을 것 같은데 말이다.

유럽 프로축구가 매년 창출하는 시장가치는 25조 원 이상이다. 웬만한 선진국의 유아와 초중등학생들을 교육하는 교육예산에 가까운 수준이고 우리나라 고등교육 총예산의 두 배에 가까운 규모다. 프로축구라는 시장이 없다면 상업 스포츠의 드라마와 묘기를 볼 수 없을 것이다. 어쩌면 축구를 하는 사람들의 경기력도 지금처럼 빠르게 발달하기 어렵고 전반적인 수준도 많이 떨어질 것이다. 그래서 프로축구 시장이 없어진다면 우리 인생의 가치도 하락할까? 프로축구 시장이 있어서 축구를 관전하는 즐거움이 커진다는 것은 분명한 사실이다. 그러나 그것 때문에 없어지는 순수한 아마추어 정신도 있다. 유명 선수들의 묘기에 열광하는 시간은 줄어들지만 직접 아마추어 리그에 참여하여 운동을 만끽한다면 이 또한 높은 사회적 가치라고 볼 수 있다. 시장이 사라져 잃는 것보다 얻는 것이 더 크다고 볼 수도 있다.

빈센트 반 고흐의 걸작으로 유명한 그림 〈별이 빛나는 밤에〉는 지금 미술품 시장에서 대략 1,000억 원으로 평가된다. 경제가 발전할수록 이런 예술품 수요가 커지고 그만큼 예술품의 가치도 올라간다. 공급은 고정되더라도 그야말로 수요가 경제발전과 함께 증가하니 가격이 지속적으로 상승하는 것이다. 아무런 생산도 없는데 가만히 앉아만 있어도 가격이 지속적으로 상승하는 마술 같은 시장이다. 이런 시장이 없어진다면 예술적 창작의 품질이 떨어지고 예술적 감동의 깊이가 얕아질까? 예술가의 창의는 삶의 고통과 번뇌에서 만들어진다는 말이 있지 않은가? 고흐는 평생 곤궁하고 고독한 삶을 살았다. 이런 경험이 없었다면 그의 창작이 더욱 빛났을 것이라는 주장은 들어본 적 없다. 미술시장이 어마어마하게 성장한 현대 자본주의의 예술이 19세기 혹은 그 이전의 예술보다 더 뛰어나다는 말도 들어본 적 없다. 21세기 선진국 한국의 미술시장이 착취당하고 곤궁했던 식민지 조선과 가난했던 근현대의 한국 미술계보다 더 높은 경지의 작품을 쏟아낸다는 말도 듣지 못했다.

현대 과학기술의 발전을 위한 투자에서 영리기업이 주도하는 연구개발 투자의 비중은 막대하다. 주로 국가가 주도하는 기초과학이나 순수한 학술연구에 대한 투자도 있지만 민간 투자에 비하면 규모가 작다. 2019년 통계로 보면 전체 연구개발 투자에서 정부와 공공의 투자 비중은 약 21%이고 민간의 투자는 약 77%로 나타난다. 수익성이 높은 기술특허는 천문학적인 가격으로 팔릴 수 있을 만큼 시장이 발달했다. 수많은 투자자들이 유망한 기술과 특허에 몰리고 천문학적 금액의 투자를 한다고 해서, 위대한 과학적 발견과 기술진보가 더 획기적으로 이루어졌던 것 같지는 않다. 기초과학의 혁명적인 발전은 거대 자본이 지배하는 지금보다 19세기와 20세기 초반 순수한 학문적 열망을 통해 더 잘 이루어졌다고 생각한다.

앞에서 말한 사례들에 대해 의견이 다를 수도 있다. 하지만 적어도 이런 사례들이 말해주는 것은 시장이 매기는 가격이 근본적인

간진보의 가치에 반드시 비례하지는 않는다는 점이다. 관점에 따라서는 시장가격으로 결정되는 GDP의 상당 부분이, 과식하고 언제나 후회하는 음식처럼 쓸데없는 자원 낭비로 볼 수도 있다는 말이다.

글로벌 자본주의 체제 안에서 지구자원의 소비는 시장가격과 이윤창출이라는 획일적 가치에 따라 결정된다. 시장가격은 사회적 가치, 인간진보의 가치, 지구자원의 생태적 가치 그리고 미래세대의 생존을 위한 가치를 나타낼 수 없다. 현세대의 생산과 소비활동이 지금 발생시키는 그리고 미래에 일어날 나쁜 외부성의 비용을 반영하지 못한다. 이뿐만 아니라 시장가격은 지불능력이 없는 수많은 빈곤지역, 빈곤국가 그리고 빈곤층의 생존 가치를 반영할 수 없다. 지불능력이 없으면 시장에서 투표권이 없기 때문이다. 하지만 빈곤한 사람의 생명가치는 부유한 사람의 생명가치와 동등한 사회적 가치를 가져야 한다. 그래서 시장가격이 사회적 가치를 제대로 반영하지 못하게 되는 것이다. 인간진보의 가치와 생태적 가치는 말할 것도 없다. 이런 획일적 가치가 엄청난 규모의 지구자원을 동원하여 수십억의 공룡 같은 소비자를 키우는 글로벌 자본주의는 다차원적인 외생적 충격에 위험할 수밖에 없다.

2020년과 2021년 코로나19 팬데믹을 경험하면서 자본주의 선진국들이 질병 쇼크에 얼마나 힘없이 무너지는가를 보았다. 글로벌 자본주의의 최강자들의 경제활동은 물론 사회적 신뢰와 연대 그리고 국가의 기본질서까지 코로나19라는 바이러스의 습격에 무

주병기(서울대학교 경제학부 교수)

너지는 것을 경험했다. 코로나19 팬데믹은 인류의 미래 위험에 대비한 백신이라 생각한다. 팬데믹 이후의 세계는 그 이전과는 달라져야 할 것이다. 우리 앞에는 기후위기라는 더 거대한 쇼크가 기다리고 있다.

기후위기는 근본적인 삶의 전환을 요구한다. 이를 위해서 글로벌 자본주의 시장이 매기는 획일적인 가격과 이윤에 대한 제도적 교정, 소비자와 투자자 이성에 의한 교정 그리고 정치적 참여에 의한 교정이 필요하다. 이런 교정을 통해 지금까지 시장이 반영하지 못했던 모든 외부성과 다차원적인 사회적 가치들이 내부화돼야 한다. 제도적 교정은 후진국의 경제발전과 미래세대를 포용하는 신기후체제와 글로벌 공공자원에 대한 합리적인 거버넌스의 구축을 필요로 한다. 이것이 가능하려면 근본적으로 현대 자본주의 체제의 가장 큰 수혜자인 선진국 소비자들의 윤리적 자각이 있어야 한다. 이들이 소비자로서, 투자자로서 그리고 투표자로서 소비하고, 투자하고, 정치에 참여할 때 세상이 바뀔 수 있다.

지난 10여 년간 급속히 발전했던 사회관계망, 빅데이터와 소통기술의 발달은 이런 삶의 전환의 가능성을 보여준다. 운송수단, 숙소, 일터 등을 나누어 사용하는 나눔경제sharing economy는 그런 전환의 한 방향을 보여준다. 디지털 정보와 통신망을 활용하여 자원과 에너지 낭비를 최소화하면서 생산적 경제활동이 이루어지도록 하는 "절용節用의 기술혁명"이 필요한 시점이다.

포용적 에너지 전환

1997년은 외환위기, 이른바 IMF 사태로 온 나라가 어지러웠다. 그해 12월 일본 교토에서 지구온난화 방지를 위한 교토회의 제3차 당사국 총회가 열렸다. 이 회의에서 온실가스 감축을 위한 국가별 의무를 부여하는 최초의 국제협약, 교토의정서가 만들어졌다. 이 협약에서 우리나라는 온실가스 감축의무를 면제받았다. 개발도상국들과 같은 특별대우를 받은 것이다. 경제위기로 큰 어려움을 겪던 당시의 상황에서 볼 때는 매우 다행스러운 일이었다. 그러나 바로 그런 특별대우의 나쁜 효과도 컸다. 온실가스 저감을 위한 녹색전환의 문제에 대해 국가와 국민 모두 안이하게 된 것이다. 교토의정서가 만료되고 이를 이을 새로운 협약에서는 한국에도 선진국 수준의 감축의무가 부여될 것이라고 누구나 예상했을 것이다. 그러나 이 문제에 선제적으로 대처하는 데 정부도 국민도 관심이 없었다. 정치는 초단기 선거 일정 속에 매몰됐고 국민의식도 낮았다. 지난 20여 년간, 한 번도 이 문제가 심각한 사회적 담론으로 이어지지 못했다.

교토의정서가 타결될 무렵부터 독일, 영국, 노르웨이, 스웨덴 등을 비롯한 많은 선진국이 온실가스 저감과 에너지 전환을 위한 재생에너지 기술개발과 확산에 박차를 가하기 시작했다. 에너지 전환의 로드맵과 실행방안을 마련한 것이다. 그 결과 독일과 영국의 경우 발전량에서 차지하는 풍력, 수력 등 재생에너지 비율이 2020년 기준 40%대에 이르는 성과를 거뒀다. 미국과 호주도 각각

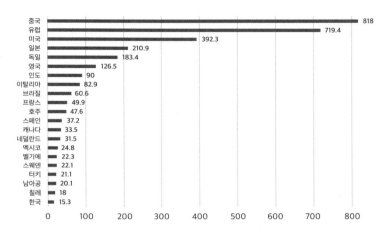

Frankfurt School, "Global Trends in Renewable Energy Investment 2020", p.31 (2020) (재인용: 조일현·이재석, 〈국제 신재생에너지 정책변화 및 시장분석〉, 에너지경제연구원 보고서, 20-27, 2020.

〈그림 1〉 국제 재생에너지 설비투자(단위: 십억 달러)

19%와 23%대를 달성했다. 우리의 경우 8% 수준으로 세계 최하위권이다.[2] 〈그림 1〉을 보면 알 수 있듯이, 2010년에서 2019년까지 주요국의 재생에너지 설비투자 총액을 비교하면 우리나라는 약 153억 달러로 중국(8,180억 달러), 미국(3,923억 달러), 일본(2,109억 달러) 등과 비교할 수 없는 수준이다. 그뿐 아니라 멕시코(248억 달러), 터키(211억 달러), 칠레(180억 달러)의 투자금액에도 미치지 못

---

2   CDP(Carbon Disclosure Project), "RE100 Annual Progress and Insights Report 2020" (2020).

한다. 이처럼 큰 격차를 짧은 기간 줄여야 하는 것이 현재 우리가 풀어야 할 과제다. 현재의 격차를 줄이지 못한다면 다른 선진국들과의 경쟁에서 뒤처질 수밖에 없다. 에너지 전환이라는 걸림돌 때문에 수출주도형 경제의 수출 길이 막히는 상황이 올 수도 있다.

기후변화에 관한 정부 간 협의체인 IPCC의 권고에 따르면 2050년까지 탄소중립을 달성해야 지구온난화를 1.5도 이내의 범위로 제한할 수 있다. 탄소중립이란 온실가스 순배출량을 0으로 한다는 것을 의미한다. 즉 온실가스 배출을 유발하는 석유, 석탄, 가스 등 화석연료를 사용하지 않는 새로운 사회로 전환하는 것이다. 이런 IPCC의 권고에 따라, 2019년 유럽연합EU은 2050년 탄소중립을 선언했다. 뒤이어 한국, 일본, 미국이 같은 선언을 했고 중국의 경우 2060년 탄소중립을 선언했다. 짧은 기간에 탄소중립이 글로벌 사회의 중요한 이슈가 된 것은 고무적인 일이다.

에너지 전환과 탈탄소의 멀고도 험한 여정은 피할 수 없다. 에너지 전환을 위한 한국의 자연적·지정학적 여건 모두가 좋지 않다. 2050년 탄소중립을 선언했지만 어떻게 그 목표를 실현할 것인가에 대한 자세한 단계적 실행계획, 관리기구와 예산 그리고 제도적 기반 모두 미진한 상태다. 이 모두 시급히 해결돼야 한다.

에너지 전환의 비용과 편익을 사회구성원 모두가 나누어 가지는 포용적 전환으로 사회적 연대와 통합이 이루어질 때 에너지 전환도 순조롭게 진행될 수 있다. 그러기 위해서는 전환과정에서 특정 지역, 특정 산업과 노동자, 혹은 특정 계층에 피해와 고통이 집중되는 것을 막아야 한다. 이러한 포용적 에너지 전환을 위한 대책도 현재 부재하다. 정부는 '탄소중립 사회로의 공정한 전환'을 목표로 하고 있지만 공정한 전환을 위해 구체적인 대책 마련이 필요하다. 화력발전소가 위치한 지역과 발전 노동자들이 에너지 전환과정에서 겪을 타격을 어떻게 줄일 것인지, 지역경제의 산업전환과 발전 노동자들의 재교육과 고용전환을 어떤 방식으로 이룰 것인지에 대한 구체적인 정책이 필요하다. 가장 큰 타격을 입을 수 있는 발전공기업들의 경우 기업 간 협력을 통해 고용문제 해결과 녹색전환에 주도적 역할을 할 수 있는 길을 열어줄 필요가 있다.

에너지 전환과정에서 발생하는 지역경제와 고용의 충격을 최소화하기 위해서는 중앙정부, 지자체, 지역주민, 기업과 노동자들이 참여하는 사회적 협의체와 전환기금의 확보가 필요하다. 신재생발전 혹은 녹색산업의 원활한 지역 유치를 위해서는 주민참여와 수익공유형 프로그램과 같이 주민 수용성을 높일 방법을 개발할 필요가 있다. 포용적 에너지 전환을 위해 발전산업과 같이 탄소집약도가 높은 산업과 노동자들의 전환비용에 대한 지원이 필요할 것이다. 타격이 큰 지역의 녹색전환과 지역경제 활성화를 지원하고 신산업 육성과 노동자의 재교육과 재배치를 위한 정책적 지원 또한 필요하다.

유엔환경계획UNEP과 국제노동기구ILO가 공동으로 발의한 녹색일자리 이니셔티브Green Jobs Initiative는 정부, 기업, 노동자의 협력을 통해 좋은 녹색 일자리 창출과 직업 전환을 실현할 수 있도록 정책과 프로그램을 개발하는 것을 목적으로 한다. 에너지 전환을 순조롭게 달성하기 위해서 사회정책과의 조화가 필요하다는 인식에 기반하고 있다. 좋은 일자리가 부족한 현실에서 에너지 전환은 새로운 녹색 일자리를 창출할 수 있는 기회를 제공한다. 일자리 창출을 위해 재생에너지 산업뿐만 아니라 새로운 녹색산업 육성을 위한 정책과 프로그램 개발도 필요하다.

EU의 '순환경제 육성계획circular economy action plan'과 '농장에서 식탁으로 전략farm-to-fork strategy'은 좋은 사례다. 전자는 재사용과 재활용을 통해 에너지 소비와 탄소배출을 줄일 뿐만 아니라 관련 산업의 일자리 창출을 목적으로 한다. 후자는 지속가능한 먹거리 경제를 통해 지역경제를 활성화하고 지역생산자, 기업 그리고 소비자의 상생협력과 새로운 좋은 일자리 창출을 목적으로 한다. 탄소발자국carbon footage에 비례한 탄소세는 이 두 정책의 효과를 높일 것이다. 탄소발자국이 낮은 지역경제와 소상공인의 경쟁력은 강화되고 지역일자리의 질도 향상될 것이다.

에너지 효율적인 건축과 리모델링 사업 또한 혁신적 중소기업이 진입하여 좋은 일자리를 창출할 수 있는 새로운 시장이다. 저소득층과 낙후지역의 주택개조사업 그리고 학교, 병원, 관공서 등 공공시설의 에너지 효율 개선사업이 우선 이루어져야 한다.

에너지 전환을 위해 수요관리는 필수적이다. 그러기 위해서는 가격의 정보전달 기능을 살려야 한다. 탄소배출 비용을 포함한 발전 비용과 전력 수요에 대한 정보를 반영해 도소매 가격이 결정되도록 가격결정 체계를 개선해야 한다. 단, 재생에너지 발전 비중이 확대되는 과정에서 발생할 수 있는 가격 변동성과 전력공급 불안 정성을 최소화하려면 전력산업의 공공성은 강화될 필요가 있다.

이를 위해서 전력공기업의 권한과 책임을 강화해야 하고 전문 성과 독립성도 제고해야 한다. 흔히 공기업의 역할이 강화되는 것 을 시장의 축소로 오해하는 경우가 많다. 가격기구가 작동하는 한 시장은 축소될 수 없다. 공기업은 영리기업과 달리 공공성을 목적 으로 한다. 따라서 시장의 원활한 작동과 공공성을 동시에 추구하 려면 공기업의 역할을 최대한 활용할 필요가 있다. 우선 에너지 공 기업의 전문성, 독립성, 책임성을 강화해야 한다. 그래야 공급 안 정성의 희생을 최소화하면서, 분산형·참여형 미래 에너지 시스템 을 구축할 수 있다. 다른 선진국에 10년 이상 뒤처진 재생에너지 개발에 최대한 박차를 가해야 한다. 에너지 공기업을 기술발전을 선도하는 혁신 주체가 되게 하고 정보통신 기술과 인프라를 최대 한 활용한다면 탄소중립이란 시대적 과제를 극복하여 기술선도국 으로 도약하는 좋은 기회가 될 것이다.

한편 목표 달성에서 원자력 발전의 역할에 대해서도 생각해볼 필요가 있다. 이는 현재 우리 사회에서 매우 민감한 문제이기도 하 다. 가능한 시나리오는 세 가지다. 첫째는 재생에너지만으로 원자 력과 화석연료를 대체하는 것이고, 둘째는 원자력에 대한 의존도 를 서서히 낮추거나 지금 수준에 유지하면서 화석연료를 재생에 너지로 대체하는 것, 셋째는 원자력과 재생에너지를 모두 활용하여 화석연료를 대체하는 것이다.

물론 재생에너지만으로 원자력과 화석연료를 대체하는 첫째 방안이 가장 이상적이다. 원자력 발전 자체가 현세대와 미래 세대에게 야기하는 환경적 비용이 매우 크기 때문이다. 특히 우리처럼 국토가 제한된 나라에서는 더더욱 그렇다. 그런데 이 방식이 실현 가능할 것 같지는 않다. 우선 국내적으로 탄소중립의 목표 달성에 불확실성을 가중시키기 때문이다. 전 세계적으로도 탈원전과 탈탄소를 동시에 진행하기는 힘들다는 것이 합리적인 예상이다. 원자력 발전에 대한 글로벌 수요가 커질 가능성도 있다. 이런 이유들 때문에 영국, 프랑스, 일본 등 주요 선진국들도 원자력을 포기하지 못하고 있다.

정전체제와 군사적 긴장 속에서 남한은 에너지 섬이다. 대륙과 에너지 협력망을 형성하기에는 한반도의 지정학적 제약이 크다. 에너지 섬이 홀로 탄소중립으로의 험난한 여정을 극복하려면 충분한 기저발전이 필요하다. 재생에너지 확보에도 어려운 지리적 여건이다. 원자력을 포기하기 힘든 또 다른 이유이다. 결론적으로 첫째 시나리오는 현실적이지 않고, 결국 둘째와 셋째 시나리오로 갈 공산이 매우 크다.

기후변화문제와 원자력의 환경문제가 동시에 해결되기 어렵다면, 우선순위는 원자력 발전 비중을 현 수준 이내로 제한하고 재생에너지 개발만으로 화석연료를 대체하는 노력에 매진하는 둘째 시나리오가 되어야 한다. 그래야 재생에너지 개발을 둘러싼 국제사회의 기술경쟁과 에너지 패러다임 전환이라는 시급한 과제에 효과적으로 대처할 수 있다.

정의로운 혁신의 시대

여럿이 함께 이용하는 자원이 무분별한 남용으로 훼손되는 현상을 경제학자들은 공유지의 비극이라 부른다. 무분별한 어획으로 물고기의 씨가 마르는 현상, 공장 폐수로 강과 호수가 오염되는 현상, 무분별한 벌목으로 숲이 파괴되는 현상 등 무수히 많은 사례가 있다. 사람들이 자기만의 이익을 추구한다면 피할 수 없는 현상이다. 자신을 이롭게 하려는 행동들이 모여, 자신은 물론 모두에게 해로운 결과를 가져오는 역설적인 상황이다.

20세기 글로벌 자본주의는 지구라는 공유지를 무대로 국가 간, 기업 간, 개인 간의 이기적 경쟁을 폭발적으로 확산시켰다. 지구촌 구석구석의 모든 자원을 총동원하여 단기적 이윤 극대화에 눈먼 기업과 눈앞의 욕망 충족을 위해 폭식하는 소비자가 대량생산과 과잉소비의 악순환을 이어가는 위험한 시스템이 만들어졌다. 공유지의 비극은 글로벌 자본주의의 끝을 말해준다. 실제로 오존층 파괴, 생물다양성 훼손, 기근으로 인한 식량 난민 등 수많은 환경과 생명 지속가능성의 위기가 이어졌다.

국가 간 불평등은 확대되고 선진국과 후진국의 격차도 줄지 못해 글로벌 "국가계급" 사회라 해도 과언이 아닐 정도로 극심한 글로벌 양극화가 지속됐다. 지역갈등과 분쟁이 확대 재생산되는 글로벌 사회의 지속가능성 위기도 계속됐다. 글로벌 자본주의가 과연 인간진보의 가치를 높이는가에 심각한 회의를 불러일으킬 정도로 선진국의 과잉소비와 과잉투자 그리고 후진국의 빈곤과 저개발이 평행선을 달렸다.

지금 글로벌 자본주의는 코로나19위기 그리고 자본주의를 탄생시켰던 화석연료가 야기한 기후위기라는 큰 위기에 봉착했다. 이 위기를 어떻게 극복할 수 있을까? 100년 전 자본주의의 위기에서 그랬던 것처럼 시민들의 각성과 민주주의에 그 답이 있다. 신속한 백신 개발과 기회 평등한 공급을 목적으로 하는 코백스COVAX 사례처럼, 글로벌 시민사회의 성찰, 국제적 연대 그리고 자본주의의 민주적 통제 속에서 이루어지는 정의로운 혁신이 위기 탈출의 해법이 될 것이다. 눈먼 혁신으로 위기를 맞이한 낡은 자본주의에서 정의로운 혁신이 인류를 구하는 새로운 자본주의로의 대전환이 필요한 시점이다.

시민과 국가는 물론이고, 이제는 기업도 정의로운 혁신을 고민해야 하는 시대가 됐다. 어려운 철학자의 정의론을 말하는 것이 아니다. 국가는 국가대로 기업은 기업대로 나름의 세계관 속에서 정의로움을 추구하는 혁신을 이루어야 발전과 번영을 지속할 수 있는 세상이 펼쳐진다는 뜻이다. 정의로운 혁신은 그 과정과 결과에서 정의로움을 필요로 한다. 기술 탈취, 단가 후려치기, 타인의 성과를 편취함이 없어야 하는 것은 당연하다. 돈벌이만을 목적으로 하는 혁신, 지배와 약탈의 도구가 되는 혁신이 아니라 인간의 삶을 개선하고 사회적 책임과 가치를 추구하는 혁신을 말한다. 정의에 대한 생각이 다른 것은 문제가 아니다. 서로 다른 생각들이 민주주의와 시장에서 이루어지는 시민, 소비자, 투자자의 투표를 통해 민주적으로 타협할 수 있기 때문이다. 시민, 소비자, 투자자의 공감을 얻는 정의는 살아남고 그렇지 못한 정의는 도태될 것이다.

정의로운 혁신은 불공정하고 부패한 한국 자본주의를 선진 자본주의로 업그레이드하는 길이기도 하다. 대기업이 혁신적 벤처와 혁신적 중소기업들과 상생협력하는 정의로운 혁신으로 만들어지는 건강한 기업 생태계야말로 한국경제가 도약할 수 있는 발판이다. 미국의 원조를 받던 가난했던 나라가 이제는 선진기술과 자본투자를 통해, 에너지 전환, 디지털 전환 그리고 바이오 혁신에 이르기까지 미국과 폭넓은 파트너십을 형성하는 나라가 됐다. 정의로운 혁신으로 글로벌 자본주의 대전환의 위기를 경제도약의 기회로 삼아야 한다.

정책의 시간

한국경제의 대전환과 다음 정부의 과제

1판 1쇄 펴냄 | 2021년 10월 1일
1판 2쇄 펴냄 | 2021년 11월 12일

지은이 | 원승연 · 박민수 · 류덕현 · 우석진 · 홍석철 · 강창희
　　　　허석균 · 이상영 · 김정호 · 지만수 · 주병기
발행인 | 김병준
편　집 | 정혜지
디자인 | THISCOVER
마케팅 | 정현우 · 차현지
발행처 | 생각의힘

등록 | 2011. 10. 27. 제406-2011-000127호
주소 | 서울시 마포구 독막로6길 11, 우대빌딩 2, 3층
전화 | 02-6925-4183(편집), 02-6925-4188(영업)
팩스 | 02-6925-4182
전자우편 | tpbook1@tpbook.co.kr
홈페이지 | www.tpbook.co.kr

ISBN 979-11-90955-30-0 03320